펴낸이	김기훈 · 김진희
펴낸곳	(주)쎄듀 / 서울시 강남구 논현로 305 (역삼동)
발행일	2018년 8월 31일 제1개정판 1쇄
내용문의	www.cedubook.com
구입문의	콘텐츠 마케팅 사업본부
	Tel. 02-6241-2007
	Fax. 02-2058-0209
등록번호	제 22-2472호
ISBN	978-89-6806-123-3

1센치 영문법

저자

김기훈 現 ㈜ 쎄듀 대표이사

現 메가스터디 영어영역 대표강사

前 서울특별시 교육청 외국어 교육정책자문위원회 위원

저서 천일문 / 천일문 Training Book / 천일문 GRAMMAR

첫단추 BASIC / 거침없이 Writing / 리딩 플랫폼 / READING RELAY

쎄듀 본영어 / 독해가 된다 / The 리딩플레이어

어법끝 / 문법의 골든룰 101 / 어휘끝 / 빈칸백서 / 오답백서

첫단추 / 파워업 / 수능영어 절대유형 / 수능실감 등

쎄듀 영어교육연구센터

쎄듀 영어교육센터는 영어 콘텐츠에 대한 전문지식과 경험을 바탕으로
최고의 교육 콘텐츠를 만들고자 최선의 노력을 다하는 전문가 집단입니다.

인지영 책임연구원

마케팅	콘텐츠 마케팅 사업본부
영업	문병구
제작	정승호
인디자인 편집	유화진
디자인	윤혜영, 이연수
일러스트	여범구
영문교열	Adam Miller

◈ 들어가며

<1센치 영문법>은 각종 사이트와 커뮤니티(중·고등 대표 인터넷 강의 사이트 엠베스트, 메가스터디, 쎄듀북닷컴, 쎄듀북 블로그, 김기훈 선생님 카페 등)에 올라온 수만 건의 질문들을 철저히 분석하여 중등 영어와 고등 영어 사이에서 헤매고 있는 학습자들이 영문법의 핵심을 쉽고 빠르게 정리할 수 있도록 구성한 **기초 영문법의 결정판**입니다.

영어는 애초부터 어려운 것이 아닙니다. 우리말로 의사소통을 할 수 있다면 누구나 영어를 잘할 수 있습니다. 일상에서 영어를 쓸 일이 거의 없는 우리나라에서 영어를 영어답게 익히려면 문법 개념을 적용하는 간단한 문제부터, 다양한 연습 문제까지 풀어보는 '체화'의 과정이 반드시 필요합니다.

이 책은 중등 영어에서 갑자기 난이도가 훌쩍 뛰는 고등 영어, 수능 영어에 대한 고민에서 출발했습니다. 그 틈새를 빠르고 쉽게 메워주고 싶었습니다. 그래서 책 두께와 분량을 과감히 줄여 1센치로 하고, 이해를 돕는 삽화를 곁들여 개념을 단 1페이지로 깔끔히 정리했습니다. 여러분이 이 책에 담긴 31개의 유닛을 공부하고 나면, 영어를 보는 '눈'이 뜨이고, 영어의 '감'을 확실히 잡게 될 것입니다.

이 책을 통해 여러분의 앞을 가로막고 있던 첫 도약의 장애물을 훌쩍 뛰어넘어, 새로운 영어의 세계로 나아가기를 두 손 모아 기원하겠습니다.

저자

이 책의 구성과 특징

① 한 페이지에 단어를 완벽하게 Voca Check

각 Chapter의 필수 어휘와 표현을 한 페이지에 모두 정리했습니다.
모르는 어휘는 박스에 체크하면서 암기하세요.

> 1센치 영문법은 개념을 공부할 때 방해가 될지 모르는 어려운 어휘는
> 사용하지 않았습니다. 그럼에도 걸림돌이 될 만한 어휘는 모두 모았습니다.

② 가장 쉽고 빠른 개념 입문으로 Warming Up

다양한 그림과 도형을 활용하여 학습자들이 친근감을 느끼고, 흥미롭게 다가갈 수 있도록 구성했습니다.

> 학생들에게 친숙한 그림과 설명으로 Unit에서
> 어떤 개념을 배우게 될지 미리 보여줍니다.

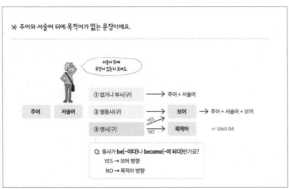

> 한눈에 들어오는 간단한 도형으로 핵심 문법을
> 빠르게 파악할 수 있게 합니다.

③ 핵심 문법을 쏙 넣은 KEY points

시험에 나오지 않거나 실제로는 쓰이지 않는 어려운 문법에 대한
설명은 싹 걷어내고, 꼭 필요한 문법만 알차게 담았습니다.

> 반드시 알아야 할 요점만 쉽고 간단하게 설명했습니다.

④ 단계별 문제를 풀면서 실력도 UP!

단계별로 나눈 Check Up – Level Up – Wrap Up 문제를 풀면서 핵심 문법을 익히도록 구성했습니다.
두 개의 보기 중에서 알맞은 것을 고르기와 O/X 유형, 그리고 4지 선다형과 서술형 통합 문제 유형까지 골고루 연습하며
영문법의 기초를 튼튼하게 다질 수 있습니다.

1단계 Check Up	2단계 Level Up	3단계 Wrap Up
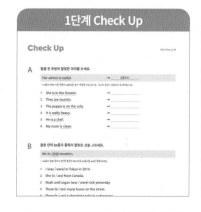	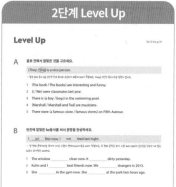	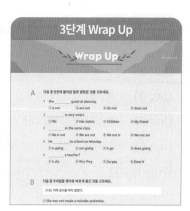

> 1단계 Check Up에서는 항목별로 간단한 체크 형식의 문제를 반복해서 풀며 문법 사항을 자연스럽게 익히도록 했습니다.

> 2단계 Level Up에서는 점차 주관식의 비율을 늘려 직접 단어를 배열하고, 문장을 써보면서 작문 실력을 한층 업그레이드할 수 있도록 구성했습니다.

> 3단계 Wrap Up은 각 Chapter에서 배운 모든 핵심 개념을 복습하여 확실히 영문법을 익히도록 도와줍니다.

✛ 무료 부가서비스

어휘리스트, 어휘테스트
www.cedubook.com에서 다운로드하세요.

✛ 교사용 부가서비스

교강사 여러분께는 어휘리스트, 어휘테스트를 비롯하여,
문제 출제 활용을 위한 한글 파일, 수업용 PPT 파일을 제공해 드립니다.
파일 신청 및 문의는 book@ceduenglish.com

Contents

Study Plan

+ 선생님 혹은 학습자의 학습패턴 및 시간 등에 따라 study plan을 조정할 수 있습니다.

ⓘ 학기 중 12주 완성

학습 시작	년 월 일
학습 종료	년 월 일

구분	학습 분량			
1주차 완료 여부	Unit 01	Unit 02	Unit 03	
2주차 완료 여부	Unit 04	Unit 05	Unit 06	
3주차 완료 여부	Unit 07	Unit 08	Unit 09	
4주차 완료 여부	Unit 10	Unit 11	Unit 12	
5주차 완료 여부	Unit 13	Unit 14	Unit 15	
6주차 완료 여부	Unit 16	Unit 17	Unit 18	
7주차 완료 여부	Unit 19	Unit 20	Unit 21	
8주차 완료 여부	Unit 22	Unit 23	Unit 24	
9주차 완료 여부	Unit 25	Unit 26	Unit 27	
10주차 완료 여부	Unit 28	Unit 29	Unit 30	
11주차 완료 여부	Unit 31	Wrap Up 01	Wrap Up 02	Wrap Up 03
12주차 완료 여부	Wrap Up 04	Wrap Up 05	Wrap Up 06	Wrap Up 07

+ 1주일에 2~3번 1시간씩 수업 혹은 셀프스터디 진행 (주 3시간)
+ 1주일에 3개 Unit씩 진도를 나감 (11주차, 12주차는 4개)
+ 개념 설명(이해) 후 정해진 시간 안에 문제를 풀고 틀린 문제 위주로 설명(복습)하는 방식으로 진행
  (e.g. 30분 강의 + 10분~15분 문제풀이 + 15~20분 틀린 문제 혹은 잘 이해 안되는 개념 위주로 복습)
+ 영어 수업 시수 혹은 학습 시간이 여유 있는 경우 2주 분량을 1주에 완료해서 총 6주 완성도 가능

② 방학 중 12일 완성

구분	학습 분량			구분	학습 분량			
1일차 완료 여부	Unit 01	Unit 02	Unit 03	**7일차** 완료 여부	Unit 19	Unit 20	Unit 21	
2일차 완료 여부	Unit 04	Unit 05	Unit 06	**8일차** 완료 여부	Unit 22	Unit 23	Unit 24	
3일차 완료 여부	Unit 07	Unit 08	Unit 09	**9일차** 완료 여부	Unit 25	Unit 26	Unit 27	
4일차 완료 여부	Unit 10	Unit 11	Unit 12	**10일차** 완료 여부	Unit 28	Unit 29	Unit 30	
5일차 완료 여부	Unit 13	Unit 14	Unit 15	**11일차** 완료 여부	Unit 31	Wrap Up 01	Wrap Up 02	Wrap Up 03
6일차 완료 여부	Unit 16	Unit 17	Unit 18	**12일차** 완료 여부	Wrap Up 04	Wrap Up 05	Wrap Up 06	Wrap Up 07

+ 1일 3시간씩 수업 혹은 셀프스터디 진행　　　　+ 1일 3개 Unit씩 진도를 나감 (11주차, 12주차는 4개)
+ 학기 중이라도 학습시간 조정이 가능하다면 방학중 플랜에 따라 학습하셔도 무방합니다.

③ 초단기 8일 완성

구분	학습 분량				
1일차 완료 여부	Unit 01	Unit 02	Unit 03	Unit 04	Unit 05
2일차 완료 여부	Unit 06	Unit 07	Unit 08	Unit 09	Unit 10
3일차 완료 여부	Unit 11	Unit 12	Unit 13	Unit 14	Unit 15
4일차 완료 여부	Unit 16	Unit 17	Unit 18	Unit 19	Unit 20
5일차 완료 여부	Unit 21	Unit 22	Unit 23	Unit 24	Unit 25
6일차 완료 여부	Unit 26	Unit 27	Unit 28	Unit 29	Unit 30
7일차 완료 여부	Unit 31	Wrap Up 01	Wrap Up 02	Wrap Up 03	
8일차 완료 여부	Wrap Up 04	Wrap Up 05	Wrap Up 06	Wrap Up 07	

+ 1일 수업 시간은 학습자의 역량에 따라 다름　　　　+ 1일 5개 Unit씩 진도를 나감 (7일차, 8일차는 4개)
+ 학기 중 플랜(12주 or 6주) 이후 복습 시 추천. 기초가 어느 정도 잡혀 있으며 최대한 빨리 문법을 점검하고 싶은 경우 추천

Intro
쉽게 풀어보는 문법 용어

영문법에 나오는 용어(쓰는 말)는 영어를 배우는 사람과 가르치는 사람 사이의 약속이에요.
야구에서 '홈런'이나 축구에서 '골키퍼'와 같이 스포츠를 즐기기 위해 기본적으로 알아야 하는 용어와 같아요.
하지만 용어 대부분이 '한자'로 되어 있어서 학생들이 매우 어려워하는데요.
무턱대고 외우는 것보다는 뜻을 이해하는 것이 여러분 기억에 오래오래 남을 거예요.
자, 그럼 아래 내용을 살펴볼까요?

◆ 품사 ◆ 단어를 성격에 따라서 나눠 놓은 것을 말해요.

+ 명사는 사람, 사물, 동물, 장소 등의 이름을 나타 내는 말이에요.

singer 가수, friend 친구, Ara (친구 이름), product 제품, television 텔레비전,
table 테이블, window 창문, animal 동물, rabbit 토끼, flower 꽃, rose 장미,
classroom 교실, market 시장, Seoul 서울, Korea 한국, love 사랑,
friendship 우정, education 교육, ….

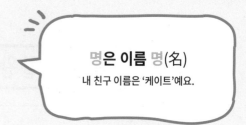

명은 이름 명(名)
내 친구 이름은 '케이트'예요.

+ 대명사는 앞에 나온 명사를 대신하는 말이에요.

I 나, you 너, he 그, she 그녀, we 우리, they 그들, 그것들, it 그것,
this 이것, that 저것, ….

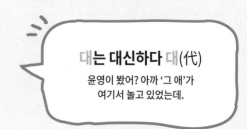

대는 대신하다 대(代)
윤영이 봤어? 아까 '그 애'가
여기서 놀고 있었는데.

+ 동사는 움직임이나 상태를 나타내는 말이에요.

eat 먹다, sing 노래하다, run 달리다, walk 걷다, watch 보다,
like 좋아하다, hate 싫어하다, think 생각하다, know 알다, ….

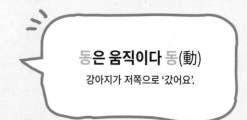

동은 움직이다 동(動)
강아지가 저쪽으로 '갔어요'.

+ **형용사**는 모양, 색깔, 성질, 크기 등을 자세하게 설명하거나 꾸며 주는 말이에요.

long 긴, short 짧은, big 큰, small 작은, yellow 노란, blue 파란,
hot 뜨거운, cold 차가운, young 젊은, old 나이 많은 ….

> **형용**은 모양 형(形),
> 얼굴 용(容)
> '짧은' 머리가 '예쁘네요'.

+ **부사**는 동사, 형용사, 부사 등을 꾸며 주는 말이에요.

very 매우, slowly 느리게, fast 빠르게, early 일찍, late 늦게,
easily 쉽게, suddenly 갑자기, far 멀리, ….

> **부**는 도울 부(副)
> 문제를 '잘' 들으세요.

+ **전치사**는 (대)명사 앞에 놓여 장소, 시간, 방향 등을 나타내요.

in the box 상자 안에,
on the table 테이블 위에, under the table 테이블 아래에,
for three days 3일 동안, during the vacation 방학 동안,
at 7 a.m. 오전 7시에, to the station 역 쪽으로, ….

> **전치**는 앞 전(前),
> 놓다 치(置)
> in Seoul! 서울 '안에 있는' 대학 가자!

+ **접속사**는 단어나 문장을 연결해주는 말이에요.

coffee and doughnut 커피와 도넛, to eat or to sleep 먹거나 자거나

I like English because it is fun. 나는 영어가 재미있어서 영어를 좋아한다.

> **접속**은 잇다 접(接),
> 잇다 속(續)
> 채소'와' 고기를 드세요.

Chapter

01

영어문장의 구성원리

Voca Check

Unit 01

☐ useful	형	유용한, 도움이 되는
☐ widely	부	널리, 폭넓게
☐ discussion	명	토론, 논의
☐ end	동	끝나다, 끝내다
☐ tuna	명	참치
☐ suddenly	부	갑자기
☐ seriously	부	심각하게
☐ name	동	이름을 지어주다
☐ seem	동	~인 것처럼 보이다, ~인 것 같다
☐ poem	명	시(詩)
☐ receive	동	받다
☐ package	명	소포
☐ solid	형	단단한; 고체의
☐ muscle	명	근육

Unit 02

☐ quiet	형	조용한
cf. quietly	부	조용히
☐ tropical	형	열대의
☐ kitten	명	새끼 고양이
☐ load	동	(~에 짐, 사람 등을) 싣다, 태우다, (짐이) 실리다
☐ cautiously	부	조심스럽게
☐ extremely	부	극도로, 극히
☐ especially	부	특히
☐ board	명	게시판
☐ newly	부	최근에, 새로
☐ employee	명	직원, 종업원

☐ largely	부	대부분, 주로
☐ personality	명	성격
☐ lift	동	들어 올리다
☐ heavily	부	심하게, 세게
☐ tremendously	부	엄청나게
cf. tremendous	형	엄청난
☐ active	형	활동적인, 적극적인
cf. actively	부	활발히, 적극적으로

Unit 03

☐ appear	동	나타나다
(↔ disappear	동	사라지다)
☐ smile at		~을 보고 미소 짓다
☐ publish	동	출판하다
☐ rise	동	오르다, 올라가다; 일어나다
☐ squirrel	명	다람쥐
☐ angrily	부	화가 나서, 화난 듯이
☐ lovely	형	사랑스러운

Unit 04

☐ laptop	명	노트북 컴퓨터
☐ comfortable	형	편안한
☐ favor	명	호의, 부탁

Wrap Up

☐ sleepily	부	졸리는 듯이
☐ bitter	형	맛이 쓴

✸ 단어가 모이면 구가 되고, 여러 구가 모이면 문장이 될까요?

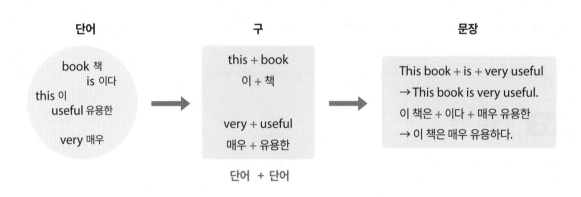

단어	구	문장
book 책 is 이다 this 이 useful 유용한 very 매우	this + book 이 + 책 very + useful 매우 + 유용한 단어 + 단어	This book + is + very useful → This book is very useful. 이 책은 + 이다 + 매우 유용한 → 이 책은 매우 유용하다.

✸ 이것들은 구일까요?

useful + book   ○
book + useful   ✕
book + very   ✕

단어들끼리 모이는 규칙이 있어요. ☞ Unit 02
그 규칙은 단어가 속한 품사를 먼저 알아야 해요.

✸ 이것들은 문장일까요?

She smiled.   ○
I fun and useful book read.   ✕

두 개의 단어가 모여도 문장이 될 수 있지만, 여러 단어가 모인다고 반드시 문장이 되는 것이 아니에요.
문장을 구성하는 요소를 갖추고 일정한 순서를 지켜야 해요. ☞ Unit 02~04

품사는 문법적인 성격에 따른 단어의 갈래이다. 각 단어는 품사로 분류할 수 있다.

1) **명사와 대명사**: 이름을 나타내는 단어가 명사이며, 명사를 대신하는 단어가 대명사이다.

   e.g. <u>book</u> 책 (명사) → <u>it</u> 그것 (대명사), <u>Tom</u> 톰 (명사) → <u>he</u> 그 (대명사)

2) **동사**: 행동이나 상태를 나타내는 단어이다.

   e.g. <u>eat</u> 먹다, <u>like</u> 좋아하다, <u>think</u> 생각하다

3) **형용사**: 명사의 모양, 성질, 상태 등을 자세하게 설명하거나 꾸며주는 단어이다.

   e.g. a **happy** girl **행복한** 소녀, The girl is **happy**. 소녀는 **행복하다**.

4) **부사**: 동사, 형용사, 부사, 또는 문장 전체를 꾸며주는 단어이다.

   e.g. run **fast** **빠르게** 달리다, **very** useful **매우** 유용한, **very** happily **매우** 행복하게

Key 2 문장의 요소

문장의 구성 요소는 '단어나 구가 문장 속에서 하는 역할에 따라 붙여진 것'이다.

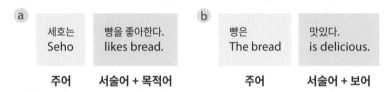

ⓐ 세호는 Seho	빵을 좋아한다. likes bread.	ⓑ 빵은 The bread	맛있다. is delicious.
주어	서술어 + 목적어	주어	서술어 + 보어

문장은 주어와 서술어가 있어야 한다.

1) **주어**(-은/는/이/가): 서술어의 주체로, 문장의 주인을 나타내는 요소이다.

2) **서술어**(~하다, ~이다): 주어의 행동이나 상태를 나타내는 요소이다.

   (→ 서술어 자리에는 동사만 가능하므로 서술어를 '동사'라고도 한다.)

서술어만으로 충분하지 않을 때, 목적어나 보어를 추가한다.

3) **목적어**(-을/를): 서술어가 나타내는 행동의 대상이다.

4) **보어**: 주어나 목적어의 성질 또는 상태를 보충 설명해주는 요소이다.

cf. **수식어**: 문장의 구성 요소를 꾸며주는(수식하는) 요소로, 문장의 필수 구성 요소는 아니다.

   수식어로 형용사나 부사 등을 쓸 수 있다.

Key 3 품사와 문장 요소 간의 관계

명사[대명사]는 문장에서 주어, 목적어, 보어 역할, 동사는 서술어 역할만 할 수 있다.

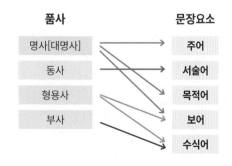

품사	문장요소
명사[대명사]	주어
동사	서술어
형용사	목적어
부사	보어
	수식어

> a. Seho likes **bread**.
>
> b. The **bread** is delicious.
>
> 단어 bread의 품사는 명사예요. 하지만, 문장 a에서는 목적어, 문장 b에서는 주어 역할을 하고 있어요.

Check Up

A 다음 문장에서 명사와 대명사를 골라 ○표 하세요.

| 나는 그 사람을 식당에서 만났다. | (I) met (him) in the (restaurant). |

→ 이름을 나타내는 말을 골라보세요. 문장에서 '나', '그 사람', '식당' 등 이름을 나타내는 명사를 확인하세요.

1 문이 활짝 열렸다.   The door opened widely.

2 일본에서 온 편지가 도착했다.   The letter from Japan arrived.

3 그녀는 두 마리의 개를 키운다.   She has two dogs.

B 다음 문장에서 동사를 골라 ○표 하세요.

| 우리 토론은 한 시간 전에 끝났다. | Our discussion (ended) an hour ago. |

→ 토론이 '끝났다'로 토론이 끝난 상태를 말해주고, ~다로 끝나니까 ended가 동사예요.

1 그는 내게 아이스크림을 사주었다.   He bought me some ice cream.

2 내 동생은 지금 학교에 있다.   My brother is at school now.

3 피터는 어제 아일랜드를 떠났다.   Peter left Ireland yesterday.

C 다음 문장에서 형용사를 골라 ○표 하세요.

| 그는 파란 스웨터를 만들었다. | He made a (blue) sweater. |

→ 명사인 스웨터를 형용사인 '파란'이 꾸며주고 있어요.

1 호수에 오래된 나무가 있다.   There is an old tree at the lake.

2 이 책은 매우 유용하다.   This book is very useful.

3 제임스 조이스는 유명한 작가이다.   James Joyce is a famous writer.

D 다음 문장에서 부사를 골라 ○표 하세요.

| 나는 그 카페를 모퉁이에서 쉽게 찾았다. | I (easily) found the cafe at the corner. |

→ '찾았다'라는 동작을 부사 '쉽게'가 꾸며주고 있어요.

1 로빈은 항상 참치 샌드위치를 고른다.   Robin always chooses the tuna sandwich.

2 갑자기 비가 내렸다.   Suddenly, it rained.

3 에밀리는 그 문제를 매우 심각하게 받아들였다.   Emily took the problem very seriously.

Level Up

A 밑줄 친 부분의 문장 내 역할이 바르게 설명되었으면 ○, 잘못 설명되었으면 ✕에 동그라미 치세요.

Henry became <u>a writer</u>. (목적어)	(○,ⓧ)

→ a writer는 주어 Henry를 보충 설명하는 주격 보어이므로 잘못된 설명이에요.

1	<u>She</u> bought red shoes yesterday. (주어)	(○, ✕)
2	I easily found <u>the lake</u> in the forest. (목적어)	(○, ✕)
3	He put <u>his hand</u> on my shoulder. (보어)	(○, ✕)
4	The novel <u>seems</u> interesting. (서술어)	(○, ✕)
5	<u>This soup</u> is easy to make. (주어)	(○, ✕)
6	The last leaf <u>fell</u>. (보어)	(○, ✕)
7	I saw <u>him</u> in the bookstore. (주어)	(○, ✕)
8	This poem is <u>beautiful</u>. (목적어)	(○, ✕)
9	I <u>received</u> the package. (보어)	(○, ✕)

B 밑줄 친 부분의 품사와 문장 내 역할을 쓰세요.

품사: 명사, 동사, 형용사	**문장 내 역할**: 주어, 서술어, 목적어, 보어, 수식어

I chose a <u>pink</u> shirt yesterday.	→ 형용사-수식어

→ pink는 여기서 '분홍색의'라는 의미로 뒤에 오는 명사 shirt를 꾸며주고 있으므로 '수식어'예요.

1 She visited <u>Paris</u> in 2013.　　　　→ _____

2 Nora became <u>a model</u> at twenty.　→ _____

3 He saw <u>the movie</u> last Sunday.　　→ _____

4 Chocolate <u>tastes</u> so <u>sweet</u>.　　　→ _____

5 The actor <u>built</u> <u>solid</u> muscles.　　→ _____

Unit 02 | 단어들의 모임

✱ 단어들이 모여서 구를 이루면서 문장이 길어져요.

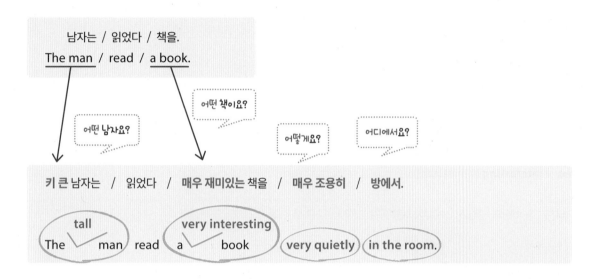

✱ 구의 종류는 크게 4가지예요.

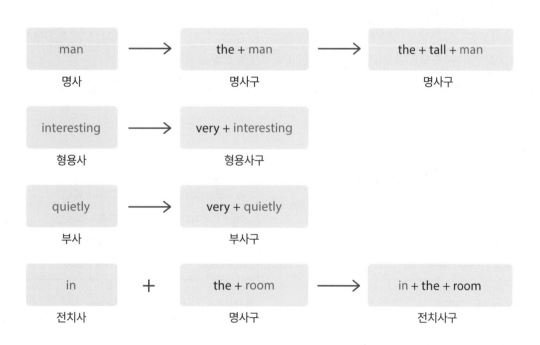

단어가 모여 구를 이루며, 문장에서의 역할에 따라 세 가지로 나뉜다.

> I want an interesting book. This book is very interesting. You can read it very easily.

1) 명사구: 둘 이상의 단어가 모여 **명사**처럼 주어, 목적어, 보어로 쓰인다.
 (앞에 a/an/the가 있다면 그것까지 명사구이다.)

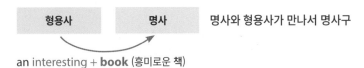

명사와 형용사가 만나서 명사구

an interesting + **book** (흥미로운 책)

2) 형용사구: 둘 이상의 단어가 모여 **형용사**처럼 명사를 꾸며주거나 또는 보어로 쓰인다.

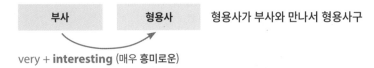

형용사가 부사와 만나서 형용사구

very + **interesting** (매우 흥미로운)

3) 부사구: 둘 이상의 단어가 모여 **부사**처럼 동사, 형용사, 다른 부사, 문장 전체를 꾸며준다.

부사와 부사가 만나서 부사구

very + **easily** (매우 쉽게)

전치사구는 '전치사와 명사(구)'의 덩어리이며, 문장에 추가적인 정보(시간, 장소 등)를 제공한다.

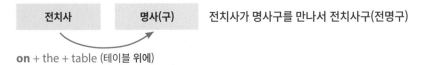

전치사가 명사구를 만나서 전치사구(전명구)

on + the + table (테이블 위에)

< 시간을 나타내는 전치사구 >	
at + 2	(2시 + 에)
on + Sunday	(일요일 + 에)
in + 2018	(2018년도 + 에)
after + lunch	(점심 + 후에)

< 장소를 나타내는 전치사구 >	
in + the classroom	(교실 + 에서)
on + the second floor	(2층 + 에서)
at + the traffic light	(신호등 + 에서)
in + Seoul	(서울 + 에서)

■ They were born **in 2000**.
 그들은 **2000년도에** 태어났다.

■ The book **on the table** is mine.
 탁자 위에 있는 책은 나의 것이다.

Check Up

A 문장에서 구를 찾아 밑줄을 긋고, 명사구, 형용사구, 부사구 중에서 무엇인지 쓰세요.

She is <u>a close friend</u>.	→ 명사구

→ 관사 a , 명사 friend와 명사를 꾸며주는 close가 만나서 명사구를 이루어요.

1 I like tropical fruits. → _____

2 This question is very easy. → _____

3 I found the small kitten. → _____

4 He told an exciting story. → _____

5 This cookie is really soft. → _____

6 They loaded the books very cautiously. → _____

7 I can hear you very well. → _____

8 She has a yellow umbrella. → _____

9 Charles drives extremely fast. → _____

10 That tree is especially tall. → _____

B 문장에서 전치사구를 찾아 밑줄을 긋고, 구가 나타내는 정보가 시간과 장소 중 무엇인지 쓰세요.

They are <u>at home</u>.	→ 장소

→ 전치사 at과 명사 home이 결합해 전치사구가 되었어요. '집에서'라는 '장소' 정보를 제공해요.

1 Canada is snowy in the winter. → _____

2 She writes the answer on the board. → _____

3 I will study math after my piano lesson. → _____

4 I have not seen her for five years. → _____

Level Up

A 괄호 안에서 알맞은 것을 고르세요.

> Jason is a (newly / (new)) employee.

→ 부사 newly와 형용사 new 중에 뒤에 오는 명사 employee를 꾸며줄 수 있는 것은 형용사 new예요.

1 We bought a very (largely / large) bed.

2 The oven is (real / really) hot.

3 She has a (quiet / quietly) personality.

4 The movie is really (interesting / interestingly).

5 I can't lift this (heavy / heavily) box.

6 This sentence is not (tremendously / tremendous) long.

7 She is an (active / actively) student.

B 주어진 전치사가 들어갈 위치를 찾아 전치사구를 만드세요.

> There is a book the box. `in`   →   in the box

→ 박스 안에 책이 있다는 문맥이니, 장소에 해당하는 명사(구) the box 앞에 전치사 in을 써서 전치사구를 만들어주세요.

1 The movie will start 4 p.m. `at`   → _____

2 The child was born 2014. `in`   → _____

3 We were walking the park. `in`   → _____

4 There is a puppy the bed. `on`   → _____

5 My dad arrived the airport. `at`   → _____

6 The store has many items the third floor. `on` → _____

✻ 이제 구들이 어떻게 배열되는지 볼게요. 영어는 한국어와 달리 어순(단어의 순서)이 중요해요.

✻ 주어와 서술어 뒤에 목적어가 없는 문장이에요.

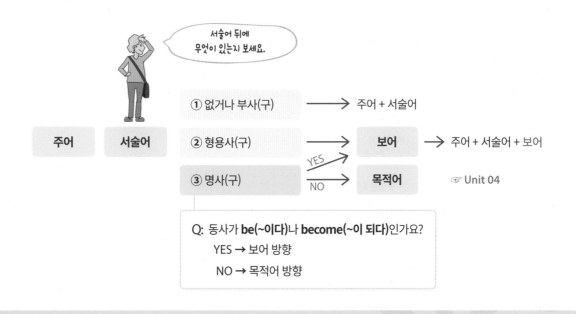

동사는 목적어가 필요 없는 **자동사**와 목적어가 필요한 **타동사**로 나눌 수 있다.
동사의 의미나 구조를 보면 자동사인지 타동사인지 알 수 있다.

1) **의미 파악**:

   e.g. **eat** 먹다 (무엇을?) → 동사의 대상(목적어)이 필요하다. → 타동사

       smile 미소 짓다 → 동사의 대상(목적어)이 필요 없다. → 자동사

2) **구조 파악**: 서술어 뒤에 바로 **명사(구)**가 오면, 그것은 목적어이다. → 타동사

   *예외: be(~이다), become(~되다) 뒤에 나오는 명사(구)는 **보어**이다. → 자동사

Key 2 주어+서술어

주어와 서술어만으로 문장을 이루는 구조는 1형식이다. 수식하는 부사구가 없어도 문장이 성립된다.

1) **주어 + 서술어 + (부사구)**: 주어가 ~하다/있다

   ■ The boy **appeared** (suddenly). (→ 부사 suddenly가 없어도 문장이 된다.)

     소년이 **나타났다** (갑자기).

   ■ He **smiled** (at his mom). (→ 전치사구 at his mom이 없어도 문장이 된다.)

     그가 **미소 지었다** (엄마를 향해).

2) **There + 서술어 + 주어 + 부사구**: 주어가 ~있다

   ■ There **are** many people on the subway. (= Many people **are** on the subway.)

     많은 사람들이 지하철에 **있다**.

Key 3 주어+서술어+보어

주어와 서술어 뒤에 **보어**가 오는 구조는 2형식이다.

주어　　서술어　　보어　　　→ **주어의 상태를 보충 설명**하므로 **주격 보어**라고 한다.

1) 주어 + **be** (~이다) + 보어**(명사, 형용사)**

   ■ He **is** a famous singer. 그는 유명한 **가수이다**.

   ■ She **is** gentle. 그녀는 **상냥하다**.

2) 주어 + 상태변화동사**(become, turn, get, grow, go** (~하게 되다)**)** + 보어 **(명사, 형용사)**

   ■ She **became** a good mother. 그녀는 좋은 엄마가 **되었다**.

   ■ His ears **became** red. 그의 귀가 **빨갛게 되었다**.

   ■ The leaves **turn** colorful in fall. 나뭇잎들이 가을에는 **울긋불긋해진다**.

3) 주어 + 감각동사 + 보어 **(형용사)**

   ■ This bread **smells** delicious. 이 빵은 **맛있는 냄새가 난다**.

   ■ That **sounds** great. 그것은 **훌륭하게 들린다**.

> *감각동사: **look** (주어가 ~해 보이다)　　　**feel** (주어가 ~하게 느끼다)　　　**sound** (주어가 ~하게 들리다)
> 　　　　　**smell** (주어가 ~한 냄새가 나다)　　**taste** (주어가 ~한 맛이 나다)

Check Up

A 다음 문장에서 밑줄 친 동사의 종류를 고르세요.

This song <u>is</u> for you.	(자동사) / 타동사

→ be동사 is는 동사의 대상(목적어)이 필요 없는 자동사예요.

1   Jane <u>likes</u> music very much.   자동사 / 타동사

2   The children <u>look</u> happy.   자동사 / 타동사

3   His computer <u>needs</u> a mouse.   자동사 / 타동사

4   My sister <u>works</u> at a publishing company.   자동사 / 타동사

B 다음 문장에서 주어와 서술어를 각각 쓰세요.

Dave sings well.	주어: __Dave__ 서술어: __sings__

→ 맨 앞에 있는 명사인 Dave는 주어, 그리고 행동을 나타내는 sings는 서술어, well은 부사니까 수식어예요.

1   The sun also rises.   주어: _____   서술어: _____

2   They disappeared suddenly.   주어: _____   서술어: _____

3   Squirrels are on the tree.   주어: _____   서술어: _____

4   The horse runs fast.   주어: _____   서술어: _____

C 다음 문장에서 보어를 찾아 쓰세요.

This book is difficult.	보어: __difficult__

→ 주어인 '이 책(This book)'이 어렵다(difficult)고 보충 설명하고 있으므로 difficult는 보어예요.

1   She looks beautiful.   보어: _____

2   His face turned red.   보어: _____

3   The story sounds strange.   보어: _____

4   Her brother grew old.   보어: _____

Level Up

정답 및 해설 p.4

A 우리말과 같은 뜻이 되도록 주어진 단어를 올바르게 배열하세요.

채소가 신선해 보인다. (the vegetables / fresh / look) → The vegetables look fresh.

→ 채소가 '신선하다'라고 보충 설명해주므로 look의 보어예요. 보어는 동사 뒤에 써주세요.

1 그 피자는 맛있는 냄새가 난다. (the pizza / delicious / smells)

→ _____

2 그는 느리게 걷는다. (slowly / walks / he)

→ _____

3 소년이 갑자기 일어섰다. (stood up / the boy / suddenly)

→ _____

4 그녀는 배우가 되었다. (became / she / an actress)

→ _____

5 그들은 작년에 결혼했다. (they / last year / married)

→ _____

6 그녀는 친절해 보인다. (nice / she / seems)

→ _____

7 이 컴퓨터는 유용하다. (useful / this computer / is)

→ _____

B 괄호 안에서 알맞은 것을 고르세요.

Jason felt (hungry / hungrily).

→ 제이슨(Jason)의 상태를 '배고프다'라고 보충 설명하므로 보어 자리예요. 부사는 보어가 될 수 없다는 것을 기억하세요.

1 The house looks (beautiful / beautifully).

2 The girl seems (calm / calmly).

3 This cookie tastes (good / well).

4 She got (angry / angrily).

5 The story sounds (real / really).

6 The child is (love / lovely).

Unit 04 | '주어+서술어' 뒤에 목적어가 있다

✖ 주어와 서술어 뒤에 목적어가 있는 문장이에요.

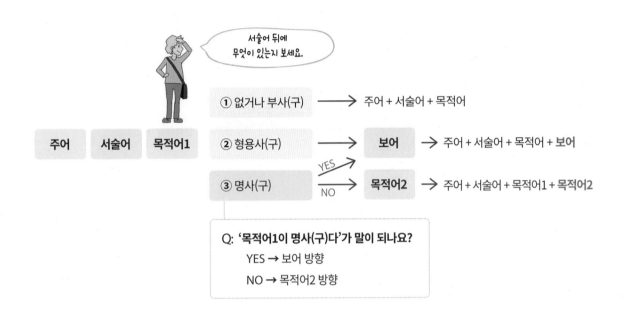

서술어 뒤에
무엇이 있는지 보세요.

주어 서술어 목적어1

① 없거나 부사(구) ⟶ 주어 + 서술어 + 목적어

② 형용사(구) ⟶ 보어 → 주어 + 서술어 + 목적어 + 보어

③ 명사(구) ⟶ YES↗ / NO→ 목적어2 → 주어 + 서술어 + 목적어1 + 목적어2

Q: '목적어1이 명사(구)다'가 말이 되나요?
 YES → 보어 방향
 NO → 목적어2 방향

✖ 목적어1 뒤에 명사(구)가 올 때, 그것이 보어인지 목적어인지 살펴볼게요.

She gave the man a flower.
 └ ≠ ┘

'the man이 a flower이다 (그 남자가 꽃이다)'는 말이 안 돼요. → **목적어**
그녀는 주었다 / 그 남자에게 꽃을.

She called the man prince.
 └ = ┘

'the man이 prince이다 (그 남자는 왕자다)'는 말이 돼요. → **보어**
그녀는 불렀다 / 그 남자를 왕자라고.

주어와 서술어 뒤에 목적어가 오는 구조는 3형식이다.
- I **eat** <u>an apple</u> (in the morning). 나는 (아침에) 사과를 먹는다.

    무엇을? (**명사구**이며, **서술어 eat의 대상**이므로 **목적어**이다.)

주어와 서술어 뒤에 목적어 2개가 나란히 오는 구조는 4형식이다.

주어	서술어	목적어1(사람 목적어)	목적어2(사물 목적어)	(목적어1**에게** 목적어2**를** ~ 해주다)
		~에게	…을	

이 문장 구조에서는 **목적어 2개의 순서가 중요**하다.
- He **showed** <u>me</u> <u>his book</u>. <4형식>

    나에게 / 그의 책을.

    > 영어에서는 어순이 중요하다고 했죠?
    > 목적어1과 목적어2의 순서를 바꾸려면 **전치사를** 넣으세요!

- He **showed** <u>his book</u> (⌣ me). <3형식>

    그는 보여주었다 / 그의 책을 / (나에게).

<4형식에서 3형식으로 바꿀 때 필요한 전치사>

to	**to**는 '~에게'라는 뜻으로, 상대방이 필요한 동사와 쓰인다.
	give (~에게 …을 주다) **tell** (~에게 …을 말해주다) **send** (~에게 …을 보내주다), **bring** (~에게 …을 가져다주다) **show** (~에게 …을 보여주다) **teach** (~에게 …을 가르쳐주다) *bring은 전치사 for도 가능
for	**for**는 '~을 위해'라는 뜻으로, 상대방이 없어도 되는 동사와 쓰인다.
	make (~에게 …을 만들어 주다) **buy** (~에게 …을 사 주다) **cook** (~에게 …을 요리해 주다)
of	**ask** (~에게 …을 부탁[요청]하다)

주어와 서술어 뒤에 목적어와 보어가 오는 구조는 5형식이다.

주어	서술어	목적어	보어

→ **목적어의 상태를 보충 설명**하므로 **목적격 보어**라고 한다.

1) 목적격 보어로 **명사(구)**가 나오는 동사

    make (~을 …로 만들다), **call** (~을 …라고 부르다), **name** (~을 …라고 이름 짓다) 등
- I **call** <u>her</u> <u>a walking dictionary</u>. (her = a walking dictionary) 나는 그녀를 '걸어 다니는 사전'이라고 부른다.
- He **named** <u>his dog</u> <u>Coco</u>. (his dog = Coco) 그는 자신의 개를 Coco라고 이름 지었다.

2) 목적격 보어로 **형용사(구)**가 나오는 동사

    make (~을 …(상태)로 만들다), **find** (~을 …하다는 것을 알다), **keep** (~을 …(상태)게 두다, 유지하다) 등
- I **found** <u>him</u> <u>honest</u>. 나는 그가 정직하다는 것을 알았다.
- The teacher **kept** <u>the book</u> <u>open</u>. 선생님은 책을 펴놓으셨다.

Check Up

A

괄호 안에서 알맞은 것을 고르세요.

> He bought (~~a laptop~~ / comfortable).

→ 동사 bought 뒤에는 목적어가 와야 하므로 명사(구)인 a laptop이 맞아요. comfortable은 형용사이므로 오답이에요.

1 This bread smells (great / strawberries).

2 I eat (an apple / delicious) in the morning.

3 She (is / has) happy and excited.

4 Her bag (is / has) two pockets.

B

문장에서 밑줄 친 부분이 보어인지 목적어인지 고르세요.

> I asked him a question. (보어 / ~~목적어~~)

→ 목적어 다음에 또 명사가 있다면, 이어서 말이 되는지 보세요. '그(him)는 질문(a question)이다'라는 말은 어색해요. 따라서 him을 설명하는 보어가 아니라 또 다른 목적어예요.

1 He sent me a letter.   (보어 / 목적어)

2 We call this puppy Lily.   (보어 / 목적어)

3 The news made me sad.   (보어 / 목적어)

4 I gave him the book.   (보어 / 목적어)

C

밑줄 친 동사에 유의하여 빈칸에 알맞은 전치사를 넣으세요.

> He taught me English.   → He taught English ___to___ me.

→ 동사의 의미상 혼자 할 수 있는 것이면 전치사 for를 쓰고, 상대방이 필요하면 to를 써요. teach(가르치다)는 상대방(배우는 사람)이 필요하므로 전치사 to가 적절해요.

1 Mom sent me a package.   → Mom sent a package _____ me.

2 Peter made me a sandwich.   → Peter made a sandwich _____ me.

3 I asked him a favor.   → I asked a favor _____ him.

4 He showed me his picture.   → He showed his picture _____ me.

Level Up

정답 및 해설 p.5

A

우리말과 같은 뜻이 되도록 보기에 있는 어휘를 골라 올바르게 배열하세요. (중복 사용 가능)

| 보기 | this song / me / beautiful / the company / to / a hit

그녀가 이 노래를 만들었다.　　　　　She made ___this song___ .

→ made의 목적어는 '이 노래'이므로 동사 made 뒤에 this song을 써요.

1　그녀는 이 노래를 나에게 주었다.　　　　She gave _____ .

2　우리는 이 노래가 아름답다는 것을 알았다. We found _____ .

3　토니는 이 노래를 그 회사에 보냈다.　　　Tony sent this song _____ .

4　그 회사는 이 노래를 히트곡으로 만들었다. The company made _____ .

B

문장에서 밑줄 친 전치사를 알맞게 고치세요.

| I gave my painting of him. | → ___to___ |

→ give(주다)는 혼자 할 수 있는 게 아니라, 상대가 필요해요. 그래서 전치사 to를 목적어 앞에 붙인답니다. 어떤 전치사를 쓸지는 동사에 따라 달라지므로 꼭 확인하세요.

1　I brought some bones of my dog.　　　→ _____

2　My girlfriend bought some chocolate of me.　→ _____

3　I passed my book for her.　　　　　　→ _____

4　He lent the comic book for me.　　　　→ _____

C

우리말과 같은 뜻이 되도록 주어진 단어를 올바르게 배열하세요.

나는 엄마께 꽃 한 송이를 사드렸다. (bought / a flower / my mom / I) → I bought my mom a flower.

→ 주어 I 뒤에 동사 bought가 서술어 자리에 와요. 그리고 '~에게'에 해당되는 my mom, '~을'에 해당되는 a flower가 순서대로 와야 해요.

1　내 친구는 나에게 비밀을 말해 주었다. (my friend / a secret / told / me)

　　→ _____

2　그 냄새는 나를 배고프게 만들었다. (the smell / hungry / me / made)

　　→ _____

3　그녀는 이 커피를 내게 가져다주었다. (she / me / this coffee / brought)

　　→ _____

4　나는 이 문제가 쉽다는 것을 알았다. (I / this question / found / easy)

　　→ _____

A 다음 문장을 알맞은 문장의 형태에 연결하세요.

1 Lily found math difficult. •

2 She smiled at her mom. •

                                         • 주어+서술어

3 Children love animated movies. •

4 Daniel made me a cake. •

                                         • 주어+서술어+보어

5 The sea looks deep. •

6 We called her Candy. •

                                         • 주어+서술어+목적어

7 Jake bought me this ice cream. •

8 There are sunflowers in the garden. •

                                         • 주어+서술어+목적어1+목적어2

9 Your voice sounds good. •

                                         • 주어+서술어+목적어+보어

10 Beth studies science. •

B 우리말과 같은 뜻이 되도록 주어진 단어를 이용하여 문장을 완성하세요.

| 보기 | become / look / like / call / show

1 그의 여동생은 간호사가 되었다. → His sister _____.

2 루크가 나에게 책 한 권을 보여주었다. → Luke _____.

3 나의 강아지는 내 담요를 좋아한다. → My puppy _____.

4 이 과일들은 신선해 보인다. → These fruits _____.

5 다이애나는 그녀를 앤(Anne)이라고 불렀다. → Diana _____.

C 밑줄 친 부분을 바르게 고치세요.

1 The flower smells <u>sweetly</u>. → _____

2 He sent <u>letters me</u>. → _____

3 She teaches English <u>of them</u>. → _____

4 This candy <u>makes you happily</u>. → _____

5 Samantha is a <u>beautifully</u> girl. → _____

6 This room is <u>real small</u>. → _____

7 Babies <u>walk slow</u>. → _____

8 Jessy is <u>kindly</u>. → _____

9 She gave <u>me to some advice</u>. → _____

10 I felt <u>very sleepily</u>. → _____

고난도

D 빈칸에 들어갈 수 있는 것을 <u>모두</u> 고르세요.

1 We bought _____.

① interesting   ② some books

③ him interesting books   ④ interesting books him

2 I found _____.

① the news   ② the news surprising

③ surprising   ④ the news sadly

3 This salad tastes _____.

① fresh   ② salt

③ bitter   ④ good

Chapter

02

명사와 대명사

Unit 05

- ☐ friendship   몡 우정
- ☐ earn   동 (돈을) 벌다
- ☐ exercise   몡 운동; 동 운동하다
- ☐ important   혱 중요한
- ☐ precious   혱 귀중한, 소중한
- ☐ hold   동 잡고[쥐고/들고] 있다
- ☐ order   동 주문하다
- ☐ bakery   몡 빵집

Unit 06

- ☐ around   전 ~ 주위에
- ☐ university   몡 대학교
- ☐ shine   동 빛나다
- ☐ professor   몡 교수
- ☐ elevator   몡 엘리베이터
- ☐ postcard   몡 엽서
- ☐ soul   몡 영혼
- ☐ century   몡 1세기, 100년
- ☐ without   전 ~ 없이
- ☐ in front of   전 ~의 앞에
- ☐ engineer   몡 기술자
- ☐ be different from   ~와 다르다
- ☐ later   부 나중에
- ☐ lawyer   몡 변호사

Unit 07

- ☐ magazine   몡 잡지
- ☐ outside   부 밖에 혱 바깥쪽의
- ☐ last   혱 지난, 마지막의
- ☐ gorgeous   혱 아주 멋진, 좋은

Unit 08

- ☐ author   몡 작가, 저자
- ☐ novel   몡 소설
- ☐ considerate   혱 사려 깊은, 배려하는
- ☐ diligent   혱 근면한, 성실한
- ☐ respect   동 존경하다
- ☐ wait for   ~을 기다리다
- ☐ bark   동 짖다
- ☐ a lot   많이
- ☐ trophy   몡 트로피
- ☐ remodel   동 개조하다, 리모델링하다
- ☐ smelly   혱 냄새나는
- ☐ all day   하루 종일
- ☐ take care of   ~을 돌보다
- ☐ take+시간+ to부정사   ~하는 데 시간이 …걸리다
- ☐ fall in love with   ~와 사랑에 빠지다

Wrap Up

- ☐ count   동 세다, 계산하다
- ☐ quite   부 꽤, 상당히
- ☐ quiet   혱 조용한
- ☐ claw   몡 동물의 발톱

Unit 05 | 명사의 끝에 보이는 명사의 수

✽ 명사는 크게 셀 수 있는 명사와 셀 수 없는 명사로 나뉘어요.

· 한 개, 두 개, … 셀 수 있어요.

   (1개: 단수, 2개 이상: 복수)

  → 셀 수 있는 명사

· 수를 세기 어려워요.

  → 셀 수 없는 명사

✽ 명사 끝부분과 명사 앞을 보면 복수인지, 단수인지, 셀 수 없는 명사인지 알 수 있어요.

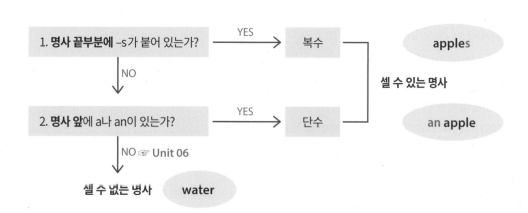

1) **단수형**: 단수(1개)일 때 명사 앞에 a 또는 an을 붙인다.
   - **a** bench 긴 의자, **an** egg 달걀 [주의] a benches (X), an eggs (X)

2) **복수형**: 복수(2개 이상)일 때 명사 뒤에 -s나 -es를 붙인다. (a/an과 함께 쓰일 수 없다.)
   ① **-s로 끝나는 복수형**

   <복수형 만드는 방법>

단수	방법	복수	그 밖의 예
a book	단수형(book) + **-s**	book**s**	desk**s**, pen**s**, teacher**s**
a bus	-s, -sh, -ch, -x로 끝나는 경우 단수형(bus) + **-es**	buse**s**	classe**s**, dishe**s**, churche**s**, boxe**s**
a baby	「자음 + y」로 끝나는 경우 y를 i로 바꾸고 + **-es**	bab**ies**	city → cit**ies**, lady → lad**ies** *cf.* day → day**s** (모음+y의 경우)
a leaf	-f, -fe로 끝나는 경우 f나 fe를 v로 바꾸고 + **-es**	lea**ves**	knife → kni**ves**, thief → thie**ves**

   - 항상 복수형으로 쓰이는 명사 (쌍으로 이루어진 명사)
     glasses(안경), **scissors**(가위), **trousers**(바지), **jeans**(청바지), **shoes**(신발), **socks**(양말)

   ② **-s로 끝나지 않는 복수형**
   - man(남자) → **men**, woman(여자) → **women**, foot(발) → **feet**, tooth(치아) → **teeth**, child(아이) → child**ren**
   - 단수형과 복수형이 같은 경우: sheep(양) → **sheep**, deer(사슴) → **deer**, fish(물고기) → **fish**

1) 셀 수 없는 명사는 관사 a/an 또는 복수를 나타내는 -s가 붙지 않는다.
   ① 형태가 일정하지 않고 다양하거나 수를 세기 어려운 것
   - butter(버터), meat(고기), paper(종이), wood(목재), ... (→ 쪼개도 성질이 유지되는 덩어리나 재료)
   - rice(쌀), sugar(설탕), sand(모래), ... (→ 너무 작아서 세기 힘든 물질)
   - air(공기), water(물), milk(우유), coffee(커피), ... (→ 기체나 액체)

   ② 눈에 보이지 않거나 만질 수 없는 것, 그래서 추상적인 것
   - love(사랑), health(건강), friendship(우정), music(음악), luck(운), ...

   ③ 세상에 하나뿐이어서 셀 필요가 없는 것, 고유한 이름
   - David(데이비드, 사람 이름), Korea(한국, 나라 이름), Seoul(서울, 도시 이름), ... (→ 대문자로 시작)

   ④ 여러 종류를 합쳐서 가리키는 것
   - money(돈), homework(숙제), information(정보), furniture(가구), ...

2) 셀 수 없는 명사도 '**담는 용기나 단위를 나타내는 말**'을 이용하면 셀 수 있다.
   ① 담는 용기: cup(컵), glass(유리컵), bottle(병) 등
   - **a cup of** coffee 한 잔의 커피, **two cups of** coffee 두 잔의 커피 (→ 커피를 담는 cup을 이용)

   ② 단위: pound(무게 재는 단위), piece(조각/장), slice(얇은 조각) 등
   - **a piece of** paper 종이 1장, **two pieces of** paper 종이 2장 (→ 장을 세는 단위 이용)

Check Up

A   다음 명사의 복수형을 쓰세요.

a camera	→	_____cameras_____

→ a camera는 다른 규칙이 적용되는 명사가 아니니, 쉽게 -s만 붙이면 돼요. -s, -y, -f 등으로 끝나는 명사들은 다른 규칙을 적용해요.

1   a girl   → _____   4   a dish   → _____

2   a cat   → _____   5   a leaf   → _____

3   a bed   → _____   6   a toy   → _____

B   다음 명사의 복수형을 쓰세요.

a mouse	→	_____mice_____

→ a mouse(쥐)는 불규칙 복수형을 가지는 명사예요. 명사 뒤에 -s나 -es를 붙이는 게 아니므로, 불규칙 복수형이 있는 단어들은 암기해두세요.

1   a woman   → _____   4   a man   → _____

2   a foot   → _____   5   a tooth   → _____

3   a child   → _____   6   a sheep   → _____

C   괄호 안에서 알맞은 것을 고르세요.

I want to drink cold (water / waters).

→ water는 셀 수 없는 명사예요. 셀 수 없는 명사는 '-s'가 붙지 않아요.

1   We met in (a Seoul / Seoul).

2   He earned a lot of (money / moneys).

3   I need some (milk / milks).

4   My name is (a Noah / Noah).

5   Exercise is important for (health / healthes).

6   My father likes (a meat / meat).

7   (A friendship / Friendship) is precious in life.

Level Up

정답 및 해설 p.7

A   주어진 단어를 이용하여 문장을 완성하세요.

He has two _____babies_____. (baby)

→ 명사 자리 앞에 two라고 복수를 나타내는 수사가 있으므로, 명사를 복수형으로 바꿔야 해요. 주어진 단어 baby는 '자음+y'로 끝나기 때문에 y를 i로 바꾸고 –es를 붙이세요.

1   She has blue _____. (jean)

2   There are many _____ in the park. (child)

3   Mom bought some _____. (sugar)

4   Husbands invited their _____. (wife)

5   Your _____ are so cute! (shoe)

6   There is _____ on the table. (cup)

7   The girl is holding five _____. (dish)

8   We need two _____ and two forks. (knife)

B   보기의 단어를 이용하여 문장을 완성하세요.

| 보기 | piece / pound / slice / cup / glass / bottle

Dasom ate two _____pieces_____ of pizza.

→ 셀 수 없는 명사는 담는 용기나 단위를 나타내는 명사에 –s를 붙여 복수형을 표현해요. pizza는 조각으로 세니까 piece, two가 있으니 복수형인 pieces로 써주세요.

1   She drinks three _____ of coffee a day.

2   We ordered two _____ of orange juice.

3   This sandwich has a _____ of cheese.

4   The bakery ordered two _____ of sugar.

5   I want one more _____ of cake.

6   They showed me five _____ of wine.

✱ a/an, the는 관사라고 하며, 명사 앞에서 **정보를 전달해요.**

---

a/an, the를 보면 명사의 수나 성격을 알 수 있어요.

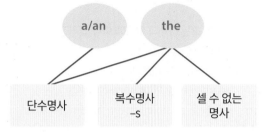

✱ a/an과 the는 각각 명사에 대해 어떤 정보를 알려줄까요?

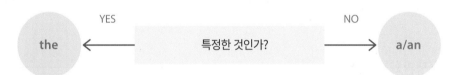

Give me a book. (→ 특정하지 않은 책)
→ (여러 책 중에) 한 권을 내게 줘.

Give me the book. (→ 말하는 사람과 듣는 사람이 서로 알고 있는 특정한 책)
→ (그) 책을 내게 줘.

> 관사의 사용은 말하는 사람과 듣는 사람, 글을 쓴 사람과 읽는 사람 사이에
> 공유된 지식 또는 맥락과 밀접하게 관련되어 있어요.

Key 1 a/an (부정관사)

1) a/an은 기본적으로 '**특정하지 않은 하나**'라는 의미를 가지며, **숫자 1(one)**을 대신하기도 한다.
특정한 것이 아니라고 하여 부정관사라고 한다.
- Do you have **an eraser**? 지우개 있나요? (→ 특정한 지우개가 아니다.)
- I stayed there for **a week**. 나는 그곳에서 일주일을 머물렀다. (→ one week 일주일)

2) '하나'의 의미를 지니므로, 셀 수 있는 명사 중에 **단수형**과 쓰인다.
- a book (O), a books (X, 복수명사와 쓰일 수 없다.), book (X, 단수명사는 관사 없이 단독으로 쓰일 수 없다.)
- a water (X, 셀 수 없는 명사와 쓰일 수 없다.)

3) a나 an은 뒤에 오는 단어의 **발음에 따라** 달라진다.
- a + 자음 발음: **a** man (어 맨), **a** house (어 하우스), **a** red umbrella (어 레드 엄브렐라)
  [주의] 철자는 모음이지만 발음이 모음이 아닌 경우 a를 쓴다.
    an university (X), **a u**niversity (O)
- an + 모음 발음: **an** hour (언 아워), **an** umbrella (언 엄브렐라), **an** old man (언 올드 맨)
  [주의] 명사 앞에 형용사가 있을 경우, 형용사의 처음 철자의 발음에 따라 a, an을 쓴다.
    a old building (X), **an ol**d building (O)

Key 2 the (정관사)

1) the는 기본적으로 '**특정한**'이라는 의미를 가지며, 특정하다고 하여 정관사라고 한다.
- I bought a book. **The book** is very interesting. 나는 책을 샀다. 그 책은 매우 재미있다.
  (→ 앞서 나온 명사를 다시 언급하는 경우로, 과거에 산 '(특정) 책'을 가리킨다.)
- Can you pass me **the salt**, please? 저에게 소금 좀 건네주시겠어요?
  (→ 서로 알고 있는 대상을 언급하는 경우로, 상대방 앞에 있는 '(특정) 소금'을 가리킨다.)
- **The book** on the desk is mine. 책상 위에 있는 책은 내 것이다.
  (→ 꾸며주는 말이 있는 경우로 책상 위에 있는 '(특정) 책'을 가리킨다.)
- **The Earth** moves around **the Sun**. 지구는 태양 주위를 돈다.
  (→ 세상에 유일해서 특정한 경우)

2) 그 외 정관사를 쓰는 경우는 다음과 같다.
- The ticket office is on **the first** floor. 매표소는 1층에 있다. (→ 서수 first 앞)
- He is **the most famous** actor in Korea. 그는 한국에서 가장 유명한 배우이다. (→ 최상급 most famous 앞)

3) the는 셀 수 있는 명사(단수와 복수)와 셀 수 없는 명사 구분 없이 쓰인다.
- the book (O), the books (O), the salt (O)

Check Up

정답 및 해설 p.8

A 괄호 안에서 알맞은 것을 고르세요.

> Neil is (a / (an)) actor.

→ a인지 an인지는 명사의 발음에 따라 달라져요. 발음하지 않고 철자를 보고 고르면 틀릴 수도 있으니 주의해야 해요. actor는 '애-'로 발음이 되는 모음이니까 an을 붙여야 맞아요.

1 We painted (a / an) house.

2 Her brother is (a / an) university student.

3 She bought (a / an) old car.

4 He will leave for the airport in (a / an) hour.

B 괄호 안에서 알맞은 것을 고르세요.

> (A / (The)) sun shines on the lake.

→ 태양은 세상에서 하나밖에 없는 것이죠? 이렇게 유일하고 특정하다면 the를 붙이고, 특정하지 않다면 a를 붙이는 거예요.

1 Let's order (a / the) pizza and eat at home.

2 She became (a / the) professor.

3 This elevator doesn't stop at (a / the) second floor.

4 We can see (a / the) tiger at a zoo.

C 밑줄 친 부분이 어법상 맞으면 ○, 틀리면 ✕를 고르세요.

> I sent a postcard to you. Did <u>a card</u> arrive?   (○,✕)

→ card는 앞에 나온 '내가 너에게 보낸 (특정) 엽서'를 가리켜요. 따라서 the card가 올바른 표현이죠. 앞뒤를 살피면 특정한 명사인지 힌트를 찾을 수 있을 거예요.

1 We can't leave <u>an Earth</u>.   (○, ✕)

2 Romeo and Juliet met under <u>a moon</u>.   (○, ✕)

3 We learned a poem. <u>The poem</u> was about the soul.   (○, ✕)

4 Hemingway was <u>a best writer</u> of the twentieth century.   (○, ✕)

Level Up

정답 및 해설 p.8

A 괄호 안에서 알맞은 것을 고르세요.

> He bought me a (ⓒake)/ cakes / the cake).

→ 괄호 앞에 a가 있으므로 단수명사를 고르세요. a는 the와 중복해서 쓸 수 없는 것도 참고로 알아두세요.

1 Can you pass me (a sugar / the sugar / sugar)?

2 She bought a dress. (The dress / A dress / Dress) is so beautiful.

3 (The sky / Sky / A sky) is clear and blue.

4 He made a song for me. (Song / Songs / The song) is so lovely.

5 We can't live without (a water / waters / water).

6 (The rabbit / A rabbit / Rabbits) in the box likes to play.

7 There is (a box / the box / box) in front of the door.

B 빈칸에 관사 a/an 또는 the 중 알맞은 것을 쓰세요.

> Mom bought me _____a_____ car.

→ 특정한 자동차라는 힌트가 없고, 일반적인 차를 샀다는 말이에요. 특정하지 않은 단수명사 앞에는 관사 a/an을 붙이세요.

1 Eddie is _____ engineer.

2 Ted lost his umbrella but found _____ umbrella later.

3 She became _____ lawyer.

4 I need _____ new pair of glasses.

5 Jane was _____ most beautiful girl in the class.

6 My sister is _____ honest person.

42 Chapter 02 명사와 대명사

✱ 대명사는 왜 필요한 걸까요?

명사는 사람, 사물 등의 이름이라고 했어요.

대명사는 그 명사를 반복하지 않기 위해 쓰는 말이에요.

가리키는 대상을 알고 있는 상황에서는 반복할 필요가 없기 때문이지요.

사람 이외의 다른 것들:

car(자동차), apple(사과), fish(물고기)

1) **인칭대명사**는 어떤 사람이나 사물을 다시 가리킬 때, 명사를 그대로 쓰지 않기 위해 쓰인다.

■ I saw **Mike** on the street. Mike didn't see me. → He didn't see me.
나는 길에서 마이크를 보았다. (마이크는 나를 보지 못했다. → **그는** 나를 보지 못했다.)

■ **The book** is interesting. I like the book → I like it
그 책은 재미있다. (나는 그 책을 좋아한다. → 나는 **그것을** 좋아한다.)

2) **인칭대명사**의 종류

1인칭	단수	말하는 자기 자신	→	**I** (나)
	복수	**I 포함 2명 이상** (she and I)		**we** (우리)
2인칭	단수	듣는 상대방		**you** (너)
	복수	**you 포함 2명 이상** (you and your sister)		**you** (너희들)
3인칭	단수	남자 (Ben Johnson, Mr. Lee)		**he** (그)
		여자 (Lena Park, Ms. Smith)		**she** (그녀)
		사물 (the banana, the dog, the book)		**it** (그것)
	복수	**I와 you를 제외한 2명 또는 2개 이상** (he and she, the teachers, the books)		**they** (그들, 그것들)

Key 2 지시대명사

1) **지시대명사**는 가깝거나 멀리 있는 사람이나 사물을 가리키며 **this**와 **that**이 있다.
① this는 가까이 있는 대상(이것, 이 사람)을 가리키며, that은 멀리 있는 대상(저것, 저 사람)을 가리킨다.
■ **This** is my **friend**. 이 사람은 내 친구이다.
■ **That** is a new **magazine**. 저것은 새 잡지이다.
② this의 복수형은 these이며, that의 복수형은 those이다.
■ **These** are my **friends**. 이 사람들은 내 친구들이다.
■ **Those** are new **magazines**. 저것들은 새 잡지들이다.

2) 각각 '**이** ~', '**저** ~'의 의미를 나타내며 명사를 꾸며준다.
■ **This book** is mine. **That book** is yours. (→ this/that + 단수명사)
이 책은 내 것이다. 저 책은 네 것이다.
■ **These books** are mine. **Those books** are yours. (→ these/those + 복수명사)
이 책들은 내 것이다. 저 책들은 네 것이다.
[주의] this와 that은 복수명사와 쓰일 수 없고, these와 those는 단수명사와 쓰일 수 없다.
this books (X), those book (X)

Key 3 비인칭주어 it

날짜, 요일, 시간, 날씨, 거리, 명암 등을 나타낼 때 문장의 주어로 it을 쓴다.
이때 it은 가리키는 대상이 없으므로 '비인칭주어'라고 하며, '그것'이라고 해석하지 않는다.

■ **It's February 25.** (날짜)　　■ **It's Wednesday.** (요일)　　■ **It's eleven o'clock.** (시간)
그것은 2월 25일이다.　　　　　그것은 수요일이다.　　　　　그것은 11시다.

■ **It's sunny today.** (날씨)　　■ **It's 7 kilometers.** (거리)　　■ **It's dark outside.** (명암)
그것은 오늘은 화창하다.　　　　그것은 7킬로미터이다.　　　　그것은 밖이 어둡다.

Check Up

A   주어진 대명사로 대신하여 쓸 수 있는 명사를 고르세요.

She	(Diana / My uncles)

→ Diana는 여성의 이름을 뜻하는 명사이고 uncles는 uncle(삼촌)의 복수 형태예요. She는 여성 한 명을 대신해서 쓰는 대명사이기 때문에 Diana가 적절해요.

1   We   (My friends and I / The students)

2   They   (Cooper and his friends / You and I)

3   He   (The men / The boy)

4   You   (The girls / You and your family)

B   빈칸에 알맞은 지시대명사와 뜻을 쓰세요.

단수	복수	뜻
it	they	그것 / 그들, 그것들
	these	
that		

C   우리말과 같은 뜻이 되도록 보기에서 알맞은 대명사를 찾아 문장을 완성하세요.

보기	I / These / This / They / You / She / He / Those

이것은 내 컵이야.	_____This_____ is my cup.

→ '이것'은 가까이 있는 대상이 단수일 때 지칭하는 대명사 'This'로 대신해 표현해요.

1   너는 정말 귀여워.   _____ are so cute.

2   나는 제니퍼야.   _____ am Jennifer.

3   그녀는 4월을 좋아한다.   _____ likes April.

4   저 사람들은 내 친구들이야.   _____ are my friends.

5   그들은 훌륭한 선생님들이야.   _____ are great teachers.

6   이것들은 내 책들이야.   _____ are my books.

Level Up

A 밑줄 친 부분을 대신해서 쓸 수 있는 알맞은 대명사를 고르세요.

> You and your sisters are kind.　　　　　　　　　　(They / (You))

→ You and your sisters(너와 너의 여동생들)는 '너희들'이라는 뜻의 2인칭 복수형 you로 표현할 수 있어요.

1　The desk is heavy.　　　　　　　　　　(They / It)

2　Amber and Rachel are best friends.　　　　　　　　　　(You / They)

3　He and his brothers are handsome.　　　　　　　　　　(He / They)

4　You and I are high school students.　　　　　　　　　　(You / We)

B 밑줄 친 it의 알맞은 역할을 고르세요.

> Look at this book! It is so small.　　　　　　　　　　((대명사) / 비인칭주어)

→ 앞에 이미 언급된 명사 'book'을 대신할 때 쓰이는 대명사 it이에요. 대명사 it과 달리 비인칭주어 it은 날짜, 날씨, 시간, 요일 등을 표현할 때 쓰는 것으로, 둘의 역할이 다르다는 것을 꼭 기억하세요.

1　It is December 15. Christmas is coming soon!　　　　　　　　　　(대명사 / 비인칭주어)

2　Did you see the movie? It was really funny.　　　　　　　　　　(대명사 / 비인칭주어)

3　Bring your umbrella. It is raining.　　　　　　　　　　(대명사 / 비인칭주어)

4　We have a car. We bought it last Sunday.　　　　　　　　　　(대명사 / 비인칭주어)

C 밑줄 친 부분을 바르게 고치세요.

> Look at my ring. Mom made these ring.　　　　→ ___this___

→ 뒷문장의 반지는 앞문장에 있는 my ring을 다시 언급하는 거예요. 앞문장에서 ring은 단수명사이고 뒤에서도 역시 -s가 붙지 않았죠? 복수명사와 쓰이는 these를 this로 고쳐 쓰세요.

1　This is my friend Jane. It is so kind.　　　　→ _____

2　Diana and I are best friends. They are so happy together.　　　　→ _____

3　I like this black hat. He is gorgeous but expensive.　　　　→ _____

4　Do you know those girl? I want to know her name.　　　　→ _____

Unit 08 | 대명사의 변화

✳ 명사는 문장에서 어디에 있어도 모양이 그대로지만,
   인칭대명사는 문장 내에서의 '위치'에 따라 모양이 바뀌어요.

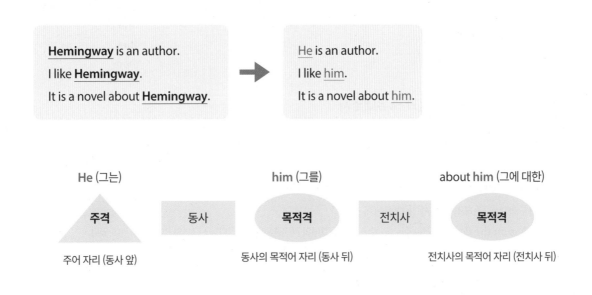

Hemingway is an author.	He is an author.
I like Hemingway.	I like him.
It is a novel about Hemingway.	It is a novel about him.

He (그는) — 주격 — 주어 자리 (동사 앞)

동사

him (그를) — 목적격 — 동사의 목적어 자리 (동사 뒤)

전치사

about him (그에 대한) — 목적격 — 전치사의 목적어 자리 (전치사 뒤)

✳ '그의 소설'은 어떻게 표현할까요?

먼저 '헤밍웨이의 소설'을 어떻게 표현해야 하는지 알아볼게요.

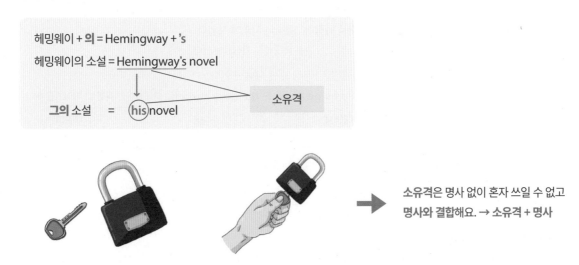

헤밍웨이 + 의 = Hemingway + 's
헤밍웨이의 소설 = Hemingway's novel

그의 소설 = his novel — 소유격

소유격은 명사 없이 혼자 쓰일 수 없고
명사와 결합해요. → 소유격 + 명사

1) **주격**(~은/는/이/가): 문장에서 **주어 자리**에 온다.
- Jane is my friend. (She) is considerate. (동사의 앞) 제인은 나의 친구이다. **그녀는** 이해심이 많다.

2) **목적격**(~을/를): 문장에서 **동사나 전치사의 목적어 자리**에 온다.
- She is diligent. I respect (her). (동사의 뒤) 그녀는 성실하다. 나는 **그녀를** 존경한다.
- I go to school with (her). (전치사 뒤) 나는 **그녀와** 학교에 간다.

수	격	1인칭	2인칭	3인칭		
		나	너	그	그녀	그것
단수	주격	I	you	he	she	it
	목적격	me	you	him	her	it
복수	주격	we	you	they		
	목적격	us	you	them		

Key 2 인칭대명사의 소유격과 소유대명사

1) **소유격**(~의): **명사 앞**에 쓰여 **소유 관계**를 나타낸다.
- This is **Sora's** book. → This is (her) book. 이것은 **소라의** 책이다. → 이것은 **그녀의 책**이다.
  (→ 명사의 소유격(명사 + 's)는 '인칭대명사 소유격'으로 표현할 수 있다.)

2) **소유대명사**(~의 것): '**소유격 + 명사**'를 대신해서 쓰인다.
- **Her book** is on the desk. → (Hers) is on the desk. **그녀의 책**이 책상 위에 있다. → **그녀의 것이** 책상 위에 있다.

수	격	1인칭	2인칭	3인칭		
		나	너	그	그녀	그것
단수	소유격	my	your	his	her	its
	소유대명사	mine	yours	his	hers	(없음)
복수	소유격	our	your	their		
	소유대명사	ours	yours	theirs		

Key 3 재귀대명사

재귀대명사는 '**인칭대명사(소유격이나 목적격) + self[selves]**'의 형태이며, '**~ 자신, ~ 자체**'의 의미이다.
1) 주어가 한 행동의 대상이 주어 자신이 될 때(**주어 = 목적어**), 목적어 자리에 쓰인다.
- He saw **himself** in the mirror. (He = himself) 그는 거울 속에서 **그 자신을** 보았다.

2) 주어 또는 목적어를 강조하고자 할 때, 강조하는 말 뒤나 문장의 맨 뒤에 쓰인다.
- Hemingway **himself** wrote the story. (= Hemingway wrote the story **himself**.) 헤밍웨이가 **직접** 그 이야기를 썼다.

	주어	재귀대명사		주어	재귀대명사
단수	I	my**self**	복수	we	our**selves**
	you	your**self**		you	your**selves**
	he	him**self**		they	them**selves**
	she	her**self**			
	it	it**self**			

<재귀대명사의 관용 표현>
- introduce oneself (자기소개를 하다), by oneself (홀로; 혼자 힘으로), talk[say] to oneself (혼잣말하다)

Check Up

정답 및 해설 p.9

A 밑줄 친 부분의 문장 내 쓰임에 알맞은 것을 바르게 연결하세요.

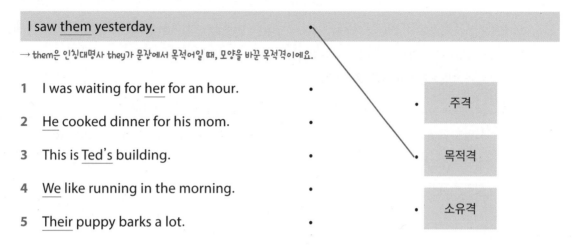

I saw <u>them</u> yesterday.

→ them은 인칭대명사 they가 문장에서 목적어일 때, 모양을 바꾼 목적격이에요.

1 I was waiting for <u>her</u> for an hour.   •

2 <u>He</u> cooked dinner for his mom.   •

3 This is <u>Ted's</u> building.   •

4 <u>We</u> like running in the morning.   •

5 <u>Their</u> puppy barks a lot.   •

• 주격

• 목적격

• 소유격

B 괄호 안에서 알맞은 것을 고르세요.

(I / My) knew you before I met you.

→ 괄호에 주격과 소유격이 있는데 뒤에 명사가 없으니, 소유격은 들어갈 수 없어요. 동사 앞이니 주어가 적절해요.

1 She got a new trophy. (She / Her) trophy is gold.

2 I love your sweater. (It / Its) looks warm.

3 You received several letters. (You / Your) letters are on the table.

4 These cameras are new. (They / Their) were expensive.

C 다음 밑줄 친 부분과 같은 뜻이 되도록 알맞은 소유대명사나 소유격과 결합한 명사로 바꿔 쓰세요.

Your idea is different from <u>my idea</u>.   → _____mine_____

→ my idea는 소유격과 결합한 명사의 형태로, 소유대명사 mine으로 바꿔 쓸 수 있어요.

1 We remodeled our house. What about <u>yours</u>?   → _____

2 Yesterday was my birthday. Today is <u>his birthday</u>.   → _____

3 What a lovely dress! Is it <u>Lisa's dress</u>?   → _____

4 My cat and <u>Jenny's</u> ate smelly food.   → _____

Level Up

정답 및 해설 p.10

A

우리말과 영어문장을 비교해서, 어법상 맞으면 〇, 틀리면 ✕를 고르세요.

| 루크는 하루 종일 그녀를 생각한다. | Luke thinks about herself all day. | (〇,✕) |

→ 주어 Luke와 목적어 '그녀'는 동일 인물이 아니에요. 주어와 목적어가 같을 때 인칭대명사에 −self를 붙여 재귀대명사를 써요. 재귀대명사 herself가 아닌 목적격 her로 고쳐야 옳은 문장이 되는 거예요.

1 헤일리는 호수에 비친 자기 자신을 보았다.   Hailey saw herself in the lake.   (〇, ✕)

2 딜런은 학생들에게 자기 소개를 했다.   Dylan introduced him to the students.   (〇, ✕)

3 글로리아는 직접 꽃집을 열었다.   Gloria opened a flower shop herself.   (〇, ✕)

4 릴리는 자기 자신과 아빠를 돌봐야 했다.   Lily had to take care of her and her daddy. (〇, ✕)

B

밑줄 친 부분을 바르게 고치세요.

| I love hers skirt. | → _____her_____ |

→ 밑줄이 명사 앞에 있으므로 소유격 자리예요. 소유대명사 hers를 소유격 her로 고쳐야 해요.

1 Jeremy wrote this report myself.   → _____

2 Those are mine pens.   → _____

3 The gifts are from they. They took three days to come.   → _____

4 This wallet is your. I found it in my room.   → _____

5 The famous singer married she last year.   → _____

C

주어진 대명사를 빈칸에 알맞은 형태로 바꿔 쓰세요.

| They visited ___our___ home yesterday. ___We___ prepared dinner for them. (we) |

→ 첫 번째 빈칸은 명사 앞이므로 소유격, 두 번째 빈칸은 동사 앞이니 주어 자리인 것을 알 수 있어요.

1 Eric put some cookies on _____ plate, but _____ was full. (he)

2 Our parents love _____ so much and take care of _____ health. (we)

3 This yellow umbrella is _____. It is _____ favorite color. (I)

4 _____ smiles beautifully. I fell in love with _____. (she)

A   빈칸에 들어갈 말로 알맞은 것을 고르세요.

1 I have an _____ .

    ① friend   ② idea   ③ cookie   ④ bike

2 Do you need _____ ?

    ① cup   ② flower   ③ desk   ④ money

3 She ordered two _____ of milk.

    ① glass   ② glasses   ③ piece   ④ pieces

4 There is an airplane in _____ sky.

    ① a   ② an   ③ the   ④ 관사 없음

5 This birthday present is _____ .

    ① I   ② my   ③ me   ④ mine

B   우리말과 같은 뜻이 되도록 영어 문장에서 틀린 곳을 찾아 밑줄을 긋고 바르게 고치세요.

1 우리는 달걀 하나가 필요하다. — We need a egg.   → _____

2 나는 양 세 마리를 셌다. — I counted three sheeps.   → _____

3 그녀는 케이크 두 조각을 먹었다. — She ate two cakes.   → _____

4 정류장에 버스 4대가 있다. — There are four bus at the bus stop.   → _____

C   밑줄 친 부분의 쓰임이 알맞지 않은 것을 모두 고르세요.

    ① This is my younger sister Rachel. <u>She</u> is smart.

    ② That is his book. <u>It</u> is old.

    ③ <u>That</u> are strange sounds.

    ④ The boys are kind. <u>They</u> are my older brothers.

    ⑤ She has two dogs. <u>It</u> bark a lot.

D 문장에서 <u>it</u>의 알맞은 역할을 고르세요.

1 <u>It</u> is very cold in winter. (대명사 / 비인칭주어)

2 Look at this camera. <u>It</u> is quite big. (대명사 / 비인칭주어)

3 This is my favorite shirt. I bought <u>it</u> last year. (대명사 / 비인칭주어)

4 Where is your umbrella? Did you bring <u>it</u>? (대명사 / 비인칭주어)

5 <u>It</u> was four o'clock in the afternoon when he visited our house. (대명사 / 비인칭주어)

E 밑줄 친 부분의 쓰임이 보기와 같은 것을 고르세요.

| 보기 | I need <u>her</u> help.

① I played a computer game with <u>her</u>.
② He met <u>her</u> yesterday.
③ <u>Her</u> voice is quiet.
④ We bought <u>her</u> some ice cream.

F 우리말을 영어로 바르게 나타낸 것을 고르세요.

그 아이들은 꿀을 좋아한다.

① The child likes honey.
② The child likes honeys.
③ The children like honey.
④ The children likes a honey.

고난도

G 밑줄 친 @~@ 중 어법상 알맞지 <u>않은</u> 두 개를 찾아 그 기호를 쓰고 바르게 고치세요.

My friend has @ a kitten.
ⓑ Her name is Nina.
Nina has four ⓒ <u>foot</u>.
ⓓ <u>Their</u> claws are very sharp.
She drinks a lot of ⓔ <u>milk</u> every day.

(1) _____ → _____

(2) _____ → _____

Chapter

03

형용사, 부사, 전치사

Voca Check

Unit 09

☐ long-haired	형 머리가 긴, 장발의
☐ look for	~을 찾다
☐ outgoing	형 외향적인, 사교적인
☐ fortunately	부 다행스럽게도, 운 좋게도
☐ land	동 착륙하다
☐ pleasant	형 즐거운
☐ according to	전 ~에 따르면, ~에 의하면
☐ recipe	명 조리법, 요리법
☐ prepare	동 준비하다
☐ performance	명 연주, 연기; 공연
☐ cover A with B	A를 B로 덮다
☐ blanket	명 담요

Unit 10

☐ spend	동 돈을 쓰다, 시간을 보내다
☐ fridge	명 냉장고
☐ on one's way home	집으로 돌아가는 길에
☐ Would you like+ to부정사	~하시겠습니까?, ~해주시겠습니까?
☐ interest	명 관심, 흥미, 취미
☐ danger	명 위험
cf. dangerous	형 위험한
☐ cucumber	명 오이
☐ literature	명 문학
☐ courage	명 용기
☐ chore	명 잡일, 집안일
☐ chop	동 썰다, 다지다
☐ guest	명 손님

Unit 11

☐ solve	동 해결하다
☐ machine	명 기계
☐ produce	동 생산하다
☐ goods	명 상품, 제품

Unit 12

☐ be tired[sick] of	~에 싫증이 나다
☐ put down	내려놓다; (글, 메모 등을) 적다
☐ theater	명 극장
☐ cafeteria	명 카페테리아, 구내식당
☐ popular	형 인기 있는
☐ return	동 돌아오다, 돌아가다; 돌려주다
☐ finish line	결승선
☐ plate	명 접시, 그릇
☐ neighborhood	명 동네
☐ found	동 설립하다, 세우다
☐ travel	동 여행하다
☐ various	형 다양한

Wrap Up

☐ flight attendant	승무원
☐ patient	형 인내심 있는
☐ fiction	명 소설
☐ brush	명 붓; 솔
☐ shelf	명 선반, 책꽂이
☐ contact	동 연락하다
☐ absent	형 결석한
☐ water	동 물을 주다
☐ countryside	명 시골 (지역)

✴ 형용사는 명사를 꾸며주거나 명사의 상태를 설명해요.

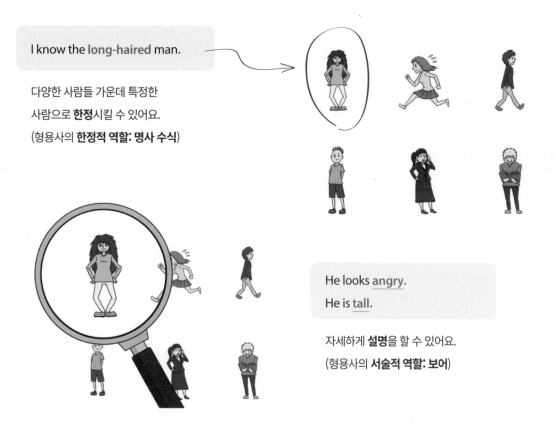

I know the long-haired man.

다양한 사람들 가운데 특정한
사람으로 **한정**시킬 수 있어요.
(형용사의 **한정적 역할: 명사 수식**)

He looks angry.
He is tall.

자세하게 **설명**을 할 수 있어요.
(형용사의 **서술적 역할: 보어**)

✴ 부사는 명사만 제외하고 동사, 형용사, 부사 등을 꾸며줘요.

형용사(quiet)는 명사만 꾸며줄 수 있어요.
동사(walk)는 부사가 꾸며줘야 해요.

그는 조용하게 걷고 있다.
He is walking quiet. ➡ quietly
　　　　　　　　　　(부사로 고치기)

quiet (조용한) + ly → quietly (조용하게)

. . . .

1) **명사를 앞에서 꾸며준다.** (한정적 역할) (a/an/the/소유격) + **형용사** + **명사**

- I found an **interesting** *movie*. 나는 **재미있는** 영화를 찾았다.

cf. -thing, -body, -one으로 끝나는 대명사는 형용사가 뒤에서 꾸며준다.

- I'm looking for *something* **interesting**. 나는 **재미있는** 무언가를 찾고 있어요.

2) **보어로 쓰여, 주어(명사)나 목적어(명사)를 보충 설명**해 준다. (서술적 역할)

- The movie is **interesting**. (주어 The movie를 보충 설명) 그 영화는 재미있다.
  주어　　동사　　보어

- I find the movie **interesting**. (목적어 the movie를 보충 설명) 나는 그 영화가 재미있다고 생각한다.
  주어 동사　목적어　　목적격 보어

. . . .

1) **부사의 역할**: 부사는 동사, 형용사, 부사, 문장 전체를 꾸며준다.

- He *gets up* **early**. (동사 수식) 그는 **일찍** 일어난다.
- He is **very** *outgoing*. (형용사 수식) 그는 **매우** 외향적이다.
- He plays the piano **very** *well*. (부사 수식) 그는 피아노를 **매우** 잘 친다.
- **Fortunately**, *we won the game*. (문장 수식) **운 좋게도** 우리는 게임에서 이겼다.

2) **부사의 종류**

- 시간: **today** 오늘, **yesterday** 어제, **tomorrow** 내일, **now** 지금, **soon** 곧
- 장소: **here** 여기, **there** 저기, **far** 멀리, **near** 가까이
- 빈도: **always** 항상, **usually** 보통, **often** 자주, **sometimes** 때때로, **never** 결코 ~않다
- 강조: **very** 매우, **so** 정말, **really** 정말

3) **부사의 형태**

- 대부분의 형용사+ly: [형] stupid → [부] stupid**ly**
- -le로 끝나는 형용사: e를 빼고+y: [형] gentle → [부] gent**ly**
- 「자음+y」로 끝나는 형용사: y를 i로 고치고+ly: [형] easy → [부] easi**ly**

cf. 형용사와 부사의 형태가 같은 경우 (→ (대)명사를 꾸며주는지 아닌지를 확인한다.)

late [형] 늦은 [부] 늦게　　**early** [형] 이른 [부] 일찍　　**fast** [형] 빠른 [부] 빠르게

high [형] 높은 [부] 높게　　**enough** [형] 충분한 [부] 충분히　　**hard** [형] 힘든, 어려운 [부] 힘들게, 열심히

- The **early** *morning* is the best time of day. 이른 아침은 하루 중 가장 좋은 시간이다.

  (→ early가 뒤에 있는 명사 morning을 꾸며주므로 형용사이다.)

- He *called* me **early** in the morning. 그는 아침에 일찍 나에게 전화했다.

  (→ 대명사 He나 me에 대한 설명이 아니므로 부사이다. 동사 called를 꾸며준다.)

Check Up

A 형용사에 밑줄을 긋고, 형용사가 꾸며주거나 설명해주는 것을 찾아 쓰세요.

She is <u>sleepy</u> after lunchtime.	→	She

→ 형용사 sleepy(졸린)가 쓰여 '그녀는 졸리다'라고 해석되며, sleepy가 주어(She)의 상태를 보충 설명하는 역할을 하고 있어요.

1 I saw a really cute boy in the class.　→ _____

2 People think he is strong.　→ _____

3 Everything in this restaurant looks delicious.　→ _____

4 There are smart students at the university.　→ _____

B 주어진 형용사의 부사형을 각각 쓰세요.

kind	kindly

1 happy　_____

2 quick　_____

3 easy　_____

4 careful　_____

5 wise　_____

6 early　_____

7 safe　_____

8 simple　_____

9 nice　_____

10 heavy　_____

C 부사에 밑줄을 긋고, 부사가 꾸미는 것을 찾아 쓰세요.

He can find the school <u>quickly</u>.	→	can find

→ 부사 quickly(빨리)를 넣어 '빨리 학교를 찾을 수 있다'고 해석해요. '빨리'는 '찾을 수 있다(can find)'라는 동작을 꾸며줘요.

1 The plane landed slowly at the airport.　→ _____

2 Hailey spent a very pleasant time in Seoul.　→ _____

3 Luckily, I found my wallet on the sofa.　→ _____

4 Andy can speak Chinese very well.　→ _____

Level Up

A 괄호 안에서 알맞은 것을 고르세요.

> This book is (easy / easily) to read for high school students.

→ be동사 is 뒤에는 보어가 필요한데, 보어는 형용사와 명사만 가능해요. easy는 '책이 쉽다'는 책의 상태를 서술하고 있어요.

1 According to this recipe, we can make this pizza (easy / easily).

2 My grandma sat (quiet / quietly) and smelled the flowers.

3 The students were very (quiet / quietly) in class.

B 우리말과 같은 뜻이 되도록 주어진 단어를 올바르게 배열하세요.

> 그는 훌륭한 가수이다. (great / he / is / singer / a) → _____ He is a great singer. _____

→ 주어 다음에 동사 is가 오고, 형용사 great는 명사 singer를 꾸며줘요. 명사구 great singer 앞에 관사 a를 붙이세요.

1 엄마는 조심스럽게 차를 운전하신다. (carefully / car / my mom / her / drives)
   → _____

2 아빠는 집에 무척 일찍 오셨다. (came / very / early / home / my daddy)
   → _____

3 그는 재미있는 뮤지컬을 보았다. (musical / an / he / saw / interesting)
   → _____

4 혜민이는 매우 예쁜 인형들을 모은다. (pretty / collects / Hyemin / dolls / very)
   → _____

C 주어진 단어를 이용하여 문장을 완성하세요.

> **easy** The teacher gave us some ___easy___ homework. We finished the homework ___easily___.

→ 첫 번째 빈칸은 명사 앞이니 형용사가 들어가고, 두 번째는 동사를 꾸미는 부사가 들어갈 자리예요.

1 **perfect** Jina prepared for the piano contest _____. Her performance was _____.

2 **late** Monica woke up _____ this morning. She ate a _____ breakfast.

3 **happy** Children are playing _____ on the beach. I like watching their _____ smiles.

4 **kind** She is _____. People said she helped them _____.

5 **soft** My mom _____ covered me with the blanket. The blanket was very _____.

✱ 수량 형용사는 '셀 수 있는 명사'와 '셀 수 없는 명사'에 따라 다르게 사용돼요.

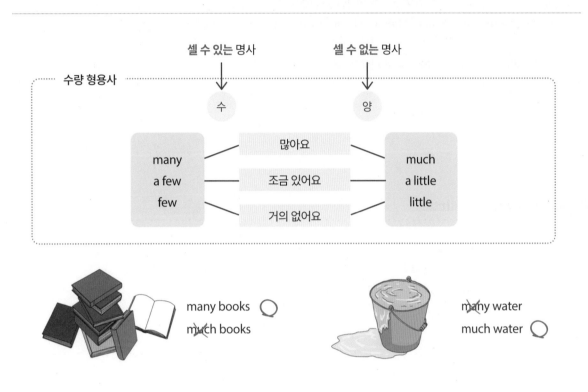

✱ '조금 있어요.'와 '거의 없어요.'는 어떤 차이일까요?

1) **many** + 셀 수 있는 명사(복수형): **(수가) 많은**
 ■ I invited <u>many **friends**</u> to my birthday party. 나는 내 생일파티에 **많은** 친구들을 초대했다.

2) **much** + 셀 수 없는 명사: **(양이) 많은**
 ■ I don't have <u>much **money**</u> now. 나는 지금 **많은** 돈을 가지고 있지 않다.

3) **a lot of / lots of** + 셀 수 있는 명사/셀 수 없는 명사: **(수나 양이) 많은**
 ■ <u>A lot of **students**</u> spend <u>a lot of **time**</u> with their friends. **많은** 학생들이 친구들과 많은 시간을 보낸다.
             ①   ②

 ① **a lot of** students = **many** students (student는 셀 수 있는 명사이므로)
 ② **a lot of** time = **much** time (time은 셀 수 없는 명사이므로)

Key 2 (a) few, (a) little

1) **a few / few** + 셀 수 있는 명사(복수형)
 a few는 '**약간의, 몇 개의**'라는 긍정적 의미로 쓰이고, few는 '**거의 없는**'이라는 부정적 의미로 쓰인다.
 ■ I bought this shirt <u>**a few** days</u> ago. 나는 이 셔츠를 **며칠** 전에 샀다.
 ■ There are <u>few **people**</u> on the streets. 길거리에 사람들이 **거의 없다**.

2) **a little / little** + 셀 수 없는 명사
 a little은 '**약간의, 조금의**'라는 긍정적 의미로 쓰이고, little은 '**거의 없는**'이라는 부정적 의미로 쓰인다.
 ■ There is <u>a little **food**</u> in the fridge. 냉장고에 **약간의** 음식이 있다.
 ■ He has <u>little **information**</u> about China. 그는 중국에 대한 정보가 **거의 없다**. (→ 잘 모른다.)

Key 3 some, any

some, any + 셀 수 있는 명사(복수형)/셀 수 없는 명사: **몇몇의, 약간의**
1) **some**: 수나 양이 확실히 '있음'을 나타내어 긍정문이나 권유하는 의문문에서 쓰인다.
 ■ I bought <u>some **oranges**</u> on my way home. (긍정문) 집에 오는 길에 오렌지를 좀 샀다.
 ■ Would you like to drink <u>some **coffee**</u>? (권유하는 의문문) 커피 좀 드시겠어요?

2) **any**: 수나 양이 확실치 않거나 '없음'에 가까운 의미를 나타내어 부정문이나 의문문에서 쓰인다.
 ■ I don't have <u>any **brothers or sisters**</u>. (부정문) 나는 남자 형제나 여자 형제가 **없다**.
 ■ Do you have <u>any **special interests**</u>? (의문문) 특별한 관심거리가 **있나요**?

Check Up

A 괄호 안에서 알맞은 것을 고르세요.

> (many / much) rings

→ many는 셀 수 있는 명사, much는 셀 수 없는 명사를 꾸며줘요. 명사의 종류를 파악하세요.

1 (many / much) sugar   4 (many / much) water

2 (many / much) presents   5 (many / much) computers

3 (many / much) children   6 (many / much) rain

B 괄호 안에서 알맞은 것을 고르세요.

> (few / little) water

→ few는 셀 수 있는 명사, little은 셀 수 없는 명사를 꾸며줘요. 명사의 종류를 파악하세요.

1 (few / little) money   4 (few / little) sheep

2 (few / little) teeth   5 (few / little) tomatoes

3 (few / little) women   6 (few / little) danger

C 밑줄 친 부분을 바르게 고치세요.

> Would you like any help?   →   some

→ some은 긍정문과 의문문에서 '약간의'라는 뜻으로 쓰이는데, 부정문과 의문문에서 쓰이는 any와 구별해서 쓰세요.

1 Did you put some cucumbers in this sandwich?   → _____

2 Rosa reads any poems in literature class.   → _____

3 Eric has few courage to swim in the river.   → _____

4 Prue cooked a little chickens for dinner.   → _____

5 Henry didn't finish much chores in the morning.   → _____

6 How many coffee do you need?   → _____

Level Up

정답 및 해설 p.13

A 우리말과 같은 뜻이 되도록 괄호 안에서 알맞은 것을 고르세요.

| 내 동생은 몇 개의 신곡을 알고 있다. | My brother knows (a few)/ few) new songs. |

→ a few와 few는 각각 긍정과 부정의 뜻을 나타내요. '알고 있다'는 긍정적 의미이니 a few가 답이에요. 같은 방식으로 a little과 little도 구분해보세요.

1   가게에 꽃들이 거의 없었다.   There were (a few / few) flowers in the shop.

2   그녀는 우유를 조금 마신다.   She drinks (a little / little) milk.

3   민지는 약간의 양파를 다졌다.   Minji chopped (a few / few) onions.

4   우리는 이길 가능성이 거의 없다.   We have (a little / little) chance of winning.

B 빈칸에 들어갈 수 있는 것을 모두 고르세요.

| I remember _____ episodes with you.   ① much   ②✓many   ③✓a lot of   ④ any |

→ episodes는 셀 수 있는 명사의 복수형이니 앞에 many와 a lot of가 들어갈 수 있어요. much는 셀 수 없는 명사를 꾸미고, any는 부정문이나 의문문에 주로 쓰이므로 주어진 문장에서는 어색해요.

1   She can't find _____ information in the library.
    ① many   ② much   ③ some   ④ any

2   He prepared _____ gifts for the guests.
    ① a lot of   ② much   ③ any   ④ little

3   Our family took _____ pictures last summer.
    ① much   ② some   ③ few   ④ many

4   Dylan wrote _____ songs for his girlfriend.
    ① some   ② much   ③ any   ④ many

C 우리말과 같은 뜻이 되도록 보기에 주어진 수량 형용사를 이용하여 문장을 완성하세요.

| | 보기 | many / any / a few / few / a little |

| 그는 독일어를 수년간 공부했다. | He studied German for ___many___ years. |

→ 뒤에 있는 years가 셀 수 있는 명사의 복수형이기 때문에 many를 써서 '많은'의 의미를 나타낼 수 있어요.

1   그는 독일에 몇 번 가본 적이 있다.   He has been to Germany _____ times.

2   그는 학교에서 독일어로 말하지 않는다.   He doesn't speak _____ German at his school.

3   그는 독일어 단어들을 거의 기억하지 못한다. He remembers _____ German words.

4   그는 중국어를 조금 할 수 있다.   He speaks _____ Chinese.

✱ **비교급과 최상급**은 형용사와 부사의 원급에서 형태를 바꿔 **나타내요.**

This camera is **light.** 이 카메라는 가볍다.

➡ 원급

This camera is **lighter than** that camera.
이 카메라는 **더** 가볍다 / 저 카메라**보다.**

➡ 비교급 (두 대상을 비교)

비교 대상

This camera is **the lightest** in our store.
이 카메라는 **가장** 가볍습니다 / 저희 상점에서.

➡ 최상급 (셋 이상의 대상 중에 비교)

범위: 상점 안

1) 원급, 비교급, 최상급의 의미

사람이나 사물의 어떤 성질이나 정도의 차이를 형용사나 부사의 형태를 변화시켜 비교할 수 있다.

- **원급**: 형용사나 부사가 가진 원래 의미 e.g. slow (느린), slowly (느리게)
- **비교급**: 더 ~한, 더 ~하게 e.g. slow**er** (더 느린), **more** slowly (더 느리게)
- **최상급**: 가장 ~한, 가장 ~하게 e.g. slow**est** (가장 느린), **most** slowly (가장 느리게)

2) 비교급, 최상급의 형태

방법		원급	비교급	최상급
대부분 형용사/부사	+ -**er**, -**est**	long (긴)	long**er**	long**est**
e로 끝나는 형용사/부사	+ -**r**, -**st**	large (많은)	larg**er**	larg**est**
「모음 1개 + 자음 1개」로 끝나는 형용사/부사	마지막 자음을 한 번 더 쓰고 + -**er**, -**est**	big (큰)	big**ger**	big**gest**
y로 끝나는 형용사/부사	y를 i로 고치고 + -**er**, -**est**	easy (쉬운)	eas**ier**	eas**iest**
3음절 이상의 형용사/부사	**more** + 형용사/부사 **most** + 형용사/부사	difficult (어려운)	**more** difficult	**most** difficult
예외		good (좋은) - **better** - **best** bad (나쁜) - **worse** - **worst** much (많은) - **more** - **most**	well (잘) - **better** - **best** many (많은) - **more** - **most** little (작은, 적은) - **less** - **least**	

1) **as + 원급 + as A**: A만큼 ~한[하게]

- He is **as** handsome **as** his father. 그는 그의 아버지**만큼** 잘생겼다.
- I studied **as** hard **as** her. 나는 그녀**만큼** 열심히 공부했다.

2) **비교급 + than A**: A보다 더 ~한[하게]

- This computer looks **nicer than** mine. 이 컴퓨터는 내 것**보다 더 좋아** 보인다.
- She speaks English **better than** him. 그녀는 그**보다** 영어를 **잘** 말한다.
- My brother is **much taller than** I am. 나의 형은 나**보다 훨씬 더 키가 크다.**
  (→ 비교급을 강조하거나 수식할 때 비교급 앞에 '훨씬'이라는 의미의 much, even, still, a lot, far 등을 쓴다.)
  [주의] very, too는 비교급 앞에 쓸 수 없다.

3) **the 최상급 + in/of A**: A (중)에서 가장 ~한[하게]

- New York is **the largest** city **in** the U.S. 뉴욕은 미국**에서 가장 큰 도시**이다.
- She solved the problem **(the) fastest of** us. 그녀는 우리들 **중에 가장 빨리** 그 문제를 해결했다.
  (→ 부사의 최상급에서는 the를 생략할 수 있다.)

The 비교급 (주어+동사 ~), the 비교급 (주어+동사 ...): 더 ~할수록, 더 ...하다

- **The more** you laugh, **the happier** you get. 당신이 **더 많이 웃을수록**, 당신은 **더 행복해진다.**
- **The older** you grow, **the wiser** you become. 네가 **나이가 들수록**, 더 **현명해질 것이다.**

Check Up

정답 및 해설 p.13

A 주어진 단어의 비교급과 최상급을 각각 쓰세요.

high	higher	highest

→ 비교급과 최상급을 만들 때 대부분은 -er/-est를 붙이는 규칙 변화를 하지만, 불규칙 변화하는 단어들은 따로 암기해두세요.

1 tall _____ _____
2 interesting _____ _____
3 nice _____ _____
4 heavy _____ _____
5 good _____ _____
6 dark _____ _____
7 hot _____ _____
8 difficult _____ _____

B 괄호에서 알맞은 것을 고르세요.

You are (more light / lighter) than I am.

→ 형용사 light (가벼운)는 불규칙 변화에 속하지 않으니, -er을 붙여서 비교급을 만들어요.

1 This is the (deepest / most deep) lake in South Korea.

2 Machines can produce goods (faster / more fast) than people.

3 She is the (wisest / wiseest) daughter in her family.

4 The more I practice the piano, (the better / the best) I play.

C 우리말과 같은 뜻이 되도록 주어진 단어를 이용하여 문장을 완성하세요.

빨간 차가 우리 차만큼 빨리 달린다. → The red car runs as ___fast___ as our car. (fast)

→ 빈칸 앞뒤에 as – as가 있으니, '~만큼 …한' 이라는 의미의 원급 비교라는 것을 알 수 있어요. 동사를 꾸며주는 부사가 필요하니 fast를 원급 그대로 넣어 주세요.

1 그는 내 남동생보다 더 어리다.

→ He is _____ than my brother. (young)

2 그녀는 학교에서 가장 똑똑한 학생이다.

→ She is the _____ student at the school. (smart)

3 내 정원은 그의 정원보다 더 아름다운 꽃이 있다.

→ My garden has _____ flowers than his garden. (beautiful)

4 사과 파이가 이 빵집에서 제일 맛있다.

→ The apple pie is the _____ in this bakery. (delicious)

Level Up

정답 및 해설 p.14

A 밑줄 친 부분이 어법상 맞으면 ○, 틀리면 ✕ 표시하고 바르게 고치세요.

> This juice is <u>colder to</u> that milk.　　　　→　＿＿＿ ✕, colder than ＿＿＿
>
> → 비교급은 원급에 –er이나 more를 붙이고 비교 대상 앞에 than을 써요.

1 Florence is <u>more beautiful</u> as Venice.　　　→　＿＿＿＿＿＿＿＿＿＿＿

2 Today was the <u>gooder</u> day of my vacation.　　→　＿＿＿＿＿＿＿＿＿＿＿

3 His books are as <u>heavier</u> as my books.　　　→　＿＿＿＿＿＿＿＿＿＿＿

4 My camera is the <u>newest</u> in the store.　　　→　＿＿＿＿＿＿＿＿＿＿＿

5 Janice is <u>kind</u> than Monica.　　　　　　　→　＿＿＿＿＿＿＿＿＿＿＿

B 우리말과 같은 뜻이 되도록 주어진 단어를 올바르게 배열하세요.

> 여름은 겨울보다 덥다. (summer / than / winter / is / hotter)
> →　＿＿＿＿＿ Summer is hotter than winter. ＿＿＿＿＿
>
> → '~보다'가 있으면 '비교급 + than + 비교 대상'의 구조에 유의해서 단어를 배열하세요.

1 그는 영화배우만큼이나 유명했다. (famous / was / he / a movie star / as / as)
   →　＿＿＿＿＿＿＿＿＿＿＿＿＿＿＿＿＿＿＿

2 알렉스는 반에서 가장 키가 크다. (Alex / the / is / tallest / the / in / class)
   →　＿＿＿＿＿＿＿＿＿＿＿＿＿＿＿＿＿＿＿

3 그녀는 나보다 더 조심스럽다. (she / careful / more / me / than / is)
   →　＿＿＿＿＿＿＿＿＿＿＿＿＿＿＿＿＿＿＿

4 날씨가 더 따뜻해질수록, 나는 기분이 더 좋게 느껴진다.
   (better / I / feel / it / the / the / becomes / warmer)
   →　＿＿＿＿＿＿＿＿＿＿＿＿＿＿＿＿＿＿＿

C 우리말과 같은 뜻이 되도록 주어진 단어를 이용하여 문장을 완성하세요.

> 이 책은 저 책만큼 재미있다. This book is ＿＿ as interesting as ＿＿ that book. (interesting)
>
> → 두 개의 대상을 비교할 때 그 정도가 비슷하다면 우리말로는 '~만큼'이라고 표현하고, 영어로는 as – as 원급 비교로 나타내요.

1 이 피자는 식당에서 가장 비싼 음식이다. This pizza is ＿＿＿＿＿＿＿＿＿＿＿ food
   in the cafeteria. (expensive)

2 호랑이는 사자만큼 위험하다.　　　A tiger is ＿＿＿＿＿＿＿ a lion. (dangerous)

3 남동생의 발이 내 발보다 크다.　　　My younger brother's feet are ＿＿＿＿＿＿＿
   mine. (big)

Unit 12 | 명사와 짝을 이루는 전치사

✖ 전치사는 장소, 시간, 방향 등의 추가적인 정보를 전달할 때 쓰는 단어에요.

I found a soccer ball.   나는 축구공을 발견했다.

> 어디에서? (장소)

> 언제? (시간)

✖ 명사(the box)를 기준으로 어디에 있는지 알려줘요.

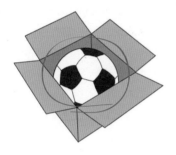

상자 안에 → in the box

상자 위에 → on the box

상자 옆에 → by the box

✖ 시간 명사에 따라 전치사가 다르게 사용돼요.

2011년도에 → in 2011

금요일에 → on Friday

10시에 → at 10

1) 전치사는 **명사나 대명사 앞에 쓰여** 장소, 시간, 방향 등을 나타내는 단어이다.

    전치사는 단독으로 쓰이지 않고 **목적어가 반드시 있어야 하며**, 그 목적어 자리에는 **명사(구), 대명사, 명사절**이 온다.

    ■ in the basket (전치사구) = in (전치사) + the basket (전치사의 목적어인 명사구)

2) 문장에서 **형용사나 부사**의 역할을 한다.

    ■ The bread **in the basket** is yours. **바구니에 있는** 빵은 너의 것이다.

    → 명사 bread를 꾸며주는 형용사 역할 (무슨 빵인지 설명)

    ■ I put some bread **in the basket**. 나는 **바구니에** 빵을 두었다.

    → 동사 put을 꾸며주는 부사 역할 (어디에 두었는지 설명)

Key 2 장소, 시간, 방향의 전치사 in, on, at, to

1) **장소**와 **시간**의 전치사 **in, on, at**

in	장소	테두리 안, 내부	**in** Korea (한국에), **in** the room (방에)
	시간	월, 계절, 연도, 오전, 오후, 저녁	**in** March (3월에), **in** spring (봄에), **in** 2015 (2015년도에) **in** the morning (아침에), **in** the afternoon (오후에)
on	장소	접촉하고 있는 면	**on** the street (길에서), **on** the second floor (2층에서)
	시간	요일, 특정한 날	**on** Friday (금요일에), **on** September 9 (9월 9일에)
at	장소	위치, 장소의 한 지점	**at** the door (출입구에서), **at** the traffic light (신호등에서)
	시간	구체적 시각, 시점	**at** two o'clock (2시에), **at** noon (정오에)

2) **방향**의 전치사 **to**: ~으로(~을 향해), ~에게

    ■ She walked **to the door**. (장소) 그녀는 **문으로** 걸어갔다.

    ■ My friend talked **to me** about his plan. (사람) 내 친구는 **나에게** 그의 계획에 대해 말해주었다.

Key 3 여러 가지 의미의 전치사 of, for, by

1) **of**: ① ~의 (연관, 연결) ② ~로부터 (근원, 재료)

    ■ She is the mother **of my friend**. 그녀는 **내 친구의** 엄마다.

    ■ I am tired **of homework**. 나는 **숙제에** 싫증이 난다.

    ■ The desk is made **of wood**. 그 책상은 **나무로** 만든 것이다.

2) **for**: ① ~을 위하여 ② ~ 동안

    ■ My mother always makes breakfast **for me**. 엄마는 **나를 위해** 항상 아침식사를 차려 주신다.

    ■ I watched television **for two hours**. (for + 숫자) 나는 **두 시간 동안** 텔레비전을 시청했다.

3) **by**: ① ~에 의하여 ② ~을 타고 ③ ~ 까지 ④ ~ 옆에

    ■ This book was written **by Jane Austen**. (by + 사람) 이 책은 **제인 오스틴에 의해** 쓰였다.

    ■ I go to school **by subway**. (by + 교통수단) 나는 **지하철을 타고** 학교에 간다.

    ■ I should finish my homework **by tomorrow**. (by + 기한) 나는 **내일까지** 숙제를 끝내야 한다.

    ■ There is a big tree **by the house**. **집 옆에** 큰 나무가 있다.

Check Up

정답 및 해설 p.15

A 문장에서 전치사구에 밑줄을 긋고, 형용사와 부사 중에서 어떤 역할을 하는지 고르세요.

> The village <u>by the sea</u> is beautiful. (⟨형용사⟩/ 부사)

→ 전치사 by는 뒤에 있는 명사구 the sea와 결합해 전치사구를 이루고, 명사구 the village를 꾸며주는 형용사 역할을 하고 있어요.

1 I put down the book on the desk.　　　　　　(형용사 / 부사)

2 Many people visit the theater in this city.　　(형용사 / 부사)

3 I can ride a bicycle for two hours.　　　　　(형용사 / 부사)

4 The cafeteria on the third floor is very popular.　(형용사 / 부사)

B 괄호 안의 전치사 중에서 알맞은 것을 고르세요.

> We met our friends (at)/ in) the back door.

→ 어떤 전치사를 쓸지는 뒤의 명사가 무엇인지가 중요해요. 빈칸 뒤 door에 내부가 있는 것이 아니므로 전치사 in이 들어갈 수 없고, door는 한 지점이기 때문에 전치사 at이 들어가는 거예요.

1 Terry is making dinner (on / in) the kitchen.

2 Last night, I slept (at / on) the sofa.

3 I went to school (on / in) the morning.

4 He will return to Korea (on / at) Sunday.

5 My brother took a train (at / in) 6:30.

C 빈칸에 알맞은 전치사를 보기에서 찾아 쓰세요. (중복 사용 가능)

> | 보기 | of / for / by / to

> She didn't go ___to___ school.

→ 빈칸 뒤에 장소가 있고, '학교에'라고 해석돼요. 방향을 나타내는 전치사 to가 어울려요.

1 It takes 20 minutes _____ subway.

2 I am sick _____ playing this game.

3 Jay bought some gifts _____ Amy.

4 We watched the movie _____ 3 hours.

5 The women ran _____ the finish line.

6 The tower is made _____ steel.

Level Up

정답 및 해설 p.15

A 다음 문장에서 전치사구를 찾아 밑줄을 긋고, 그 전치사구가 수식하는 것에 연결하세요.

> Some plates in the kitchen were bought in Japan.

→ 전치사구는 형용사 역할로 명사를 꾸며줄 수도 있고, 부사 역할로 동사를 꾸며줄 수도 있어요. in the kitchen은 앞에 있는 명사 plates를 꾸며주고, in Japan은 동사 were bought를 꾸며줘요.

1 He stayed in Ireland during summer vacation.

2 The school in our neighborhood was founded in May 1905.

3 I do not go to the library in the town. It is closed on Sundays.

B 밑줄 친 부분이 어법상 맞으면 ○, 틀리면 ✕ 표시하고 바르게 고치세요.

> Can you call me on 7:00? 7시에 나한테 전화할 수 있어?   →   ✕, at 7:00

→ on은 날짜, 요일에 쓰이는 전치사예요. 7:00은 시각이니 at을 써서 시간을 표현해야 해요.

1 There are paintings in the wall. 벽에 그림들이 걸려 있다.   → _____

2 This bridge is made in wood. 이 다리는 나무로 만들어졌다.   → _____

3 I waited for her for an hour. 나는 그녀를 한 시간 동안 기다렸다.   → _____

4 Hey, we are going in the zoo! 여기 봐, 우리는 동물원으로 가고 있어!   → _____

5 She is a sister on my friend. 그녀는 내 친구의 동생이다.   → _____

C 빈칸에 알맞은 전치사를 쓰세요.

> My puppy and I go jogging ___in___ the morning ___for___ 30 minutes.

→ 빈칸 뒤에 있는 명사를 보고 추론해서 전치사를 넣어야 해요. 아침, 점심 등 하루의 시간대는 in으로, 지속 시간이나 기간은 for를 써요.

1 Our class ends _____ 3:00 _____ Friday.

2 We went _____ the museum _____ bus.

3 I traveled in Europe _____ a month _____ January.

4 My sandwich is made _____ various vegetables, and I am not tired _____ it.

A 문장의 빈칸에 들어갈 수 <u>없는</u> 것을 고르세요.

1 The _____ student is playing the piano.
   ① young   ② smart   ③ happily   ④ lovely

2 The bus in this town is very _____.
   ① quickly   ② fast   ③ slow   ④ popular

3 She felt _____ sleepy after dinner.
   ① very   ② really   ③ so   ④ many

4 The flight attendants on the airplane are _____.
   ① so   ② kind   ③ careful   ④ patient

5 I _____ found my wallet in the room.
   ① lucky   ② fortunately   ③ finally   ④ quickly

B 밑줄 친 부분이 어법상 맞으면 ◯, 틀리면 ✕ 표시하고 바르게 고치세요.

1 Add <u>a few</u> salt and it'll taste better.   → _____

2 I want to read <u>much</u> poems and fiction books.   → _____

3 There are <u>some</u> strawberries on the table.   → _____

4 She has <u>a little</u> money in her pocket.   → _____

5 He didn't ask <u>some</u> questions about the exam.   → _____

6 We ordered <u>many</u> brushes to paint with.   → _____

C 우리말과 같은 뜻이 되도록 주어진 단어를 이용하여 문장을 완성하세요.

1 나는 우리 가족 중에 가장 어리다.   I am the _____ in my family. (young)

2 우리 엄마는 나만큼 빨리 달린다.   My mother runs as _____ as me. (fast)

3 어제보다 더 따뜻하다.   It's _____ than yesterday. (warm)

4 이 집이 도시에서 제일 오래되었다.   This house is the _____ in the city. (old)

5 그녀는 나보다 피아노를 더 잘 친다.   She plays the piano _____ than I do. (well)

D 두 문장에 공통으로 들어갈 전치사를 보기에서 찾아 쓰세요.

| 보기 | by / for / at / in / on

1 Ted met her _____ the bus stop.

   He eats breakfast _____ 7 a.m.

2 She put the book _____ the shelf.

   We go to the book club _____ Saturdays.

3 I contacted him _____ email last year.

   Will you travel there _____ plane?

4 I am learning writing skills _____ my job.

   He was absent _____ two days.

5 We often go on picnics _____ spring.

   She waters the plant _____ her room every day.

고난도

E 주어진 단어를 이용하여 문장을 완성하세요.

easy
1 This computer is _____ to use.
2 We can learn to use a computer _____.

quiet
3 He _____ walked out of the room.
4 You can enjoy a _____ life in the countryside.

Chapter

04

동사 기본

Voca Check

Unit 13

- [ ] exhausted — 형 기진맥진한, 지친
- [ ] east — 명 동쪽
- [ ] keep a diary — 일기를 쓰다
- [ ] miss — 동 놓치다; 그리워하다
- [ ] even — 부 ~도(조차), 훨씬
- [ ] bath — 동 목욕시키다; 명 목욕
- [ ] every other day — 하루걸러, 이틀에 한 번
- [ ] a bit — 조금, 약간
- [ ] dairy products — 명 유제품

Unit 14

- [ ] invent — 동 발명하다
- [ ] move — 동 이사하다; 움직이다; 옮기다
- [ ] take an exam — 시험을 보다
- [ ] drop — 동 떨어뜨리다
- [ ] on the way to — ~로 가는 도중에
- [ ] these days — 요즘에는
- [ ] marathon — 명 마라톤
- [ ] graduate from — ~을 졸업하다

Unit 15

- [ ] refrigerator — 명 냉장고
- [ ] tourist — 명 관광객
- [ ] novelist — 명 소설가
- [ ] showcase — 명 진열장; 공개 행사
- [ ] accident — 명 사고
- [ ] at present — 현재는, 지금은
- [ ] avenue — 명 (도시의) 거리, –가
- [ ] stranger — 명 낯선 사람, 모르는 사람
- [ ] about — 부 약, ~쯤

Unit 16

- [ ] follow the rules — 규칙을 따르다
- [ ] from now on — 이제부터, 앞으로는

- [ ] take a rest — 쉬다
- [ ] spare — 형 남는
- [ ] plan +to부정사 — ~하기로 계획하다
- [ ] save — 동 저축하다; 절약하다
- [ ] pale — 형 창백한
- [ ] recognize — 형 알아보다
- [ ] patient — 명 환자
- [ ] make an appointment with — ~와 만날 약속을 하다
  - cf. appointment — 명 약속
- [ ] dentist — 명 치과 의사
- [ ] see a doctor — 병원에 가다
- [ ] at once — 즉시, 당장
- [ ] take off — (옷 등을) 벗다
- [ ] silent — 형 조용한

Unit 17

- [ ] lie — 동 눕다; 거짓말하다
- [ ] choir — 명 합창단, 성가대
- [ ] lawn — 명 잔디밭

Unit 18

- [ ] go out — 외출하다, 나가다
- [ ] purse — 명 지갑
- [ ] scary — 형 무서운
- [ ] drawer — 명 서랍
- [ ] make a difference — 차이를 만들다

Wrap Up

- [ ] be good at — ~을 잘하다
- [ ] make a mistake — 실수하다
- [ ] cousin — 명 사촌
- [ ] librarian — 명 (도서관의) 사서

Unit 13 | 일반동사의 변화 1

✶ 동사는 과거, 현재, 미래를 표현할 수 있어요.

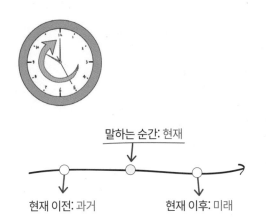

말하는 순간: 현재

현재 이전: 과거　　　　현재 이후: 미래

그녀는 10년 전에 부산에서 살았다.
She **lived** in Busan **10 years ago.** (과거)

그녀는 지금 서울에서 산다.
She **lives** in Seoul **now.** (현재)

그녀는 2년 후에 부산에서 살 것이다.
She **will live** in Busan **in two years.** (미래)

✶ 현재시제일 때 동사의 모양이 어떻게 바뀌는지 살펴볼게요.

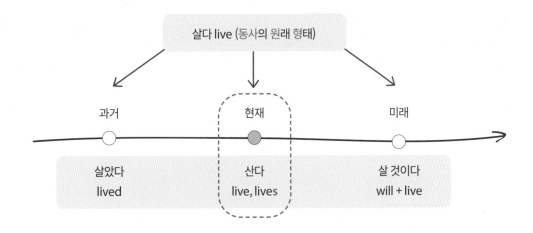

살다 live (동사의 원래 형태)

과거	현재	미래
살았다 lived	산다 live, lives	살 것이다 will + live

1) 동사는 문장에 대한 가장 많은 정보를 담고 있다.
   ① **시제**: 현재의 동작이나 상태인지, 또는 과거나 미래의 동작이나 상태인지 등을 표현한다.
   ② **긍정문, 부정문**: 그렇다는 건지 또는 아니라는 건지 등을 표현한다.
   ③ **평서문, 의문문**: 단순히 말하는 건지 또는 물어보는 건지 등을 표현한다.
   ④ **진행, 완료**: 동작이 지금도 계속되는 건지 또는 끝난 건지 등을 표현한다.

2) 동사는 일반동사와 be동사로 나눌 수 있다.
   일반동사는 현재형, 과거형, 부정문, 의문문을 만드는 방법에서 be동사와 차이가 있다.

일반동사	play 놀다, read 읽다, study 공부하다, live 살다, like 좋아하다, know 알다 등
be동사	am/are/is ~이다, (~에) 있다, was/were ~이었다, (~에) 있었다

Key 2 현재시제의 의미

현재시제는 현재의 상태뿐만 아니라 일상적인 행동, 일반적인 사실 등을 나타낼 때 쓰인다.

1) **현재**의 상태나 사실
   ■ I **feel** quite exhausted now. 나는 지금 몹시 지쳐 있다.
   ■ She **is** 17 years old this year. 그녀는 올해 17살이다.

2) **일상적인** 행동 (반복적으로 해오고 있는 행동)
   ■ He **drinks** eight glasses of water every day. 그는 매일 물 8잔을 마신다.
   ■ Ted **goes** to school by bicycle. 테드는 자전거를 타고 학교에 간다.

3) **일반적인** 사실이나 진리 (현재 통하는 사실이나 진리)
   ■ An elephant **has** a long nose. 코끼리는 긴 코를 가지고 있다.
   ■ The sun **rises** in the east. 태양은 동쪽에서 뜬다.

Key 3 현재시제의 동사 형태

1) 현재시제일 때, **주어의 수에 따라 동사의 수를 일치시킨다.**

> **3인칭 단수**(He, She, It, 단수명사, 셀 수 없는 명사) + 동사원형+-s/ -es
> **3인칭 단수를 제외한 나머지**(I, You, We, They, 복수명사) + 동사원형

   ■ She **keeps** a diary every day. (3인칭 단수) 그녀는 매일 일기를 쓴다.
   ■ I **keep** a diary every day. (단수이지만 3인칭 X) 나는 매일 일기를 쓴다.
   ■ Ara and Minji **keep** a diary every day. (3인칭이지만 단수 X) 아라와 민지는 매일 일기를 쓴다.

2) 일반동사의 3인칭 단수 현재형 만드는 방법

대부분의 동사	동사원형 + **-s**	sit → sits 앉다, like → likes 좋아하다
o, x, s, sh, ch로 끝나는 동사	동사원형 + **-es**	do → does 하다, cross → crosses 건너다, wash → washes 씻다, watch → watches 보다
「자음+y」로 끝나는 동사	y를 i로 바꾸고 + **-es**	study → studies 공부하다, try → tries 시도하다 cf. play → plays 놀다 (「모음+y」는 -s만 붙인다.)
불규칙		have → **has** 가지다

Check Up

A 다음 동사를 3인칭 단수 현재형으로 바꾸세요.

1 know → _____

2 have → _____

3 try → _____

4 take → _____

5 teach → _____

6 eat → _____

7 love → _____

8 say → _____

9 miss → _____

10 go → _____

B 괄호 안에서 알맞은 것을 고르세요.

> The Italian restaurant (open / opens) at 11 a.m.

→ 주어인 The Italian restaurant(이탈리아 음식점)은 3인칭 단수이므로 동사 open에 –s를 붙여 주세요.

1 My sister and I (finish / finishes) our homework before we go to sleep.

2 She (carry / carries) an umbrella even on sunny days.

3 They (make / makes) delicious pasta and pizza.

4 The boy (sing / sings) beautifully.

C 밑줄 친 부분을 바르게 고치세요.

> The children <u>likes</u> action movies. → _____ like _____

→ children은 child의 복수형이에요. 주어가 복수명사이므로 동사원형으로 수를 일치해야 해요. likes를 like로 고쳐 주세요.

1 She <u>bath</u> her dog every other day. → _____

2 Jerry and I <u>feels</u> a bit tired today. → _____

3 Kate <u>have</u> many skirts and jackets. → _____

4 Emma <u>study</u> for the test with Liam. → _____

Level Up

A 괄호 안에서 알맞은 것을 고르세요.

> (Ⓘ/ She) win the gold medal.

→ 주어 뒤에 있는 동사 win은 동사원형이므로 주어는 3인칭 단수가 아니어야 해요. She는 3인칭 단수이므로 답이 될 수 없어요.

1 (He / We) like shopping on weekends.

2 (My friends / My friend) call me every day.

3 (Ted / Ted and Barney) makes dinner for some friends.

4 (The woman / The women) go to the park after lunch.

B 주어진 단어를 a, b 각 문장에 알맞게 바꿔 쓰세요.

> **eat**   a. I ____eat____ fruits and vegetables every day.
>
> b. She ____eats____ dairy products every morning.

→ I는 1인칭이므로 동사원형, She는 3인칭 단수이므로 동사에 -s를 붙여 eats로 만드세요.

1 **enjoy**   a. Nina _____ reading books.

b. You _____ writing essays.

2 **want**   a. My parents _____ a puppy.

b. My brother _____ a white Maltese dog.

3 **do**   a. I _____ my best for the exam.

b. She _____ her best in this contest.

4 **watch**   a. Ben and I _____ movies on Sundays.

b. Ben _____ movies after school.

C 우리말과 같은 뜻이 되도록 주어진 표현을 이용하여 문장을 완성하세요.

> Robin은 요가 수업을 듣는다. (take a yoga class)   → Robin ____takes a yoga class____ .

→ 주어 Robin은 3인칭 단수이므로 동사 take에 -s를 붙여 takes로 만드세요.

1 이 빵집은 매주 일요일에 문을 닫는다. (close every Sunday)

→ This bakery _____ .

2 케빈과 대니는 6시에 일을 마친다. (finish work at six)

→ Kevin and Danny _____ .

3 그녀는 일찍 자러 간다. (go to bed early)

→ She _____ .

4 아빠는 일주일에 세 번 운동하신다. (exercise three times a week)

→ My dad _____ .

✻ 과거는 현재를 기준으로 이전에 있었던 동작이나 상태를 나타내요.

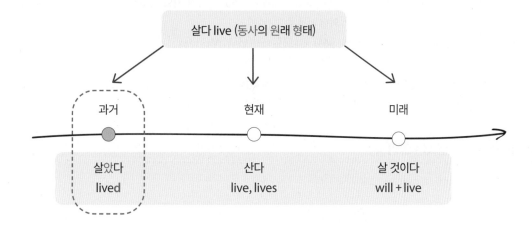

I live in Seoul. 나는 서울에 산다. (현재 살고 있음)
I lived in Seoul. 나는 서울에 살았다. (현재는 살고 있지 않음)

✻ 과거시제는 주로 과거의 특정 시점을 나타내는 표현과 함께 쓰여요.

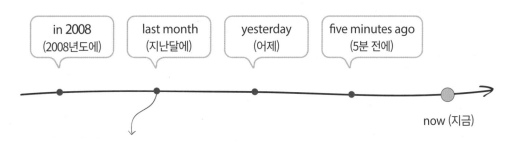

I lived in Seoul last month.
나는 지난달에 서울에서 살았다.

Key 1 **과거시제**

1) 과거의 특정 시점에 일어난 동작이나 상태, 역사적 사실 등을 나타낸다.

　① 이미 끝난 과거의 동작이나 상태

　　■ He **had** a good time during winter vacation. 그는 겨울 방학 동안 즐거운 시간을 보냈다.

　② 역사적 사실

　　■ King Sejong the Great **invented** Hangul. 세종대왕이 한글을 만들었다.

2) 과거시제는 **특정 과거 시점을 나타내는 부사구**와 함께 쓰인다.

　① **yesterday** 어제, **then** 그때, **at that time** 그때, 그 당시, **ago** 전에, **in+과거 연도** ~년에

　　■ She **moved** to Seoul *yesterday*. 그녀는 **어제** 서울로 이사했다.

　② **last** 지난 + [**night** 밤, **week** 주, **month** 월, **year** 년, 요일 (Sunday, Monday, ...)]

　　■ Mike **took** an exam *last week*. 마이크는 지난주에 시험을 봤다.

　③ 숫자 + [**hour** 시간, **day** 일, **week** 주, **month** 월, **year** 년] + **ago** 전에

　　■ Mom **bought** me shoes *two days ago*. 엄마가 이틀 전에 나에게 신발을 사주셨다.

Key 2 **과거시제의 형태 (과거형)**

1) 규칙 변화

대부분의 동사	동사원형 + -ed	look → look**ed** 보다, ask → ask**ed** 묻다
-e로 끝나는 동사	동사원형 + -d	love → love**d** 사랑하다, like → like**d** 좋아하다
「자음 + -y」로 끝나는 동사	y를 i로 바꾸고 + -ed	carry → carr**ied** 운반하다, try → tr**ied** 시도하다 *cf.* play → play**ed** 놀다(「모음+y」는 -ed만 붙인다.)
「모음 1개+자음 1개」로 끝나는 동사	마지막 자음을 한 번 더 쓰고 + -ed	stop → stop**ped** 멈추다, plan → plan**ned** 계획하다

2) 불규칙 변화

■ 모음이나 자음이 추가되고 바뀌는 동사

come → came 오다	drink → drank 마시다	run → ran 달리다	begin → began 시작하다
give → gave 주다	sit → sat 앉다	sing → sang 노래하다	stand → stood 서다
write → wrote 쓰다	drive → drove 운전하다	speak → spoke 말하다	break → broke 깨다
grow → grew 자라다	know → knew 알다	fly → flew 날다	hold → held 잡다
meet → met 만나다	get → got 얻다	wear → wore 입다	win → won 이기다
see → saw 보다	take → took 가져가다	find → found 찾다	eat → ate 먹다
choose → chose 선택하다	send → sent 보내다	spend → spent 쓰다	lose → lost 잃다
make → made 만들다	hear → heard 듣다	have → had 가지다	feel → felt 느끼다
keep → kept 지키다	sleep → slept 자다	tell → told 말하다	sell → sold 팔다
think → thought 생각하다	bring → brought 가져오다	buy → bought 사다	catch → caught 잡다
teach → taught 가르치다	pay → paid 지불하다	say → said 말하다	leave → left 떠나다
do → did 하다	go → went 가다		

■ 동사원형과 과거형이 같은 동사

cut → cut 자르다	put → put 놓다	read → read[red] 읽다	set → set 정하다

Check Up

A 다음 동사를 과거형으로 바꾸세요.

1	ask	→ _____	7	get	→ _____
2	meet	→ _____	8	marry	→ _____
3	study	→ _____	9	write	→ _____
4	drink	→ _____	10	read	→ _____
5	live	→ _____	11	stop	→ _____
6	see	→ _____	12	use	→ _____

B 괄호 안에서 동사의 과거형으로 알맞은 것을 고르세요.

I (droped / dropped) my key on the way to school.

→ drop은 '모음 1개+자음 1개' 형태의 동사이므로 마지막 자음인 p를 하나 더 붙이고 -ed를 붙이세요. 그럼 dropped가 돼요.

1 We (played / plaied) soccer last night.

2 Sophia (joined / joind) the book club two years ago.

3 He (planed / planned) the tour schedule in 2014.

4 Mason (lived / liveed) in London at that time.

C 괄호 안에서 알맞은 것을 고르세요.

We (solve / solved) the puzzle last week.

→ solve는 현재형, solved는 과거형인데 last week는 지난주를 뜻하므로 solved가 맞아요.

1 He visited us (tomorrow / yesterday).

2 This TV show (begins / began) five minutes ago.

3 It rains a lot (today / last week).

4 World War II (ends / ended) in 1945.

Level Up

정답 및 해설 p.18

A 밑줄 친 부분이 어법상 맞으면 ○, 틀리면 ✕ 표시하고 바르게 고치세요.

| Lisa taught English at the school these days. | → ___✕, teaches___ |

→ these days는 '(과거와 비교해서) 요즘에는'이란 의미로 현재시제와 어울려요. 과거시제인 taught를 teach의 현재형인 teaches로 고쳐 주세요.

1 Shakespeare writes *Romeo and Juliet* in the 1590s. → _____

2 The Earth moved around the Sun. → _____

3 My little brother cleans his room three hours ago. → _____

4 I went to the movies with my friends last weekend. → _____

B 주어진 단어를 a, b 각 문장에 알맞게 바꿔 쓰세요.

| **run** | a. The children ___run___ on the playground every day. |
| | b. She ___ran___ a marathon yesterday. |

→ every day는 습관을 뜻하니 현재시제로 쓰고, yesterday는 과거의 일이니 run의 과거시제인 ran이 적절해요.

1 **fly** a. The Wright brothers _____ the first airplane in 1903.

b. Birds _____ in the air.

2 **wish** a. They _____ for a white Christmas last year.

b. Now, I _____ you happiness.

3 **cut** a. My mother always _____ meat into small pieces.

b. She _____ this bread yesterday.

4 **buy** a. We _____ the old computer five years ago.

b. He _____ some flowers on Tuesdays.

C 우리말과 같은 뜻이 되도록 주어진 단어를 이용하여 문장을 완성하세요.

| 내 여동생은 작년에 초등학교를 졸업했다. | My little sister ___graduated___ from elementary school last year. (graduate) |

→ last year는 '작년'을 뜻하는 부사이므로 graduate에 -d를 붙여 과거시제를 만드세요.

1 그녀는 그때 나에게 전화를 했다. She _____ me at that time. (call)

2 우리는 2013년에 서울에 살았다. We _____ in Seoul in 2013. (live)

3 나는 저번 주에 내 책상을 옮겼다. I _____ my desk last week. (move)

4 에디는 어제 그 식당에서 점심을 먹었다. Eddie _____ lunch at the restaurant yesterday. (have)

✽ be동사는 주어와 시제에 따라 **모양이 다양하게 변해요.**

am, are, is, was, were는 be의 바뀐 모습이에요.

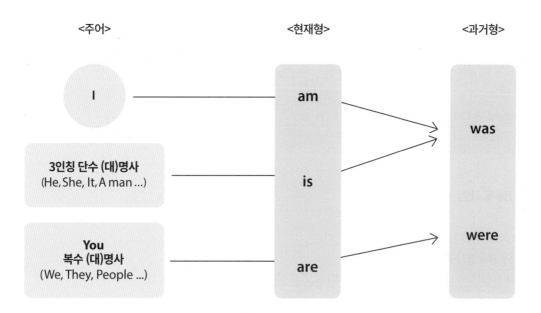

✽ be동사는 주어와 뒤에 나오는 구를 연결해서 해석해요.

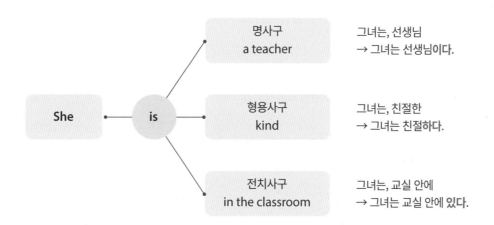

be동사는 주어와 시제에 따라 am, is, are, was, were로 바뀐다.

1) be동사의 현재형과 과거형

주어	현재형	과거형
I	am	was
3인칭 단수 (He, She, It, 단수명사, 셀 수 없는 명사)	is	
나머지(You, We, They, 복수명사)	are	were

■ Jackson **is** in the library now. 잭슨은 지금 도서관에 **있다**.

■ He **was** in the library yesterday. 그는 어제 도서관에 **있었다**.

■ Jane and I **are** in the same class at school. 제인과 나는 학교에서 같은 반**이다**.

■ She and I **were** in the same class at school last year. 그녀와 나는 작년에 학교에서 같은 반**이었다**.

2) 인칭대명사와 be동사 현재형의 축약형

I am → I**'m**	He is → He**'s**	She is → She**'s**	It is → It**'s**
You are → You**'re**	We are → We**'re**	They are → They**'re**	

*인칭대명사와 be동사의 과거형은 줄여 쓸 수 없다.

be동사는 주어와 뒤에 나오는 구를 연결해서 해석한다.

1) 주어 + be동사 + **명사구**: 주어는 (무엇)**이다**

■ She **is** a great teacher. 그녀는 훌륭한 선생님**이다**.

2) 주어 + be동사 + **형용사구**: 주어는 (어떠)**하다**

■ She **is** kind to her students. 그녀는 학생들에게 친절**하다**.

3) 주어 + be동사 + **전치사구**: 주어는 (어디에) **있다**

■ She **is** with her students in the classroom now. 그녀는 지금 그녀의 학생들과 교실에 **있다**.

1) There be 구문: 「There+be동사+주어」는 '~가 있다'의 의미를 나타낸다.
이때 there는 '거기에'라고 해석하지 않는다.

2) There be 구문에서 be동사는 **뒤에 나오는 명사(주어)의 수와 일치**시킨다.

There	is/was	단수명사, 셀 수 없는 명사	부사(구), 전치사구 (장소, 시간)
	are/were	복수명사	

■ There **is** a cell phone on the desk. 책상 위에 휴대폰이 **있다**.

■ There **was** milk in the refrigerator. 냉장고 안에 우유가 **있었다**.

■ There **are** lots of pictures on the wall. 벽에 많은 그림들이 **있다**.

■ There **were** many people on the street yesterday. 어제 거리에 많은 사람들이 **있었다**.

Check Up

A 밑줄 친 부분의 알맞은 의미를 쓰세요.

Her advice is <u>useful</u>.	→	유용하다

→ be동사 뒤에 나온 형용사 useful은 보어 역할을 하고 있어요. '그녀의 충고가 유용하다'로 해석되지요.

1   She <u>is in the theater</u>.   → _____

2   They <u>are tourists</u>.   → _____

3   The puppy <u>is on the sofa</u>.   → _____

4   It is really <u>heavy</u>.   → _____

5   He <u>is a chef</u>.   → _____

6   My room <u>is clean</u>.   → _____

B 괄호 안의 be동사 중에서 알맞은 것을 고르세요.

We (is /ⓐare) novelists.

→ be동사 앞의 주어가 1인칭 복수인 We이므로 be동사를 are로 맞춰 주세요.

1   I (was / were) in Tokyo in 2014.

2   She (is / are) from Canada.

3   Noah and Logan (was / were) sick yesterday.

4   There (is / are) many buses on the street.

5   There (is / are) a chocolate cake in a showcase.

C 보기에서 알맞은 be동사를 골라 빈칸에 쓰세요. (중복 사용 가능)

	보기	am / are / is / was / were

She ____was____ on the subway two hours ago.

→ be동사 앞의 주어가 3인칭 단수인 She인데, '두 시간 전에'라는 과거 시점이 있으므로 was가 정답이에요.

1   We _____ very hungry now.

2   She _____ my teacher in 2013.

3   Naoml _____ always kind to me.

4   There _____ an accident last night.

5   Asher and I _____ in the cafe last Saturday.

6   At present, I _____ in London with my cats.

Level Up

A 괄호 안에서 알맞은 것을 고르세요.

> (They / ⓈShe) is a nice person.

→ 괄호 뒤의 동사 is는 3인칭 단수 주어와 호응하기 때문에 She가 적절해요. They는 3인칭 복수이므로 알맞지 않아요.

1 (The book / The books) are interesting and funny.

2 (I / We) were classmates last year.

3 There is (a boy / boys) in the swimming pool.

4 (Marshall / Marshall and Ted) are musicians.

5 There were (a famous store / famous stores) on Fifth Avenue.

B 빈칸에 알맞은 be동사를 써서 문장을 완성하세요.

> I ____am____ fine now. I ____was____ tired last night.

→ 첫 번째 문장에서는 주어가 I이고 시점이 현재(now)이므로 am이 적절하고, 두 번째 문장은 과거 시점 last night가 있으므로 단수인 I에 맞는 be동사 과거형은 was예요.

1 The window _____ clean now. It _____ dirty yesterday.

2 Kuhn and I _____ best friends now. We _____ strangers in 2013.

3 She _____ in the gym now. She _____ at the park two hours ago.

C 우리말과 같은 뜻이 되도록 주어진 단어를 이용하여 문장을 완성하세요.

> 그녀는 디자이너이다. (be, a designer)   → She ____is a designer____.

→ 주어와 시제에 유의해서 완성하세요. '~이다'는 현재시제이므로 3인칭 단수 She에 맞는 be동사는 is가 적절해요.

1 나는 어제 정말 기뻤다. (be, really happy, yesterday)

→ I _____.

2 지붕 위에 새들이 있다. (be, birds, on the roof)

→ There _____.

3 우리는 지난 주말에 해변에 있었다. (be, at the beach, last weekend)

→ We _____.

4 약 100년 전에는 아시아에 10만 마리의 호랑이가 있었다. (be, 100,000 tigers, in Asia)

→ About 100 years ago, there _____.

Unit 16 | 동사를 도와주는 조동사

✶ 조동사는 동사를 다양하게 표현할 수 있도록 도와줘요.

조동사는 동사 앞에서
동사를 도와줘요.

동사의 **의미를 보조해주는** 조동사와
문법적으로 보조해주는 조동사가 있어요.

✶ 조동사는 동사가 표현하지 못한 의미를 표현할 수 있어요.

동사로 현재, 과거시제 표현 가능

He **swims** every day. 그는 매일 수영한다.
He **swam** yesterday. 그는 어제 수영했다.

그는 수영할 수 있다.
→ He **can** swim.

그는 수영해야 한다.
→ He **should** swim.

그는 수영할 것이다.
→ He **will** swim.

그는 수영할지도 모른다.
→ He **may** swim.

1) 조동사의 역할: 조동사는 **동사를 도와주는 역할**을 한다.
   ① 동사의 의미를 보조해주는 조동사
      ■ **의지**(will), **능력**(can), **허락**(can, may), **의무**(must, should), **추측**(will, may, must)
   ② 문법적으로 보조해주는 조동사
      ■ **be**: 진행형, 수동태를 만들 때 돕는 조동사 (☞ Unit 17, Unit 21)
      ■ **do**: 의문문, 부정문을 만들 때 돕는 조동사 (☞ Unit 18)
      ■ **have**: 완료시제를 만들 때 돕는 조동사 (☞ Unit 19)

2) **조동사**의 성격
   ① 조동사는 주어의 인칭이나 수에 따라 변하지 않는다.
      ■ She **cans play** the violin. (X) → She **can play** the violin. (O) 그녀는 바이올린을 켤 수 있다.
   ② 조동사 뒤에는 반드시 동사원형을 쓴다.
      ■ You **must follows** the rules. (X) → You must **follow** the rules. (O) 너는 그 규칙을 따라야 한다.
   ③ 조동사는 중복해서 사용하지 않는다.
      ■ You **will can** do it. (X) → You <u>will be able to</u> do it. (O) 너는 그것을 할 수 있을 거야.
      ■ You **will must** wait. (X) → You <u>will have to</u> wait. (O) 너는 기다려야 할 거야.

1) **의지, 계획: will** ~할 것이다, ~하겠다
   ■ I will **study** English hard from now on. 나는 지금부터 열심히 영어를 **공부할 것이다**.

2) **능력: can** ~할 수 있다, ~할 능력이 있다 (= be able to)
   ■ Lucy can **ride** a bike. 루시는 자전거를 **탈 수 있다**. (= Lucy **is able to** ride a bike.)
   ■ She could **play** the piano quite well. 그녀는 피아노를 아주 잘 **칠 수 있었다**. (= She **was able to** play the piano quite well.)
      (→ 과거의 능력은 조동사 can의 과거형인 could로 바꿔야 한다.)

3) **허락, 허가: can, may** ~ 해도 좋다, ~해도 된다 (may는 can보다 정중한 표현)
   ■ You can **use** my cell phone. 당신은 내 휴대폰을 **사용해도 돼요**.

4) **의무, 조언: must** ~ 해야 한다(= have to), **should** ~하는 것이 좋겠다
   ■ We must(= have to) **wear** school uniforms. 우리들은 교복을 **입어야 한다**.
   ■ You look tired. You should **take** a rest. 너는 피곤해 보인다. 너는 쉬는 **것이 좋겠다**.

5) **추측: may** ~일지도 모른다, **will** ~일 것이다, **must** 틀림없이 ~할 것이다, ~임이 틀림없다
   ■ It may **rain** tomorrow. 내일 비가 **올지도 모른다**.　　　　　<확신의 정도: 40%>
   ■ It will **rain** tomorrow. 내일 비가 **올 것이다**.　　　　　　<확신의 정도: 90%>
   ■ It must **rain** tomorrow. 내일 **틀림없이** 비가 **올 것이다**.　　<확신의 정도: 거의 100%>

1) **불필요: don't[doesn't] have to** ~할 필요가 없다

2) **충고·권고: had['d] better** ~하는 게 낫다[좋다] (should보다 더 강한 '충고'나 '권고')

3) **희망, 권유·제안: would['d] like to** ~하고 싶다, ~하시겠어요?

4) **과거의 습관, 상태: used to** ~하곤 했다, (예전에는) ~였다[했다] (지금은 아니다)

Check Up

A 밑줄 친 부분의 해석으로 알맞은 것을 고르세요.

> I learned Chinese two years ago. I <u>can</u> speak Chinese.
> ✔ⓐ 능력: ~할 수 있다   ⓑ 허가: ~해도 된다

→ 조동사 can은 능력, 허락, 가능성 등의 의미를 나타내는데, 2년 전에 중국어를 배웠기 때문에 중국어를 할 수 있다는 문맥이 적절하므로 능력의 뜻인 '~할 수 있다'를 골라야 해요.

1 You <u>can</u> stay for the weekend. The spare bedroom is on the second floor.

　　ⓐ 능력: ~할 수 있다   ⓑ 허가: ~해도 된다

2 We planned to move to a bigger house. So we <u>must</u> save money.

　　ⓐ 의무: ~해야 한다   ⓑ 강한 추측: ~임이 틀림없다

3 He looks so pale. He <u>must</u> be very sick.

　　ⓐ 의무: ~해야 한다   ⓑ 강한 추측: ~임이 틀림없다

4 She and I met at a party before. She <u>may</u> recognize my face.

　　ⓐ 추측: ~할지도 모른다   ⓑ 허가: ~해도 된다

B 괄호 안에서 알맞은 것을 고르세요.

> He will (be)/ is) happy.

→ 조동사 will 뒤에는 동사원형 'be'가 있어야 해요. is는 be동사의 현재형이므로 답이 될 수 없어요.

1 He (may / mays) arrive in Seoul soon.

2 Patients (can make / make can) an appointment with the dentist.

3 You (have better / had better) see a doctor at once.

4 You must (take / took) off your shoes to enter the room.

C 두 문장이 같은 의미가 되도록 빈칸에 알맞은 말을 쓰세요.

> John can drive a car.　　　　= John ___is able to drive___ a car.

→ 조동사 can은 be able to로 바꿔 쓸 수 있어요. 주어 John이 3인칭 단수이므로 be동사를 is로 바꿔 주세요.

1 She <u>must prepare</u> for the exam.　　= She ＿＿＿＿＿＿＿＿＿ for the exam.

2 You <u>can understand</u> this problem.　　= You ＿＿＿＿＿＿＿＿＿ this problem.

3 You <u>may use</u> this computer for an hour.　　= You ＿＿＿＿＿ this computer for an hour.

4 Anna <u>has to stay</u> with me.　　= Anna ＿＿＿＿＿ with me.

Level Up

정답 및 해설 p.20

A 우리말을 영어로 바르게 옮긴 것을 고르세요.

| 너는 지금 자는 게 좋겠다. | a. You can sleep now. |
| | ⓑ You should sleep now. |

→ '~하는 것이 좋겠다'는 의미로 가벼운 정도의 '의무나 충고'를 나타낼 때 should로 표현해요.

1 그들은 친구인 것이 틀림없다.
  a. They must be friends.
  b. They will be friends.

2 우리는 이러한 기본적인 규칙을 따라야 한다.
  a. We must follow these basic rules.
  b. We may follow these basic rules.

3 우리는 일요일마다 함께 놀곤 했다.
  a. We can play together on Sundays.
  b. We used to play together on Sundays.

4 그는 병원에 갈 필요가 없다.
  a. He must not go to the hospital.
  b. He doesn't have to go to the hospital.

B 우리말과 같은 뜻이 되도록 주어진 단어를 올바르게 배열하세요.

| 그녀는 이번 주에 박물관에 갈 수도 있다. (go / the museum / this week / she / to / may) |
| → _____ She may go to the museum this week. _____ |

→ '~할 수도 있다'라는 가능성은 조동사 may로 나타내고, 그 뒤에 동사원형과 나머지 단어들을 써주세요.

1 그는 친절한 사람인 것이 틀림없다. (a / person / he / must / kind / be)
  → _____

2 너는 조용히 하는 게 좋겠다. (quiet / better / you / be / had)
  → _____

3 너는 그 약속을 지켜야 한다. (promise / you / keep / should / the)
  → _____

4 코리는 내 우산을 가져가도 된다. (may / Corrie / umbrella / take / my)
  → _____

C 밑줄 친 부분을 바르게 고치세요.

| Visitors <u>must have to</u> be silent in the museum. | → ___ must / have to ___ |

→ 조동사 must는 have to와 같은 의미의 조동사이므로, 둘 중 하나만 써야 해요.

1 You <u>has to</u> buy a cake for the party. → _____

2 I <u>will be swim</u> in this river. → _____

3 We <u>can able to</u> read this message. → _____

✖ 미래를 표현하려면 조동사가 필요하며, 주로 미래를 나타내는 시간 표현과 함께 써요.

I will **move** to Seoul **next month**.
나는 다음 달에 서울로 이사할 것이다.

✖ 진행 중인 동작은 'be동사 + 동사원형-ing'로 표현해요.

He **runs** every day. 그는 매일 뛴다.   현재

He **is running** now. 그는 지금 뛰고 있는 중이다.   현재진행

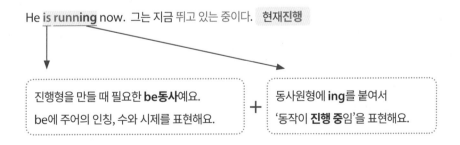

진행형을 만들 때 필요한 **be동사**예요.
be에 주어의 인칭, 수와 시제를 표현해요.

+

동사원형에 **ing**를 붙여서
'동작이 **진행 중**임'을 표현해요.

1) 앞으로 일어날 일에 대한 예측이나 의지, 예정된 계획 등을 나타낸다.
  ① **will+ 동사원형:** ~할 것이다
    ■ I **will buy** a book for my sister. 나는 내 여동생에게 책을 한 권 **사줄 것이다.**
    ■ She **will be** happy with it. 그녀는 그것에 기뻐**할 것이다.**
  ② **be going to+동사원형:** ~할 계획이다, ~할 예정이다
    ■ She **is going to visit** her grandmother *next week*. 그녀는 다음 주에 할머니를 뵈러 **갈 예정이다.**
  cf. will과 be going to의 차이: be going to는 미리 계획하여 결정된 미래를 나타낸다.

2) 미래를 나타내는 시간 표현들과 함께 쓰인다.
  ① **tomorrow** 내일, **soon** 곧, **tonight** 오늘 밤
    ■ I **will go** on a picnic with my family *tomorrow*. 나는 가족들과 함께 내일 소풍을 **갈 것이다.**
  ② **next** 다음, **this** 이번 + [week, month, year, 요일]
    ■ Suzy **will be** 17 years old *next year*. 수지는 내년에 17살이 **된다.**
    ■ I **am going to finish** writing the report *this week*. 나는 이번 주에 그 보고서를 완료**할 예정이다.**

1) 특정 시점에서 진행 중인 동작을 표현할 때, 진행형을 쓴다.
  ① **현재진행:** am/are/is+동사원형-ing ~ 하고 있다 (현재 시점에 진행)
    ■ I **am going** there *now*. 나는 지금 거기에 가고 있다.
    ■ I **am going** there *tomorrow*. 나는 내일 거기에 가고 있다. (→ 갈 예정이다.)
      (→ 현재진행형이 미래를 나타내는 표현(tomorrow)과 함께 쓰이면 be going to처럼 계획된 미래를 의미한다.)
  ② **과거진행:** was/were+동사원형-ing ~하고 있었다 (과거의 한 시점에 진행)
    ■ I **was doing** my homework *then*. 나는 그때 숙제를 하고 있었다.
  ③ **미래진행:** will be+동사원형-ing ~하고 있을 것이다 (미래의 한 시점에서 진행)
    ■ He **will be meeting** her *this Saturday*. 그는 이번 주 토요일에 그녀를 만나고 있을 것이다.

2) 「동사원형+-ing」를 만드는 방법

대부분의 동사	동사원형 + -ing	go → go**ing** 가다 buy → buy**ing** 사다
-e로 끝나는 동사	e를 빼고 + -ing	have → hav**ing** 가지다 use → us**ing** 사용하다
-ie로 끝나는 동사	ie를 y로 고치고 + -ing	lie → **lying** 거짓말하다 die → **dying** 죽다
「모음 1개+자음 1개」로 끝나는 동사	마지막 자음을 한 번 더 쓰고 + -ing	put → put**ting** 놓다 sit → sit**ting** 앉다 shop → shop**ping** 쇼핑하다 begin → begin**ning** 시작하다

Check Up

정답 및 해설 p.21

A 다음 동사원형을 진행형인 '동사원형-ing'로 바꾸세요.

1 come → _____

2 lie → _____

3 sit → _____

4 make → _____

5 eat → _____

6 run → _____

7 say → _____

8 live → _____

B 괄호 안에서 알맞은 것을 고르세요.

He is going to (play)/ plays) the song on the next stage.

→ 예정된 미래를 나타내는 be going to 뒤에는 동사원형이 와야 하므로 play가 정답이에요.

1 I will (be / am) 18 years old this year.

2 We (be / are) going to have a party tomorrow.

3 The students are going (to study / studying) hard for the exam.

4 Dave and Chris will (lead / leads) the choir.

C 괄호 안에서 알맞은 것을 고르세요.

I (cooking / am cooking) Italian food.

→ 주어인 I 뒤에는 동사가 필요한데, cooking 혼자서는 동사를 만들 수 없어요. 주어에 알맞은 동사 am과 cooking을 같이 써야 진행형을 나타낼 수 있어요.

1 She (was writing / is writing) an essay now.

2 Mary (is taking / was taking) pictures then.

3 We (are riding / ride) our bicycles this Saturday.

4 Children (playing / were playing) soccer on the playground.

Level Up

정답 및 해설 p.21

A 주어진 단어를 이용하여 시제에 맞는 진행형 문장을 완성하세요.

> Greg _____is dancing_____ at the party now. (dance)

→ 현재를 나타내는 부사 now가 있고, 주어인 Greg가 3인칭 단수이므로 is dancing으로 써주세요.

1 I _____ on a trip this weekend. (go)

2 Mina _____ the lawn yesterday. (cut)

3 Now, we _____ on the sand and watching the seabirds. (lie)

4 He _____ a car on the highway at that time. (drive)

B 주어진 단어를 이용하여 미래를 나타내도록 문장을 완성하세요.

> My class ends at 5 p.m. I _____will go_____ straight home after class. (will, go)

→ 조동사 will로 미래를 표현할 때는 'will+동사원형'의 형태로 써요. will은 주어에 따라 모양을 바꾸지 않으니 주의하세요.

1 Tomorrow is my dad's birthday. I _____ a cake. (be going to, make)

2 It's too hot. She _____ the air conditioner. (will, turn on)

3 The sky is gray. It _____. (be going to, rain)

4 They took a train an hour ago. They _____ soon. (will, arrive)

C 우리말과 같은 뜻이 되도록 밑줄 친 부분을 바르게 고치세요.

> 그녀는 내년에 고등학교에 갈 것이다.
> She is <u>go</u> to high school next year.　　　→ _____going_____

→ be동사 is 뒤에서 미래를 표현하려면 be going to 또는 현재진행형으로 써야 해요. go에만 밑줄이 있으므로 현재진행형이 되도록 going으로 고쳐 주세요.

1 켈리는 내일 소포를 부칠 것이다.
   Kelly will <u>sending</u> a package tomorrow.　　　→ _____

2 우리는 어제 도서관에서 공부하는 중이었다.
   We <u>studying</u> in the library yesterday.　　　→ _____

3 그녀는 지금 샐러드를 만드는 중이다.
   She <u>makes</u> a salad now.　　　→ _____

4 오늘 밤에 토니와 나는 영화를 볼 계획이다.
   Tonight, Tony and I <u>am</u> going to see a movie.　　　→ _____

✱ 부정문은 be동사/조동사 뒤에 not을 넣어서 만들어요.

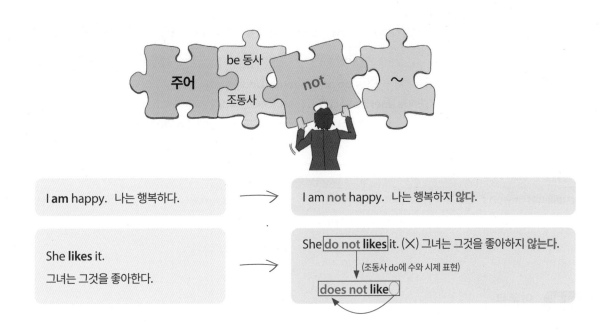

I am happy. 나는 행복하다. ⟶ I am not happy. 나는 행복하지 않다.

She likes it.
그녀는 그것을 좋아한다. ⟶ She do not likes it. (✗) 그녀는 그것을 좋아하지 않는다.
(조동사 do에 수와 시제 표현)
does not like

✱ 의문문은 주어와 be동사/조동사의 순서를 바꿔서 만들어요.

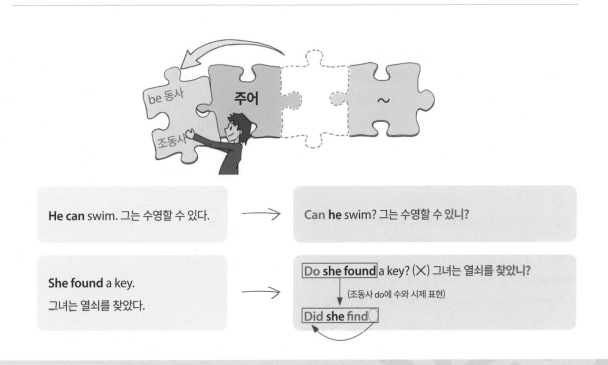

He can swim. 그는 수영할 수 있다. ⟶ Can he swim? 그는 수영할 수 있니?

She found a key.
그녀는 열쇠를 찾았다. ⟶ Do she found a key? (✗) 그녀는 열쇠를 찾았니?
(조동사 do에 수와 시제 표현)
Did she find

Key 1 　부정문

1) 부정문을 만들기 위해서는 'be동사/조동사' 뒤에 '부사 not'을 써야 한다.
　① be동사/조동사의 부정문: **be동사/조동사 뒤에** not이 나온다.

주어	be동사 (am / is / are / was / were)	not	~
	조동사 (will / can / may / must / should)		**동사원형**

- It **is not** my favorite song. 이것은 내가 가장 좋아하는 노래가 아니다.
- She **cannot go** out after 10 p.m. 그녀는 오후 10시 이후에는 외출할 수 없다.

　② 일반동사의 부정문: 일반동사는 **조동사 do의 도움을** 받는다. [주의] 조동사 do에 수와 시제를 표현하고 뒤에는 동사원형을 써야 한다.

주어	조동사 do (do/does/did)	not	**동사원형**

- They **know not** her address. (X) → They **do not know** her address. (O) 그들은 그녀의 주소를 모른다.
- He **eats not** fast food. (X) → He **does not eat** fast food. (O) 그는 패스트푸드를 먹지 않는다.
- He **cleaned not** his room. (X) → He **did not clean** his room. (O) 그는 그의 방을 청소하지 않았다.

2) 부정문의 축약형

is not → **isn't**	are not → **aren't**	was not → **wasn't**	were not → **weren't**
will not → **won't**	cannot → **can't**	must not → **mustn't**	should not → **shouldn't**
do not → **don't**	does not → **doesn't**	did not → **didn't**	

Key 2 　의문문

1) 의문문을 만들기 위해서는 '**be동사/조동사**'와 '**주어**'의 위치를 바꿔야 한다.
　① be동사/조동사의 의문문: **be동사/조동사가 주어 앞에** 나온다.

be동사	주어	~	
조동사		**동사원형**	~

- **He is** a dentist. 그는 치과 의사이다. → **Is he** a dentist? 그는 치과 의사입니까?
- **He can** speak Korean. 그는 한국어를 할 수 있다. → **Can he** speak Korean? 그는 한국어를 할 수 있어요?

　② 일반동사의 의문문: 일반동사는 조동사 **do의 도움을** 받는다.

Do/Does/Did	주어	**동사원형**	~

- **She likes** oranges. 그녀는 오렌지를 좋아한다. → **Does she like** oranges? 그녀는 오렌지를 좋아하니?
- **She found** her purse. 그녀는 지갑을 찾았다. → **Did she find** her purse? 그녀는 지갑을 찾았니?

2) 의문사 의문문은 의문사가 맨 앞에 나온다.
　*의문사: who (누구), whose (누구의), which (어떤, 어떤 것을), what (무슨, 무엇을, 무엇이)
　　　　 when (언제), where (어디서), why (왜), how (어떻게)

- **When is** your birthday? 네 생일은 언제니?
- **What can** I *do* for you? 내가 당신을 위해 무엇을 할 수 있을까요?
- **When** did you *do* your homework? 너는 언제 숙제를 했니?

Check Up

정답 및 해설 p.22

A 다음 문장을 부정문으로 바꿔 쓰세요.

| The movie is scary. | → | The movie is not scary. |

→ be동사가 들어간 문장을 부정문으로 만들 때는 be동사 뒤에 not을 써서 〈주어+be동사+not+문장 나머지〉 형태로 쓰세요.

1 I was in the library yesterday. → _____

2 She can take my book. → _____

3 They may help us. → _____

4 It smells good. → _____

5 We ate a pizza last Friday. → _____

B 다음 문장을 의문문으로 바꿔 쓰세요.

| She likes fruit. | → | Does she like fruit? |

→ like는 일반동사이기 때문에 의문문을 만들 때 조동사 do의 도움을 받아요. 주어가 3인칭 단수인 she이므로 do대신 does를 쓰고, 뒤에 동사원형 like를 쓰세요.

1 He met the girl in the coffee shop. → _____

2 She is busy these days. → _____

3 Dan lives far from here. → _____

4 My clothes are in the drawer. → _____

5 You can make a difference. → _____

6 It will rain this weekend. → _____

C 주어진 의문사를 이용하여 의문문으로 바꿔 쓰세요.

| You called me. (when) | → | When did you call me? |

→ 의문사 when은 문장의 맨 앞에 나와요. called는 일반동사이므로 조동사 do의 도움을 받아 의문문을 만들 수 있어요. called가 과거시제이므로 조동사 do를 did로 바꾸고 주어 뒤에 동사원형 call을 써주세요.

1 She is tired. (why) → _____

2 He bought the computer. (where) → _____

3 You keep smiling. (why) → _____

4 He knows your name. (how) → _____

Level Up

정답 및 해설 p.22

A 괄호 안에서 알맞은 것을 고르세요.

> (Is / (Are)) you an angel?

→ be동사의 의문문은 be동사가 주어 앞에 나와요. 주어인 you에 맞는 be동사는 are예요.

1 She (was not / not was) famous then.

2 (Were / Was) Angela sick last night?

3 (Are / Were) your dogs in the park yesterday?

B 괄호 안에서 알맞은 것을 고르세요.

> She ((will not come) / not will come) to the party.

→ 조동사의 부정문은 조동사 뒤에 not이 오고, 그 다음에 동사원형을 써야 하기 때문에 will not come이 적절해요.

1 Can (we go / go we) inside?

2 Dylan may not (is / be) 17 years old.

3 Will she (eat / eats) lunch today?

C 괄호 안에서 알맞은 것을 고르세요.

> (Do / (Did)) he like the game last year?

→ like는 일반동사여서 의문문을 만들 때 조동사 do의 도움을 받고, do에 시제를 표현해요. last year는 과거 시점을 나타내는 부사이므로 do의 과거형인 Did로 써주세요.

1 She (does not like / not does like) strawberries.

2 Does Clair (wear / wears) glasses?

3 We (did not talk / did not talked) about Kevin.

D 밑줄 친 부분을 바르게 고치세요.

> What <u>do</u> he wear these days?   → _____does_____

→ 일반동사의 의문문을 만들 때 현재시제이면 조동사 do가 주어의 수에 일치하는지 확인하세요. these days(요즘에)는 현재를 나타내고, 주어는 3인칭 단수인 he이므로 do를 does로 바꿔 쓰세요.

1 What <u>you are</u> eating now?   → _____

2 When did you <u>ate</u> my pudding?   → _____

3 Why <u>liked</u> she the actor then?   → _____

A 다음 중 빈칸에 들어갈 말로 알맞은 것을 고르세요.

1 She _____ good at dancing.

① is not   ② are not   ③ do not   ④ does not

2 _____ is very smart.

① We   ② Her sisters   ③ Children   ④ My friend

3 _____ in the same class.

① We is not   ② We are not   ③ We not is   ④ We not are

4 He _____ to school on Monday.

① is going   ② are going   ③ is go   ④ does going

5 _____ a teacher?

① Is she   ② Was they   ③ Do you   ④ Does it

B 다음 중 우리말을 영어로 바르게 옮긴 것을 고르세요.

그녀는 어제 실수를 하지 않았다.

① She was not made a mistake yesterday.
② She not made a mistake yesterday.
③ She make not did a mistake yesterday.
④ She did not make a mistake yesterday.

C 주어진 단어를 어순에 맞게 배열한 것을 고르세요.

you / this / make / cake / can / ?

① Can make you this cake?
② Can you make this cake?
③ You make can this cake?
④ You can this cake make?

D 다음 중 빈칸에 들어갈 말로 알맞은 것을 고르세요.

When _____ from India?

① he came back   ② he did came back
③ do he come back   ④ did he come back

E 다음 중 문장의 전환이 바르지 <u>않은</u> 것을 고르세요.

① They are my cousins.   → They are not my cousins.
② He likes apples.   → He does not like apples.
③ We made appointments.   → We did not made appointments.
④ She is a librarian.   → She is not a librarian.

F 다음 중 빈칸에 들어갈 단어가 나머지와 <u>다른</u> 것을 고르세요.

① _____ she like coffee?
② How _____ you go to school?
③ My brother _____ not enjoy swimming.
④ _____ your father cook well?

G 우리말과 같은 뜻이 되도록 주어진 단어를 이용하여 빈칸에 알맞은 말을 쓰세요.

1 그 개가 내 친구에게 짖고 있었다. (bark)

→ The dog _____ _____ at my friend.

2 나는 매일 아침 7시에 일어난다. (wake up)

→ I _____ _____ at 7 a.m. every morning.

3 그는 나에게 거짓말을 하지 않았다. (lie)

→ He _____ _____ _____ to me.

4 그는 커피를 좋아하지 않을지도 모른다. (may, like)

→ He _____ _____ _____ coffee.

5 우리가 물 없이 살 수 있을까? (can, live)

→ _____ _____ _____ without water?

6 그는 언제 점심을 먹어요? (when, eat)

→ _____ _____ _____ _____ lunch?

Chapter

05

동사 심화

Voca Check

Unit 19

☐ novel	몡 소설
☐ grocery	몡 식료품, 식료품 잡화점
☐ earthquake	몡 지진
☐ recently	뿌 최근에

Unit 20

☐ return	동 돌려주다, 반납하다
☐ propose	동 제안하다; 청혼하다
☐ Greek	혱 그리스의; 몡 그리스 사람
☐ autograph	몡 (유명인의) 사인

Unit 21

☐ announce	동 발표하다, 알리다
☐ resemble	동 닮다
☐ deliver	동 배달하다
☐ separately	뿌 따로따로
☐ arrange	동 정리하다, 배열하다
☐ provide	동 제공하다
☐ for free	무료로
☐ publish	동 출판하다
☐ compose	동 구성하다; 작곡하다
☐ dynasty	몡 왕조, 시대
☐ latest	혱 최근의, 최신의
☐ theory	몡 이론, 학설
☐ present	동 제시하다, 보여주다
☐ display	동 전시하다, 진열하다

Unit 22

☐ abroad	뿌 해외에, 해외로
☐ on time	제시간에
☐ hurry	동 서두르다
☐ competition	몡 경쟁; 대회
☐ tell the truth	사실대로 말하다
(↔ tell a lie	거짓말하다)
☐ trust	동 신뢰하다, 믿다
☐ be proud of	~을 자랑으로 여기다
☐ take a nap	낮잠을 자다
☐ earn	동 (돈을) 벌다

Wrap Up

☐ vase	몡 꽃병
☐ release	동 풀어 주다; 공개하다
☐ literature	몡 문학
☐ crash	몡 (자동차 충돌·항공기 추락) 사고
☐ occur	동 일어나다, 발생하다
☐ survivor	몡 생존자
☐ It turns out that ~	~인 것으로 드러나다[밝혀지다]
☐ carelessness	몡 부주의
☐ disaster	몡 참사, 재난

✖ 현재완료는 현재일까요? 과거일까요? 현재완료는 과거를 현재와 연결해서 표현해요.

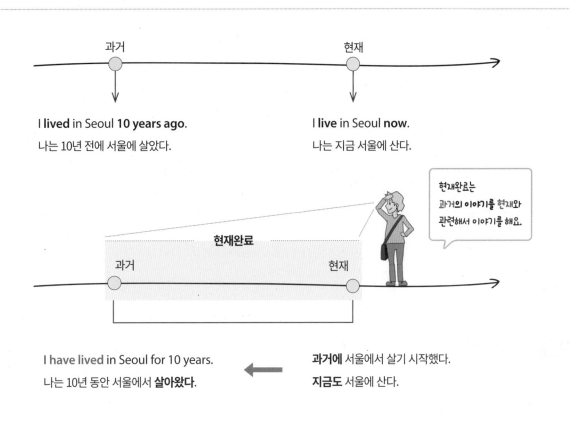

과거

I **lived** in Seoul **10 years ago**.
나는 10년 전에 서울에 살았다.

현재

I **live** in Seoul **now**.
나는 지금 서울에 산다.

현재완료는
과거의 이야기를 현재와
관련해서 이야기를 해요.

현재완료

과거

현재

I **have lived** in Seoul for 10 years.
나는 10년 동안 서울에서 **살아왔다.**

과거에 서울에서 살기 시작했다.
지금도 서울에 산다.

✖ 완료시제의 형태는 'have+과거분사(p.p.)'예요.

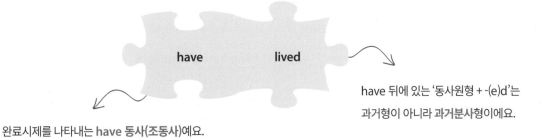

have   **lived**

완료시제를 나타내는 **have 동사(조동사)**예요.
have 동사에 주어의 인칭과 수, 시제를 표현해요.
현재완료일 때는 주어의 수에 따라 have 또는 has가 돼요.

have 뒤에 있는 '동사원형 + -(e)d'는
과거형이 아니라 **과거분사형**이에요.

1) 과거와 현재완료의 차이

① 과거시제는 과거에 대해서만 말할 뿐 현재에 대한 정보는 알 수 없다.

② 현재완료는 과거에 일어난 일을 **현재 상황과 연관 지어** 말한다.

■ I **lost** my wallet. 나는 지갑을 잃어버렸다.

(→ 과거에 잃어버리고 현재 지갑을 찾았는지 알 수 없다.)

■ I **have lost** my wallet. 나는 지갑을 잃어버렸다.

(→ 과거에 잃어버리고 현재까지 지갑을 잃어버린 상태이다.)

③ 현재완료는 명백한 과거를 나타내는 표현(yesterday, ago, last 등)과 함께 쓰일 수 없다. (☞ Unit 20)

■ I **have lost** my wallet **yesterday**. (X)

■ I **lost** my wallet **yesterday**. (O) 나는 **어제** 지갑을 잃어버렸다.

2) 현재완료의 형태

① **평서문**: have[has]+동사의 과거분사형(p.p.)

■ I **have worn** glasses for three years. 나는 3년 동안 안경을 써왔다.

■ He **has worn** glasses for three years. (→ 주어가 3인칭 단수이므로 have를 has로 쓴다.)

② **부정문**: have[has]+not[never]+동사의 과거분사형(p.p.) (→ 조동사 have 뒤에 not[never]이 나온다.)

■ He **hasn't studied** English before. 그는 전에 영어를 공부한 적이 없다.

(→ has not은 hasn't로, have not은 haven't로 줄여 쓸 수 있다.)

③ **의문문**: Have[Has]+주어+동사의 과거분사형(p.p.) ~? (→ 조동사 have가 주어 앞에 나온다.)

■ Have you **ridden** a horse before? 당신은 전에 말을 타 본 적이 있나요?

■ Has he **ridden** a horse before? 그는 전에 말을 타 본 적이 있나요?

과거분사 형태는 대부분 과거시제 형태와 같다.

1) 일반동사의 과거분사 형태 → 규칙 변화: **동사원형+-(e)d** (☞ Unit 14)

2) 일반동사의 과거분사 형태 → 불규칙 변화

A-A-A형	meet-**met-met**	keep-**kept-kept**	write-**wrote-written**
cut-**cut-cut**	get-**got-got[gotten]**	feel-**felt-felt**	drive-**drove-driven**
hurt-**hurt-hurt**	tell-**told-told**	leave-**left-left**	know-**knew-known**
put-**put-put**	sell-**sold-sold**	buy-**bought-bought**	grow-**grew-grown**
read-**read-read** [ri:d]-[red]-[red]	spend-**spent-spent**	teach-**taught-taught**	choose-**chose-chosen**
A-B-A형	send-**sent-sent**	bring-**brought-brought**	break-**broke-broken**
run-**ran-run**	lose-**lost-lost**	catch-**caught-caught**	wear-**wore-worn**
come-**came-come**	have-**had-had**	think-**thought-thought**	speak-**spoke-spoken**
A-B-B형	make-**made-made**	**A-B-C형**	do-**did-done**
sit-**sat-sat**	hear-**heard-heard**	be-**was/were-been**	take-**took-taken**
win-**won-won**	stand-**stood-stood**	begin-**began-begun**	see-**saw-seen**
hold-**held-held**	say-**said-said**	drink-**drank-drunk**	eat-**ate-eaten**
find-**found-found**	sleep-**slept-slept**	give-**gave-given**	go-**went-gone**

Check Up

A 주어진 단어를 현재완료 형태로 바꾸세요.

> Ellie ___has written___ novels for 10 years. (write)

→ 현재완료의 형태는 'have[has]+과거분사'예요. Ellie는 3인칭 단수이므로 have는 has로 수일치를 하고, 동사 write는 불규칙 과거분사인 written으로 바꿔 쓰세요.

1   She _____ Serena for a few years. (know)

2   He _____ English since childhood. (learn)

3   They _____ to New York. (go)

4   Zoe _____ groceries on the Internet. (buy)

5   Peter _____ Korean since 2005. (study)

B 주어진 동사를 이용하여 두 문장을 한 문장으로 만들어 보세요.

> I lost my phone. I don't have it now. (lose)   →   ___I have lost my phone.___

→ 과거에 잃어버렸고 지금도 찾지 못한 상태라면, 두 시점을 연결해 현재완료인 'have+과거분사'의 형태로 바꾸세요.

1   She began to teach English in 2010. She still teaches English. (teach)

→ She _____ since 2010.

2   He forgot her name. He still can't remember it. (forget)

→ He _____.

3   We moved to Busan three years ago. We still live there. (live)

→ We _____ in Busan for three years.

C 괄호 안에서 알맞은 것을 고르세요.

> My brother (came / has come) back from his trip yesterday.

→ yesterday는 과거 시점을 나타내므로 현재완료와 함께 쓰일 수 없어요. 따라서 과거형 came이 정답이에요.

1   Where (did / have) you see her last summer?

2   Robin (did not eat / has not eaten) anything since this morning.

3   He (finished / has finished) his homework two hours ago.

4   I forgot what you (said / have said) at that time.

Level Up

A 우리말과 같은 뜻이 되도록 주어진 동사를 이용하여 문장을 완성하세요.

나는 3일간 잠을 못 자고 있다. → I _____ have not slept _____ for three days. (sleep)

→ 3일 전부터 지금까지 잠을 못 자고 있으므로 현재완료로 표현하는데, 현재완료의 부정은 'have+not+과거분사'로 나타내요. sleep의 과거분사 형태는 불규칙 변화하는 slept라는 점에 주의하세요.

1   Dana는 스페인어를 배워본 적이 있니?
    → _____ Dana ever _____ Spanish? (learn)

2   가브리엘은 어제 서울에 가지 않았다.
    → Gabriel _____ to Seoul yesterday. (go)

3   그 남자는 2013년부터 여기서 일했다.
    → He _____ here since 2013. (work)

4   우리는 작년에 그 영화를 보았다.
    → We _____ the movie last year. (watch)

B 우리말과 같은 뜻이 되도록 주어진 단어를 올바르게 배열하세요.

여기서 얼마나 기다렸어요? (here / waited / have / you / how long / ?)
→ _____ How long have you waited here? _____

→ 현재완료가 들어간 의문사 의문문을 만들 때는 의문사 뒤에 'have+주어+과거분사'의 순서로 쓰고, 그 뒤에 부사를 붙이세요.

1   그는 전에 그녀를 본 적이 있습니까? (he / has / before / seen / her / ?)
    → _____

2   나는 전에 지진을 느껴본 적이 전혀 없다. (have / I / an earthquake / never / before / felt)
    → _____

C 밑줄 친 부분이 어법상 맞으면 ○, 틀리면 ✕ 표시하고 바르게 고치세요.

Yesterday we have decided on our class leader.   →   ✕, decided on

→ 현재완료는 과거를 나타내는 표현(yesterday)과 함께 쓰일 수 없어요.

1   Recently, she have done a lot of exercise.   → _____

2   I bought this wallet in 2011.   → _____

3   She has already saw this movie.   → _____

4   Natalie and I have visited London last year.   → _____

✖ 현재완료는 특정 시점을 나타내는 표현과 쓰일 수 없어요.

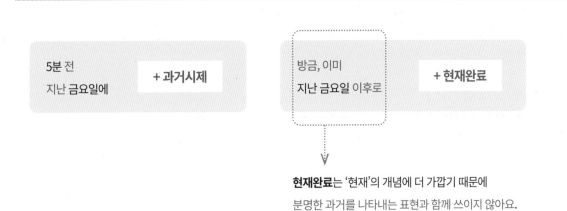

| 5분 전 | | 방금, 이미 | |
| 지난 금요일에 | + 과거시제 | 지난 금요일 이후로 | + 현재완료 |

현재완료는 '현재'의 개념에 더 가깝기 때문에
분명한 과거를 나타내는 표현과 함께 쓰이지 않아요.

✖ 과거완료는 두 과거를 연결하는 시제예요. 과거를 기준으로 더 이전의 과거와 연결해서 표현해요.

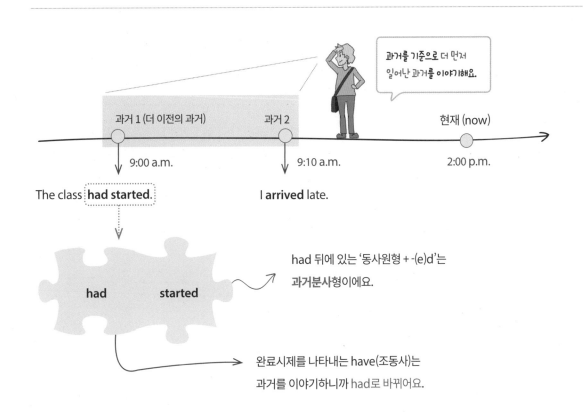

과거를 기준으로 더 먼저
일어난 과거를 이야기해요.

과거 1 (더 이전의 과거)   과거 2   현재 (now)

9:00 a.m.   9:10 a.m.   2:00 p.m.

The class **had started**.   I **arrived** late.

had   started

had 뒤에 있는 '동사원형 + -(e)d'는
과거분사형이에요.

완료시제를 나타내는 have(조동사)는
과거를 이야기하니까 had로 바뀌어요.

현재완료는 **과거가 현재에 미치는 영향에 따라** 결과, 계속, 경험, 완료의 의미를 나타낸다.

1) **결과**: '~했다(그래서 지금 ~이다)'라는 의미로 과거의 일로 인한 '현재'의 결과를 나타낸다.

■ She **has gone** to Australia. 그녀는 호주에 갔다. (→ 현재 호주에 있고 여기에 없다.)

2) **계속**: '(지금까지) ~해왔다'라는 의미로, 과거에 시작된 일이 현재까지 계속되는 것을 나타낸다.

* 함께 사용되는 표현: for+기간 (~ 동안), since+과거의 시점 (~ 이후로)

■ My dad **has stayed** in the city *for* a week.
    아빠는 일주일 동안 그 도시에 머물고 계신다. (→ 현재 그 도시에 머물고 있는 상태다.)

■ My dad **has stayed** in the city *since* last Friday.
    아빠는 지난 금요일부터 그 도시에 머물고 계신다.

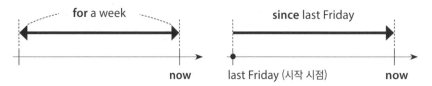

3) **경험**: '(지금까지) ~한 적이 있다'라는 의미로 과거부터 지금까지의 경험을 나타낸다.

* 함께 사용되는 표현: ever (한번이라도), never (한 번도 ~ 않은), before (이전에), so far (지금까지), once (한 번), twice (두 번), three times (세 번) 등

■ He **has watched** the movie *twice*. 그는 그 영화를 두 번 보았다.

4) **완료**: '막 ~했다'라는 의미로 과거에 시작된 동작이 현재에 완료된 것을 나타낸다.

* 함께 사용되는 표현: just (방금), already (이미, 벌써), recently (최근에), still (여전히), yet (아직)

■ Jack **hasn't done** his homework *yet*. 잭은 아직 숙제를 하지 않았다.

과거완료는 「had+동사의 과거분사형(p.p.)」 형태로, ① 과거의 어느 때보다 더 이전에 일어난 일이 과거까지 영향을 주거나, ② 과거에 일어난 두 가지 일 중에서 먼저 일어난 일(대과거)을 표현할 때 쓴다. 과거완료도 결과, 계속, 경험, 완료의 의미를 나타낼 수 있다.

■ I **had been** there for an hour when she *arrived*.
    그녀가 도착했을 때 나는 한 시간 동안 그곳에 있었다.
    (→ 그녀가 도착한 시점을 기준으로 1시간 전부터 그곳에 있었다.)

■ Dan *took a taxi* after he **had missed** the bus. [대과거]
    댄은 버스를 놓친 뒤에 택시를 탔다.
    (→ 버스를 놓친 것이 택시를 탄 것보다 먼저 일어난 일이다.)

Check Up

정답 및 해설 p.25

A 밑줄 친 현재완료의 용법으로 알맞은 것을 보기에서 고르세요.

| 보기 | 경험 / 완료 / 계속 / 결과

I <u>have</u> never <u>been</u> to Ireland. → _____경험_____

→ 과거부터 현재까지의 경험을 나타낼 때 '~한 적이 있다'라고 해석하세요. 현재완료와 함께 잘 쓰이는 표현에 주목하세요.

1 He <u>has</u> already <u>finished</u> cooking for his family. → _____

2 <u>Have</u> you ever <u>met</u> Jane before? → _____

3 We <u>have lived</u> in this house since January. → _____

4 Adam <u>has gone</u> to London. He is not here now. → _____

B 우리말과 같은 뜻이 되도록 주어진 단어를 이용하여 과거형 또는 과거완료형을 쓰세요.

그녀는 차를 샀다고 말했다. (say, buy) → She ___said___ that she ___had bought___ a car.

→ 차를 산 시점이 말을 한 시점보다 앞서므로 buy는 과거완료인 'had+과거분사'의 형태로, say는 과거형인 said로 바꿔야 해요.

1 내가 그녀를 만났을 때, 그녀는 거기서 10년간 살았었다. (live, meet)

   → She _____ there for ten years when I _____ her.

2 그는 전에 유럽을 가본 적이 없다고 말했다. (say, be)

   → He _____ that he _____ never _____ to Europe before.

3 우리는 몬트리올을 많이 방문했기 때문에, 그 도시를 잘 알았다. (know, visit)

   → We _____ Montreal well because we _____ the city many times.

C 괄호 안에서 알맞은 것을 고르세요.

I arrived in Canada, but I could not meet him. He (has /(had)) left Canada.

→ 내가 과거에 도착하기 전에 그가 떠난 것이므로 과거완료의 형태로 표현하세요.

1 My sister (has lost / had lost) her bag, so she had to buy a new one.

2 Emily works as a tour guide. She (has been / had been) working for this company for three years.

3 He (returned / had returned) the books to the library yesterday. He had finished reading them.

4 Phil (proposed / has proposed) to Claire. Then, Claire said yes to him.

Level Up

정답 및 해설 p.25

A   다음 문장을 해석하고, 현재완료의 경험, 완료, 결과, 계속 중에서 어떤 용법인지 괄호 안에 쓰세요.

> He has waited for the new computer since last month.
> _____그는 지난달부터 최신 컴퓨터를 기다려왔다._____   < 계속 >

→ 지난달부터 줄곧 기다려왔다는 의미가 적절하므로 현재완료의 '계속' 용법이 적절해요.

1   Have you eaten Greek food before? _____   <   >

2   They have already sold all of the items. _____   <   >

3   Lisa and Bob have gone to America. _____   <   >

4   I have kept his autograph for five years. _____   <   >

B   두 문장이 같은 뜻이 되도록 빈칸에 알맞은 말을 쓰세요.

> He went to Quebec to study two years ago. And now he isn't here.
> → He _____has gone_____ to Quebec to study.

→ 앞문장이 과거시제이고, 뒷문장에는 지금도 이곳에 없다는 현재시제가 나오므로 현재완료로 두 시제를 연결해서 쓸 수 있어요.

1   My sister sold a book. I bought her the book last year.

    → My sister sold the book that I _____ her last year.

2   We went to sleep six hours ago. After that, we woke up.

    → We _____ for six hours.

3   He broke his leg last month, so he can't walk well now.

    → He _____ his leg.

C   밑줄 친 부분이 어법상 맞으면 ○, 틀리면 ✕ 표시하고 바르게 고치세요.

> I lived in South Korea for the past 17 years.   →   _____✕, have lived_____

→ for the past 17 years는 '현재를 포함한 17년 동안'이므로 현재완료가 적절해요.

1   World War II had begun in 1939.   →   _____

2   He was busy since last week.   →   _____

3   My sister has lost her tickets yesterday.   →   _____

4   Charlotte had seen him a week ago.   →   _____

5   How many times have you been to Europe?   →   _____

✼ 수동태에서는 주어가 동작을 받는 대상이 돼요.

제시 입장은?

제시는 베티를 초대했다.
Jessie invited Betty.

주어가 동작(invite)의 행위자일 때
동사를 능동태로 표현한다.

베티 입장은?

베티는 초대받았다.
Betty was invited.

주어가 동작(invite)의 대상일 때
동사를 수동태로 표현한다.

✼ 수동태의 형태는 'be동사+과거분사(p.p.)'예요.

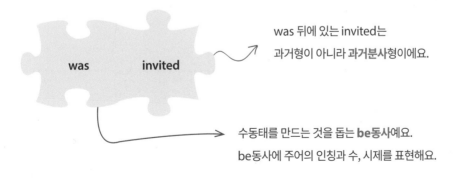

was 뒤에 있는 invited는
과거형이 아니라 **과거분사형**이에요.

수동태를 만드는 것을 돕는 **be**동사예요.
be동사에 주어의 인칭과 수, 시제를 표현해요.

Key 1 능동태와 수동태의 의미

1) **능동태**: **주어가 동작을 하는** 입장일 때, '(주어가) ~하다'라는 의미이다.
- He **broke** the window. 그는 창문을 깼다.
  (→ break의 행위자인 He가 주어이므로 동사는 능동태로 써야 한다.)

2) **수동태**: **주어가 동작을 받는** 입장일 때 '(주어가) ~되다, 당하다'라는 의미이다.
- The window **was broken** by him. 그 창문이 그에 의해 깨졌다.
  (→ break의 대상이 되는 The window가 주어이므로 동사는 수동태로 써야 한다.)

Key 2 수동태의 형태

1) 기본형태: **be동사+과거분사(p.p.)**

능동태	eat 먹다	bite 물다	find 발견하다	make 만들다
수동태	**be eaten** 먹히다	**be bitten** 물리다	**be found** 발견되다	**be made** 만들어지다

2) 수동태의 수일치와 시제 표현: **be동사에** 주어의 인칭과 수, 시제를 **표현한다**.
- The books **are written** in English. (3인칭 복수, 현재) 그 책들은 영어로 쓰여 있다.
- His bag **was stolen** yesterday. (3인칭 단수, 과거) 그의 가방은 어제 도둑맞았다.
- Dinner **will be cooked** by her. (미래: will be+과거분사(p.p.)) 저녁 식사는 그녀에 의해 요리될 것이다.

3) 수동태의 부정문과 의문문
① **부정문**: be동사+not+과거분사(p.p.)+(by 행위자) (→ be동사 뒤에 not이 나온다.)
- The result **was not announced**. 그 결과는 발표되지 않았다.
② **의문문**: be동사+주어+과거분사(p.p.)+(by 행위자)? (→ be동사가 주어 앞에 나온다.)
- **Was** the result **announced**? 결과가 발표되었나요?

4) 수동태의 기타 형태
① 조동사가 쓰인 문장의 수동태: 조동사+be+과거분사(p.p.)
- This work **must be finished** by tomorrow. 이 일은 내일까지 완료되어야 한다.
② 진행형: be동사+being+과거분사(p.p.)
- The food **is being prepared** in the kitchen. 음식이 부엌에서 준비되고 있는 중이다.
③ 완료형: have[has, had] been+과거분사(p.p.)
- The password **has been changed** recently. 암호가 최근에 변경되었다.

Key 3 수동태로 쓰이지 않는 동사

1) 목적어(행위의 대상)가 없는 **자동사**는 수동태로 표현할 수 없다.
- The accident **happened** yesterday. (was happened, X) 그 사고는 어제 발생했다.
  cf. **주요 자동사**: happen[occur] 발생하다, arrive 도착하다, die 죽다, appear 나타나다, seem ~인 것 같다, remain 계속 ~이다

2) '**소유나 상태**'를 나타내는 타동사는 수동태로 표현하지 않는다.
- I **resemble** my mom. 나는 엄마를 닮았다. → My mom **is resembled** by me. (X)
  cf. **주요 상태동사**: have 가지고 있다, resemble ~와 닮다, belong to ~에 속하다

Check Up

정답 및 해설 p.26

A 괄호 안에서 알맞은 것을 고르세요.

> The letter (is sent / sent) by Mark.

→ 편지는 send(보내다)의 대상이므로 <be+과거분사>로 수동태를 나타내요.

1 Mark (sent / is sent) the letter.

2 The pizza (was delivered / delivered) late.

3 He (delivered / was delivered) the pizza to our home.

4 The event (happened / was happened).

5 Amelia (is resembled / resembles) her sister.

B 주어진 단어를 이용하여 수동태 문장을 완성하세요.

> This story _____was written_____ by him last year. (write)

→ 이야기는 write(쓰다)의 대상이므로, <be+과거분사>의 수동태로 쓰세요. 주어가 3인칭 단수이며 과거를 나타내는 last year가 있으므로 be동사는 was로 써요.

1 This problem _____ in the class next Monday. (discuss)

2 These pictures _____ in Korea a long time ago. (paint)

3 The bridge _____ by a foreign architect in 2014. (design)

4 Some programs on this computer _____ tomorrow. (update)

5 These clothes _____ separately. (must, wash)

C 괄호 안에서 알맞은 것을 고르세요.

> Were these flowers (arranged / arrange) by Lucy?

→ 꽃은 arrange(정리하다)의 대상이므로, <be+과거분사>의 수동태가 맞아요. 수동태 의문문이므로 be동사인 were가 맨 앞으로 나가고 arrange의 과거분사인 arranged는 주어 뒤에 와요.

1 This service (is not provided / not is provided) for free.

2 (Was / Has) the cheesecake made by your mom?

3 The glasses (were not broke / were not broken) yesterday.

Level Up

A 밑줄 친 부분이 어법상 맞으면 ○, 틀리면 ✕ 표시하고 바르게 고치세요.

> The book <u>will publish</u> next month. → X, will be published

→ 책은 publish(출판하다)의 대상이며, 미래 시점을 나타내는 next month가 있으므로 <will be+과거분사>로 나타내야 해요.
be동사를 추가해 will be published로 고치세요.

1 My camera <u>used</u> by my sister now. → _____

2 The song was composed <u>by she</u>. → _____

3 Gyeongbokgung Palace <u>was built</u> during the Joseon Dynasty. → _____

4 The twins <u>are resembled</u> each other. → _____

5 English <u>is spoken</u> in many other countries around the world. → _____

6 The song <u>has loved</u> for a long time. → _____

B 능동태 문장은 수동태로, 수동태 문장은 능동태로 바꿔 쓰세요.

> I cleaned the kitchen yesterday. → The kitchen was cleaned by me yesterday.

→ 주어 I가 clean(치우다)의 동작을 하는 행위자인 능동태 문장이니, 수동태로 바꾸려면 대상이 되는 the kitchen이 주어로, 동사는 <be동사+과거분사>
의 형태로, 주어는 'by+목적격'으로 써주세요.

1 The latest theory will be presented by Stella. → _____

2 The car was displayed at Car Expo 2014. → _____

3 Everyone will love your new idea. → _____

4 The plant was not watered by Leo last week. → _____

C 문장을 각각 지시에 맞게 바꿔 쓰세요.

> He did not fix my car. (수동태로) → My car was not fixed by him.

→ 수동태로 바꿀 때는 fix(고치다)의 대상인 my car를 주어로 쓰고, 동사는 <be+과거분사>로 형태를 고치고 행위자인 he를 'by+him (목적격)'으로
바꿔 쓰세요.

1 They are taught by the teacher. (의문문으로)

    → _____

2 The novel was made into a movie. (부정문으로)

    → _____

3 The question was not answered by him. (능동태로)

    → _____

✱ 가정법은 '이루어질 수 없는 현재나 과거의 상황'을 반대로 가정하거나,
실현 가능성이 희박한 일을 가정하는 것이에요.

<머릿속 상상>   <현재 상황>

내가 돈이 많다면, 무엇이든지 살 수 있을 텐데.

현재 나는 돈이 없어서
어떤 것도 살 수 없다.

✱ 가정법은 동사의 형태와 실제 시간이 일치하지 않아요.

동사의 형태	≠	실제 시간
가정법 과거 If+주어+동사의 과거형 ~, 주어+would+동사원형 ~	·········	**현재** 상황과 반대로 가정
가정법 과거완료 If+주어+동사의 과거완료형(had p.p.) ~, 주어+would have p.p. ~	·····	**과거** 상황과 반대로 가정

Key 1 단순 조건문과 가정법의 차이

1) if는 '만약 ~라면'이라는 의미의 접속사로서, 조건을 말하거나 가정할 때 쓴다.
   조건문과 가정법의 차이점은 **실현 가능성**이다.
   ① **단순 조건문**: 어떤 조건이 충족된다면 일어날 가능성이 있음을 의미한다.
      ■ If I **dance** well, I **will join** the dance club. 내가 춤을 잘 춘다면, 나는 댄스 동아리에 가입할 것이다.
        (→ 춤을 잘 출 가능성이 있다고 생각하는 경우)
   ② **가정법**: 일어날 가능성이 거의 없거나, 현재 또는 과거 사실과 반대로 가정하여 말한다.
      ■ If I **danced** well, I **would join** the dance club. 내가 춤을 잘 춘다면, 나는 댄스 동아리에 가입할 텐데.
        (→ 현재나 미래에 춤을 잘 추게 될 가능성이 거의 없다고 생각하는 경우)

2) 가정법의 핵심은 **조동사와 동사의 형태**이다.
   ① if절에서 동사는 과거형, 과거완료형을 쓴다.
   ② 조동사 will, can, may를 그대로 쓰지 않고, 과거형 would, could, might를 쓴다.

Key 2 가정법 과거의 쓰임과 형태

가정법 과거는 if절의 동사가 과거형이지만, 실제 의미는 **현재 상황과 반대로 가정**하거나, **현재나 미래에 실현 가능성이 거의 없는 일을 가정**하는 것으로 현실에 대한 아쉬움을 표현한다.

If+주어+**were/동사의 과거형** ~ , 주어+**would/could/might+동사원형** ~
주어가 ~라면,   주어가 ~할 텐데.

■ If I **were** not busy, I **would travel** abroad. 내가 바쁘지 않으면, 해외로 여행갈 텐데.
  (→ 현재 바쁘기 때문에 해외로 여행갈 수 없는 상황에 대한 아쉬움 표현)
  [주의] be동사의 과거형은 주어의 인칭과 수에 상관없이 were를 쓴다.
■ If I **had** enough money, I **could buy** the bag. 내가 충분한 돈이 있다면, 그 가방을 살 수 있을 텐데.
  (→ 현재 돈이 없기 때문에 그 가방을 살 수 없는 상황에 대한 아쉬움 표현)

Key 3 가정법 과거완료의 쓰임과 형태

가정법 과거완료는 if절의 동사가 **과거완료형**이지만, 실제 의미는 **과거의 상황과 반대로 가정**하거나, **과거에 실현 가능성이 희박했던 일을 가정**하는 것으로 과거 사실에 대한 아쉬움을 표현한다.

If+주어+**동사의 과거완료형(had p.p.)** ~ , 주어+**would/could/might+have p.p.** ~
주어가 ~했다면,   주어가 ~ 했을 텐데.

■ If she **had been** good at English, she **could have passed** the test.
  그녀가 영어를 잘했더라면, 그녀는 그 시험에 합격할 수 있었을 텐데.
  (→ 과거에 영어를 잘하지 못해서 시험에 합격하지 못했던 상황에 대한 아쉬움 표현)
■ If I **had taken** a taxi, I **would have gotten** there on time.
  내가 택시를 탔더라면, 정각에 거기에 도착했을 텐데.
  (→ 과거에 택시를 타지 않아서 거기에 제때 도착하지 못했던 상황에 대한 아쉬움 표현)

Check Up

정답 및 해설 p.27

A 괄호 안에서 알맞은 것을 고르고, 조건과 가정 중에 무엇인지 쓰세요.

> If you visit New York, I (will)/ would) introduce you to my friends. → _____조건_____

→ 'If you visit New York'이 조건을 만들고 있는 조건문이에요. 조건문에는 조동사 과거형 would, could 등이 아닌 미래를 나타내는 will을 그대로 써요.

1 If I find your bag, I (will tell / would tell) you. → _____

2 If he knew the story, he (will / would) be happy. → _____

3 If she (have / had) a key, she could open the door. → _____

4 If Harriet (hurries / hurried), she can catch the train. → _____

B 주어진 단어를 이용하여 가정법 과거 문장을 완성하세요.

> If he ___liked___ the girl, he would ask her for her phone number. (like)

→ 가정법 과거는 'if+주어' 뒤에 동사의 과거형을 써요. 따라서 like의 과거형인 liked로 바꿔 쓰세요.

1 If we _____ rich, we could buy the house. (be)

2 If she were honest, she _____ the story to you. (will, tell)

3 If Asher had enough time, he _____ his grandparents. (can, visit)

4 If I _____ near your house, I could meet you more often. (live)

C 주어진 단어를 이용하여 가정법 과거완료 문장을 완성하세요.

> If I ___had known___ you before, I would have helped you. (know)

→ 가정법 과거완료는 'if+주어' 뒤에 과거완료형을 써요. know를 과거완료형인 had known으로 바꿔 쓰세요.

1 If she _____ my advice, she would have won the competition. (take)

2 If the new notebooks _____ less expensive, he could have bought one. (be)

3 If the weather had been fine, we _____ on a picnic. (will, go)

4 If you had come to my party earlier, you _____ her yesterday. (can, see)

Level Up

A 괄호 안에서 알맞은 것을 고르세요.

> If it had been sunny, they could (go / (have gone)) to the beach.

→ 'if+주어+had p.p.'가 있으므로, 주절에는 '조동사+have p.p.' 형태인 could have gone이 적절해요.

1 If he told the truth, I could (trust / have trusted) him.

2 If you (called / had called) me, I would have gone there with you.

3 If she had (has / had) enough time, she would have played longer.

4 If your grandparents (are / were) still alive, they would be proud of you.

B 밑줄 친 부분에 유의하여 문장을 해석하세요.

> If I <u>took</u> a nap after lunch, I <u>would feel</u> better. → 내가 점심을 먹고 낮잠을 잔다면, 기분이 나아질 텐데.

→ if절에 동사의 과거형이 있고, 주절에 '조동사의 과거형+동사원형'이 있으므로 현재 상황을 반대로 가정하는 가정법 과거 구문이에요.

1 If she <u>had had</u> enough money, she <u>would have bought</u> the dress.

→ _____

2 If you <u>came</u> earlier, you <u>could spend</u> more time with friends.

→ _____

3 If I <u>played</u> the guitar very well, I <u>could join</u> your band.

→ _____

4 If Ethan <u>had met</u> Julie 10 years ago, they <u>would have been</u> a lot happier.

→ _____

C 밑줄 친 부분이 어법상 맞으면 ○, 틀리면 ✕ 표시하고 바르게 고치세요.

> If those pants <u>are</u> cheaper, I would buy them. → _____ X, were _____

→ 주절에 '조동사의 과거형+동사원형'이 있고 문맥상 현재 사실의 반대를 가정하고 있으므로 가정법 과거 구문이에요. if절에 오는 be동사를 were로 고쳐 주세요.

1 If it <u>didn't snow</u>, we could have gone skiing. → _____

2 If you had told me the time, I <u>would prepare</u> earlier. → _____

3 If she had kept the key, she <u>could have entered</u> the castle. → _____

4 If I earned enough money, I <u>can buy</u> you a bag. → _____

A 빈칸에 들어갈 말로 알맞은 것을 고르세요.

1 Yesterday, I _____ a present for her.

① buy   ② bought   ③ has bought   ④ had bought

2 She _____ sick since yesterday.

① is   ② was   ③ has been   ④ being

3 The vase _____ by the child.

① breaks   ② broke   ③ was broken   ④ has broken

4 If we _____ in London, we could see the musical.

① are   ② were   ③ have been   ④ had been

5 If she had told a lie, I _____ angry.

① would be   ② would have been   ③ will be   ④ was

B 밑줄 친 부분의 쓰임이 보기와 같은 것을 고르세요.

| 보기 | She has been to Paris before.

① I have taught Chinese for five years.
② Mom has just fixed the oven.
③ He has not contacted her since last year.
④ We have never heard such a loud noise.

C 다음 문장을 수동태로 알맞게 전환한 것을 고르세요.

The company released the new notebooks last Friday.

① The company was released the new notebooks last Friday.
② The new notebooks are released by the company last Friday.
③ The new notebooks were released by the company last Friday.
④ The new notebooks released the company last Friday.

D 다음의 상황을 가정법으로 알맞게 표현한 것을 고르세요.

> 나는 친구들과 함께 수영하러 가고 싶지만, 아파서 갈 수 없다.

① If I'm not sick, I could go swimming with my friends.
② If I were not sick, I could go swimming with my friends.
③ If I have not been sick, I could have gone swimming with my friends.
④ If I had not been sick, I could have gone swimming with my friends.

E 주어진 문장을 두 문장으로 바르게 표현한 것을 고르세요.

> Peter has taught English literature since 2010.

① Peter had started to teach English literature in 2010. He taught English literature.
② Peter taught English literature before 2010. Peter teaches English literature now.
③ Peter started to teach English literature in 2010. He still teaches English literature.
④ Peter started to teach English literature in 2010. He does not teach English literature now.

F 주어진 문장과 의미가 같은 것을 고르세요.

> She did not paint the picture.

① The picture did not paint by her.
② The picture did not painted by her.
③ The picture was not be painted by her.
④ The picture was not painted by her.

G 밑줄 친 ⓐ~ⓓ를 어법상 바르게 고치세요.

> The airplane crash ⓐ <u>has occurred</u> last Friday. Unfortunately, no survivors ⓑ <u>have found</u> so far. It turned out that the accident was ⓒ <u>causing</u> by the pilot's carelessness. If the pilot ⓓ <u>were</u> more careful, such a disaster would never have occurred.

ⓐ : _____   ⓑ : _____

ⓒ : _____   ⓓ : _____

Chapter

06

준동사

Voca Check

Unit 23

- [ ] mind · 동 상관하다, 신경 쓰다
- [ ] leave a message · 메시지를 남기다

Unit 24

- [ ] borrow · 동 빌리다
- [ ] meal · 명 식사
- [ ] take a walk · 산책하다

Unit 25

- [ ] regret · 동 후회하다
- [ ] feed · 동 먹이를 주다
- [ ] reduce · 동 줄이다, 축소하다
- [ ] greenhouse gas · 온실가스
- [ ] be good for · ~에 좋다
- [ ] submit · 동 제출하다
- [ ] avoid · 동 막다, 피하다

Unit 26

- [ ] farewell party · 송별회
- [ ] hug · 동 껴안다, 포옹하다
- [ ] plot · 명 구성, 줄거리
- [ ] wave · 동 (손, 팔을) 흔들다
- [ ] confuse · 동 혼란시키다
- [ ] be satisfied with · ~에 만족하다
- [ ] amaze · 동 놀라게 하다
- [ ] touch · 동 감동시키다
- [ ] audience · 명 청중, 독자

- [ ] accept · 동 받아들이다
- [ ] suggestion · 명 제안

Unit 27

- [ ] festival · 명 축제
- [ ] garbage · 명 쓰레기
- [ ] make a decision · 결정을 하다

Wrap Up

- [ ] clever · 형 영리한, 똑똑한
- [ ] camper · 명 야영객
- [ ] polite · 형 예의 바른, 공손한
- [ ] arrest · 동 체포하다
- [ ] criminal · 명 범인, 범죄자
- [ ] author · 명 작가, 저자
- [ ] puberty · 명 사춘기
- [ ] describe · 동 묘사하다
- [ ] central · 형 중심되는
- [ ] theme · 명 주제
- [ ] order · 명 순서; 명령; 주문

✳ 준동사는 무엇일까요? 준동사는 왜 필요한 것일까요?

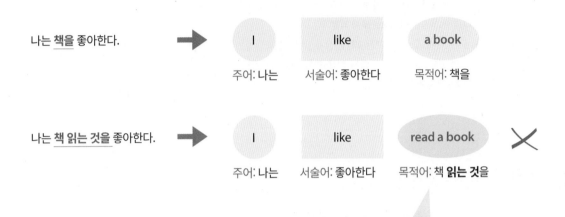

나는 **책을** 좋아한다.　➡　I｜like｜a book

주어: 나는　서술어: 좋아한다　목적어: 책을

나는 **책 읽는 것을** 좋아한다.　➡　I｜like｜read a book　✕

주어: 나는　서술어: 좋아한다　목적어: 책 **읽는 것을**

목적어 자리에 동사 read가 들어갈 수 있을까요?

☞ 목적어 자리이므로, 동사 형태인 read를 그대로 쓸 수 없어요.
동사 read를 명사로 사용하기 위해서는 형태를 변화시켜야 해요.
reading이나 **to read**로 바꾸면 **명사 역할**을 할 수 있어요.

✳ 동사의 형태를 변화시켜 동사가 아닌 다른 품사로 사용하는 것을 준동사라고 해요.

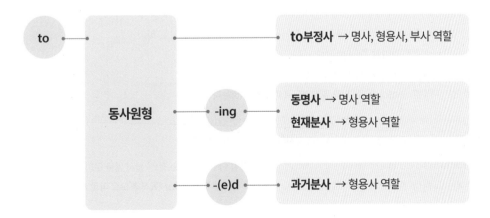

to ─ **to부정사** → 명사, 형용사, 부사 역할

동사원형 ─ **-ing** ─ **동명사** → 명사 역할
　　　　　　　　　　현재분사 → 형용사 역할

　　　　 ─ **-(e)d** ─ **과거분사** → 형용사 역할

준동사는 동사에서 나왔지만 **동사가 아니므로 서술어 자리에 올 수 없다.** (서술어 자리에 오는 동사를 준동사와 구분하여 술어동사라고 한다.) 준동사는 문장에서 **동사가 아닌 다른 역할**을 한다.

■ I *finished* **cleaning** my room. 나는 내 방을 **청소하는 것**을 끝냈다.
> → ① 술어동사 finished가 앞에 있으므로 cleaning은 clean 뒤에 -ing를 붙인 **준동사**이다.
> ② finish(~을 끝내다)의 목적어 자리에 있으므로 **명사 역할**이다.

■ He *ran* **to catch** the bus. 그는 버스를 타기 위해 달렸다.
> → ① 술어동사 ran이 앞에 있으므로 to catch는 동사원형 catch 앞에 to가 있는 **준동사**이다.
> ② He가 run(달리다)하는 목적을 말하므로 **부사 역할**이다.

■ He *put* the **broken** vase in the box. 그는 깨진 꽃병을 상자 안에 두었다.
> → ① 술어동사 put이 앞에 있으므로 break의 과거분사형인 broken은 **준동사**이다.
> ② 명사 vase를 꾸며주므로 **형용사 역할**이다.

1) 준동사는 **목적어** 또는 **보어**를 가지며, **부사(구)**의 수식을 받을 수 있다.

■ I <u>**do exercise in the gym**</u>. 나는 체육관에서 운동을 한다.
　동사　목적어　　부사구

■ The girl <u>**doing exercise in the gym**</u> is my sister. **체육관에서 운동하고 있는** 소녀는 내 여동생이다.
　　　준동사　목적어　　부사구

(→ 술어동사 is가 있으므로 doing은 준동사이다. 준동사 doing의 **목적어**는 exercise이며, in the gym은 준동사 doing을 꾸며주는 **부사구**이다.)

■ She <u>**became a teacher**</u>. 그녀는 선생님이 되었다.
　　　동사　　보어

■ She has dreamed of **becoming a teacher**. 그녀는 **선생님이 되기를** 꿈꿔 왔다.
　　　　　　　준동사　　　보어

(→ 준동사 becoming의 **보어**는 a teacher이다.)

2) 준동사는 의미상 주어를 갖는다. 준동사의 주어는 문장에서 주어 또는 목적어와 일치하기도 하고,
주어 또는 목적어와 일치하지 않으면 **의미상 주어**를 따로 쓴다.

■ I enjoy **doing exercise** every morning. **나는** '매일 아침 운동하는 것을' 즐긴다.
(→ **doing의 의미상 주어**는 '나'이다. enjoy의 주어 I와 일치하므로 따로 쓰지 않는다.)

■ He wants <u>me</u> **to do exercise** every morning. 그는 **내가** '매일 아침 운동하기를' 원한다.
(→ **to do의 의미상 주어**는 '나'이다. want의 목적어인 me와 일치하므로 따로 쓰지 않는다.)

■ It will not be easy **for him** **to do exercise every** morning. **그가** '매일 아침 운동하는 것은' 쉽지 않을 것이다.
(→ **to do의 의미상 주어**는 '그'이다. 주어 It과 일치하지 않으므로 to부정사의 의미상 주어를 'for+목적격'으로 따로 써준다.)

Check Up

A 우리말로 빈칸을 채우면서 준동사의 개념을 복습해 보세요.

> 준동사는 1 _____ 에서 나왔지만 동사가 아니므로 서술어 자리에 올 수 없다.
> 준동사는 세 가지 역할을 하는데 각각 2 _____ 역할, 3 _____ 역할, 그리고 4 _____ 역할이다.
> 준동사는 동사에서 나온 것이어서 의미상 5 _____ 가 있고, 6 _____ 또는 보어를 가질 수 있다. 또한
> 7 _____ 의 수식도 받을 수 있다.

B 다음 문장에서 준동사를 찾아 밑줄을 그으세요.

> I want <u>to go</u> to the zoo with friends.

→ 동사원형 go 앞에 to를 붙여 만든 준동사예요. 술어동사는 앞에 있는 want예요.

1 I like playing soccer.

2 I saw the repaired car.

3 To study math is not easy.

4 He came to London to meet her.

5 I have a friend living in China.

C 다음과 같이 준동사를 설명할 때, 빈칸에 알맞은 말을 넣어 문장을 완성하세요.

> I enjoyed listening to music.
> → ① 술어동사 __enjoyed__ 가 있으므로 __listening__ 은 listen 뒤에 -ing를 붙인 준동사이다.
> ② enjoy(~을 즐기다)의 __목적어__ 자리에 왔으므로 __명사__ 역할이다.

1 My teacher has many books written in English.

  → ① 술어동사 _____ 가(이) 있으므로 write의 _____ 인 written은 준동사이다.

  ② 명사 _____ 를 꾸며주므로 _____ 역할이다.

2 She took a taxi to get there on time.

  → ① 술어동사 _____ 가(이) 있으므로 _____ 은 동사원형 get 앞에 to가 있는 준동사이다.

  ② She가 택시를 탄 목적을 말하므로 _____ 역할이다.

Level Up

정답 및 해설 p.29

A 밑줄 친 준동사의 의미상 주어를 찾아 쓰세요.

| I want to become a famous singer. | 의미상 주어: 나 |

→ want의 주어 I와 to become의 의미상 주어가 I로 일치하므로 따로 의미상 주어를 쓰지 않아요.

1   He likes helping other people.   의미상 주어: _____

2   It was hard for her to practice golf.   의미상 주어: _____

3   I hated changing the recipe.   의미상 주어: _____

4   It will be easy for us to follow the lesson.   의미상 주어: _____

B 문장에서 준동사를 찾고, 밑줄 친 부분이 보기에서 무엇에 해당하는지 골라 기호를 쓰세요.

| 보기 | ⓐ 준동사의 목적어   ⓑ 준동사의 보어   ⓒ 준동사 수식 부사

| I enjoy eating vegetables every morning. | 준동사: eating / ⓐ |

→ 술어동사 enjoy 뒤에 있는 준동사 eating은 타동사 eat에 -ing를 붙여 만든 것이므로, 목적어를 취하는 동사의 성질을 그대로 가지고 있어요.
따라서 명사 vegetables는 준동사 eating의 목적어 역할을 해요.

1   Her dream is to get a good score.   준동사: _____ / _____

2   Would you mind sitting here?   준동사: _____ / _____

3   I forgot to leave a message to him.   준동사: _____ / _____

4   The boy singing beautifully on the stage is my son.   준동사: _____ / _____

5   Grace's goal is to become a dentist.   준동사: _____ / _____

C 밑줄 친 부분이 어법상 맞으면 ○, 틀리면 ✕ 표시하고 바르게 고치세요.

| My hobby is plays the piano. | →   ✕, playing / to play |

→ 술어동사 is가 있으므로, plays는 준동사로 바꿔야 해요. 준동사로 바꾸면 '나의 취미는 ~하는 것이다'라고 해석되며 문장에서 보어 역할을 하게 돼요.

1   I want to cleaning my room.   → _____

2   She went out to buy some milk.   → _____

3   My habit is drink five cups of water every day.   → _____

4   He likes running in the morning.   → _____

✖ 동사원형 앞에 to가 있으면 to부정사예요.

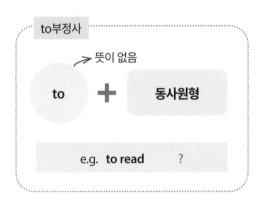

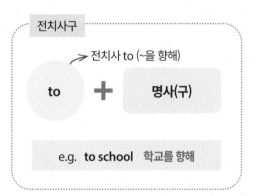

✖ to부정사는 문장 안에서 어떤 역할을 하느냐에 따라 다르게 해석해요.

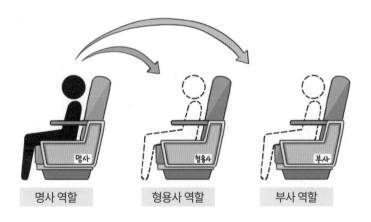

to read

I want **to read** a book. (명사 역할 – 동사의 목적어)
나는 원한다 / 책 읽는 것을.

I borrowed a book **to read**. (형용사 역할 – 명사 수식)
나는 빌렸다 / 읽을 책을.

I finished my homework early **to read** a book. (부사 역할)
나는 숙제를 일찍 끝냈다 / 책을 읽기 위해.

Key 1   to부정사의 의미와 형태

1) to부정사의 의미: to부정사는 문장에서 명사, 형용사, 부사 역할을 한다.

   주어의 인칭과 수에 따라 모양이 변하지 않기 때문에, '인칭, 수 등이 정해지지 않은 말'이란 의미로 '부정사'라고 한다.

2) to부정사의 형태

  ① 긍정형: to+동사원형 [주의] to 뒤에 명사(구)가 나오면 그 to는 전치사이다.

    ■ My goal is **to improve** my writing skills. (to부정사) 내 목표는 **작문 실력을 향상시키는 것**이다.

    ■ I need to go back **to school**. (전치사구) 나는 다시 **학교에** 돌아가야 한다.

  ② 부정형: not[never]+to+동사원형 (→ to부정사 앞에 **not** 또는 **never**가 나온다.)

    ■ My father's goal is **not to smoke**. 아빠의 목표는 **담배를 피우지 않는 것**이다.

Key 2   to부정사의 3가지 역할

1) 명사 역할: 주어, 목적어, 보어로 사용한다.

  ■ **To have** balanced meals is important. (주어) **균형 잡힌 식사를 하는 것**은 중요하다.

   (→ to부정사 주어는 단수 취급하여 뒤에 단수동사가 나온다.)

  ■ Emma decided **to go** jogging every day. (목적어) 엠마는 **매일 달리기하는 것**을 결심했다.

  ■ My plan is **to keep** a diary every day. (보어) 내 계획은 **매일 일기를 쓰는 것**이다.

2) 형용사 역할: 명사 뒤에서 앞의 명사를 꾸며준다.

  ■ Do you want *something* **to drink**? 마실 것을 원하니?

  ■ I need *a chair* **to sit on**. 나는 앉을 의자가 필요해요.

    (→ **sit on** a chair이므로 sit 뒤에 전치사 on이 있어야 한다.)

3) 부사 역할: 목적, 감정의 원인, 판단의 근거 등을 나타낸다.

  ■ I ran fast **to catch** the train. 나는 **그 열차를 잡기 위해** 빨리 달렸다. (목적)

  ■ We are happy **to meet** you. 우리는 **너를 만나게 되어** 행복하다. (감정의 원인)

  ■ You are nice **to help** me. **나를 도와주다니** 너는 착하구나. (판단의 근거)

  ■ She grew up **to be** a great teacher. 그녀는 커서 **훌륭한 선생님이 되었다**. (결과)

  ■ This book was *easy* **to understand**. 이 책은 **이해하기** 쉬웠다. (형용사 수식)

Key 3   가주어 it, 의미상 주어

1) to부정사가 주어 자리에 온 경우 가(짜)주어 it을 쓰고 진(짜)주어 to부정사는 문장 뒤로 보낸 형태가 훨씬 더 잘 쓰인다.

  ■ **To have** balanced meals is important. **균형 잡힌 식사를 하는 것**은 중요하다.

   → **It** is important **to have** balanced meals. (It = to have balanced meals)

2) to부정사의 의미상 주어는 to부정사 앞에 'for+목적격'의 형태로 나타낸다.

  ■ It is surprising **for her to climb** Mt. Everest. **그녀가** 에베레스트 산을 등반하다니 놀랍다.

  ■ It is nice **of you to lend** me the books. 내게 그 책들을 빌려주다니 **너는** 친절하구나.

    └▶ 사람의 성격이나 태도를 나타내는 형용사 뒤에서 의미상 주어를 'of+목적격'의 형태로 쓴다.

     (→ kind 친절한, polite 예의 바른, foolish 멍청한, smart 똑똑한, careful 신중한, brave 용감한)

Check Up

A 괄호 안에서 알맞은 것을 고르세요.

(To sleeping / To sleep) regularly is important.

→ 문장에서 '~하는 것'의 의미로 주어 역할을 하는 to부정사의 형태는 'to+동사원형'이에요. 따라서 to sleep이 적절해요.

1 I like (to eat / to ate) vegetables.

2 Our rule is (not to make / to not make) any noise.

3 We went to the library (borrow / to borrow) some books.

B 밑줄 친 to부정사의 의미로 알맞은 것을 고르세요.

I need to drink more water.   ~하는 것, ~하기 / ~할, ~하는 / ~하기 위해

→ 밑줄 친 to부정사는 문장의 동사인 need(필요하다)의 목적어로서 '~하는 것'이라고 해석되는 명사 역할을 하고 있어요.

1 It is time to say goodbye.   ~하는 것, ~하기 / ~할, ~하는 / ~하기 위해

2 He's saving money to buy a camera.   ~하는 것, ~하기 / ~할, ~하는 / ~하기 위해

3 They have a lot of work to do these days.   ~하는 것, ~하기 / ~할, ~하는 / ~하기 위해

4 My mom loves to take walks with the puppy.   ~하는 것, ~하기 / ~할, ~하는 / ~하기 위해

5 We are going to the museum to see the paintings.   ~하는 것, ~하기 / ~할, ~하는 / ~하기 위해

C 괄호 안에서 알맞은 것을 고르세요.

It is very kind (of / for) you to give up your seat for the lady.

→ 사람의 성격을 나타내는 형용사 kind가 있으므로 전치사 of를 이용해 의미상 주어를 표현해요.

1 It is easy (of / for) Spaniards to learn English.

2 It was careful (of / for) him to say that.

3 It is dangerous for (us / we) to climb the mountain.

4 It was smart of (you / your) to solve the question.

Level Up

정답 및 해설 p.30

A 우리말과 같은 뜻이 되도록 주어진 단어를 이용하여 문장을 완성하세요.

> 그녀는 책을 살 돈이 있다. (money, buy)　　　　→ She has ___money to buy___ a book.

→ '책을 살' 돈에는 '~할, ~하는'으로 해석되는 to부정사의 형용사 역할이 들어 있어요. 따라서 동사원형에 to를 붙여 명사 뒤에서 명사를 꾸며줘요.

1 그는 방학 동안 지낼 방이 필요하다. (a room, stay)

　　→ He needs _____ in during his vacation.

2 나는 운동을 매일 하기로 결심했다. (decide, exercise)

　　→ I _____ every day.

3 우리는 문을 열 열쇠를 잃어버렸다. (open, the key)

　　→ We lost _____ the door.

4 새로운 사람들을 만나는 것은 언제나 즐겁다. (fun, meet)

　　→ It is always _____ new people.

B 밑줄 친 부분에 유의해서 문장을 해석하세요.

> It is necessary for us to take the course.　　→ ___우리는 그 수업을 수강하는 것이 필요하다.___

→ It은 가주어이고 to부정사가 진주어이므로 '수업을 수강하는 것'이 주어예요. necessary는 주격 보어이고 for us는 to take the course를 하는 의미상 주어를 나타낸 거예요.

1 I bought a chair to sit on.　　→ _____

2 We have a lot of time to rest.　　→ _____

3 They expected to go to the movie.　　→ _____

C 밑줄 친 부분이 어법상 맞으면 ○, 틀리면 ✗ 표시하고 바르게 고치세요.

> My hobby is to exercises at the gym.　　→ ___✗, to exercise___

→ to exercise는 be동사 뒤에서 주어인 My hobby를 설명하는 보어예요. to부정사는 'to+동사원형'이므로 exercise에 -s를 붙이지 말고 동사원형을 그대로 쓰세요.

1 It is easy answer the question.　　→ _____

2 I went to the bakery buying some bread.　　→ _____

3 They found a house to live.　　→ _____

4 It is difficult of me to study math.　　→ _____

5 We planned to go to Rome.　　→ _____

✳ 동명사는 동사를 명사처럼 사용하는 것을 말해요.

1. **동사처럼 주어를 가지며**, **목적어, 보어 또는 부사구를** 취할 수 있다.

2. **명사가 오는 자리**에 들어갈 수 있다.

✳ 목적어 자리에 온 to부정사와 동명사는 어떤 차이가 있을까요?

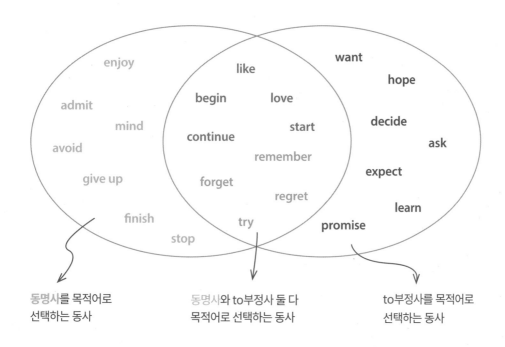

enjoy

like

want

admit

begin   love   hope

mind

decide

avoid

continue   start   ask

give up

remember

expect

forget

finish

regret   learn

try   promise

stop

동명사를 목적어로
선택하는 동사

동명사와 to부정사 둘 다
목적어로 선택하는 동사

to부정사를 목적어로
선택하는 동사

Key 1 동명사
. . . .

1) **동명사의 형태**

① 긍정형: 동사원형+-ing (☞ Unit 17)

② 부정형: not[never]+동사원형+-ing (→ 동명사 앞에 not이나 never를 쓴다.)

■ I regret **not learning** how to swim. 나는 수영하는 방법을 배우지 않은 것을 후회한다.

2) **동명사의 역할**: 명사처럼 주어, 보어, 목적어 역할을 한다.

■ **Shopping** with my friends is my favorite thing. (주어) **친구와 쇼핑하는 것은** 내가 가장 좋아하는 일이다.

[주의] 동명사 주어는 단수 취급하므로 is를 쓴다. friends를 보고 are를 쓰지 않도록 수일치에 주의하자.

■ I finished **doing** my homework. (목적어) 나는 **숙제하는 것을** 끝냈다.

■ My favorite hobby is **drawing**. (보어) 나의 가장 좋아하는 취미는 **그리는 것**이다.

■ How about **taking** a taxi? (전치사의 목적어) **택시를 타는 것**이 어때요?

3) 동명사의 의미상 주어: 동명사 앞에 의미상 주어를 소유격으로 나타낸다.

■ Would you mind **(my) opening** the window? (제가) 창문을 열어도 될까요?

Key 2 동명사와 to부정사를 목적어로 취하는 동사
. . . .

1) 동명사만 목적어로 취하는 동사: 현재 진행 중이거나 과거에 일어난 일을 주로 나타낸다.

> enjoy 즐기다, keep 계속하다, practice 연습하다, mind 꺼리다, avoid 피하다, finish 끝내다,
> give up 포기하다, admit 인정하다, stop 멈추다

■ He **gave up persuading** his mom. 그는 엄마를 설득하는 것을 포기했다.

2) to부정사만 목적어로 취하는 동사: 희망, 의도 또는 아직 일어나지 않은 미래의 일을 주로 나타낸다.

> want 원하다, hope 희망하다, expect 기대하다, ask 요청하다, decide 결심하다, promise 약속하다, learn 배우다

■ She **expected to see** him again. 그녀는 그를 다시 만나기를 기대했다.

3) 동명사와 to부정사를 둘 다 목적어로 취하는 동사: **의미 차이가 없는** 경우

> like 좋아하다, love 사랑하다, begin 시작하다, start 시작하다, continue 계속하다

■ I **love to read** books. (= I **love reading** books.) 나는 책 읽는 것을 좋아한다.

4) 동명사와 to부정사를 둘 다 목적어로 취하는 동사: **의미 차이가 있는** 경우

remember+동명사: (과거에) ~한 것을 기억하다 remember+to부정사: ~할 것을 기억하다	forget+동명사: (과거에) ~한 것을 잊다 forget+to부정사: ~할 것을 잊다
try+동명사: (시험 삼아 한번) 해 보다 try+to부정사: ~하려고 노력하다[애쓰다]	regret+동명사: (과거에) ~한 것을 후회하다 regret+to부정사: ~하게 되어 유감이다
stop+동명사: ~하던 것을 멈추다[그만두다] stop+to부정사: ~하기 위해 멈추다 (*stop의 목적어 아님)	

■ I **forgot buying** the book. 나는 그 책을 **샀던 것을 잊었다.** (→ 과거에 책을 산 일을 잊어버렸다)

■ I **forgot to buy** the book. 나는 그 책을 **사야 하는 것을 잊었다.** (→ 깜빡하고 책을 사지 않았다)

■ She **stopped to feed** her cat. 그녀는 고양이에게 **먹이를 주기 위해** 멈춰 섰다.

(→ 이때, to부정사는 stop의 목적어가 아니라, 부사 역할(목적)로 쓰였다. ☞ Unit 24)

Check Up

A 밑줄 친 동명사구가 문장 내에서 하는 역할을 보기에서 골라 쓰세요.

| 보기 | ⓐ 주어 ⓑ 보어 ⓒ 동사의 목적어 ⓓ 전치사의 목적어

He talked about <u>reducing greenhouse gases</u>.　　　　(　ⓓ　)

→ 동사 reduce에 –ing를 붙여 만든 동명사 reducing은 문장 내에서 명사로 쓰이고, 전치사 about의 목적어 역할을 하고 있어요.

1 I love <u>watching movies with my brother</u>.　　　　(　　)

2 <u>Jogging in the morning</u> is good for our health.　　　　(　　)

3 His dream is <u>becoming an international lawyer</u>.　　　　(　　)

4 She is very good at <u>teaching students</u>.　　　　(　　)

5 They began <u>practicing yoga</u> last weekend.　　　　(　　)

B 괄호 안에서 알맞은 것을 고르세요.

(Grow / Growing) vegetables yourself is good for a healthy life.

→ 문장에 동사 is는 있는데 문장의 주어가 없어요. 동사 Grow에 –ing를 붙여 만든 동명사 Growing은 문장 내에서 명사로 쓰이고, 주어 역할을 해요.

1 Collecting dishes (is / are) my mom's hobby.

2 I'm interested in (learn / learning) new cultures.

3 Playing sports (is / are) really fun.

4 (Get up / Getting up) early is very difficult for me.

C 괄호 안에서 알맞은 것을 밑줄 모두 고르세요.

They started (to exercise / exercising) during their lunch hour.

→ 동사 start는 to부정사와 동명사 모두를 목적어로 가질 수 있는 동사이니, 둘 다 정답이에요.

1 He didn't want (to tell / telling) lies.

2 The little boys kept (to run / running) around the park.

3 I love (to meet / meeting) you after school.

4 We enjoyed (to take / taking) pictures.

Level Up

정답 및 해설 p.31

A 빈칸에 알맞은 단어를 보기에서 골라 동명사로 바꾸고 문장을 해석하세요.

| 보기 | climb / run / watch / cook

She likes ____running____ in the morning.　　→ ____그녀는 아침에 달리는 것을 좋아한다.____

→ 동사 run에 -ing를 붙여 만든 동명사 running은 문장 내에서 명사로 쓰이고, 동사 like의 목적어 역할을 해요.

1 _____ mountains is dangerous for children.　→ _____

2 We just finished _____ spaghetti.　　→ _____

3 His hobby is _____ horror movies.　　→ _____

B 괄호 안에서 알맞은 것을 고르세요.

They stopped (to walk / (walking)). They were tired and thirsty.

→ stop은 walking을 목적어로 가지면 '~하던 것을 멈추다'이고, 뒤에 to walk가 오면 '~하기 위해 멈추다'로 해석해요. 지치고 목이 말라서 걷던 것을 멈췄다는 문맥이므로 동명사인 walking이 적절해요.

1 Do you remember (to buy / buying) the umbrella last weekend?

2 We tried (to meet / meeting) him. But he was not at his house.

3 The smell from the pizza restaurant was great. He stopped (to eat / eating) some pizza.

4 Remember (to submit / submitting) your report by tomorrow night.

C 밑줄 친 부분이 어법상 맞으면 ○, 틀리면 ✕ 표시하고 바르게 고치세요.

We should avoid to eat snacks at night.　→ ____✕, eating____

→ avoid는 동명사를 목적어로 가지는 동사예요. to eat이 아닌 eating으로 고쳐 주세요.

1 He enjoyed sing in the rain.　　→ _____

2 Reading newspapers are my hobby.　　→ _____

3 Elly began make a snowman with her sister.　　→ _____

4 She was disappointed by his telling a lie.　　→ _____

5 We are interested in to discuss the book.　　→ _____

✻ 분사는 동사를 형용사처럼 사용하는 것을 말해요.

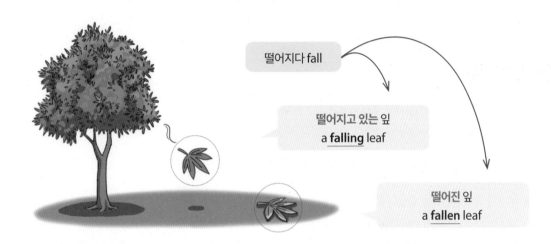

떨어지다 fall

떨어지고 있는 잎
a **falling** leaf

떨어진 잎
a <u>fallen</u> leaf

✻ 분사는 동사원형에 -ing나 -(e)d를 붙여 만들며, 특정 의미가 추가돼요.

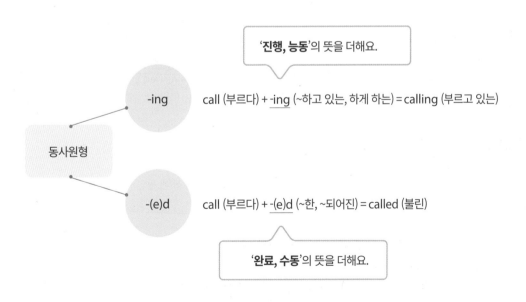

'**진행, 능동**'의 뜻을 더해요.

-ing

동사원형

call (부르다) + -<u>ing</u> (~하고 있는, 하게 하는) = calling (부르고 있는)

-(e)d

call (부르다) + -<u>(e)d</u> (~한, ~되어진) = called (불린)

'**완료, 수동**'의 뜻을 더해요.

Key 1 분사의 종류와 형태

1) 분사: 동사의 형태를 바꿔 형용사처럼 사용하는 것을 말한다.
2) 분사의 종류와 형태

현재분사	동사원형+ing (☞ Unit 17)
과거분사	동사원형+(e)d, 불규칙 변화 (☞ Unit 14)

① 현재분사: **진행**(~하고 있는), **능동**(~하게 하는)의 의미를 가진다.
- a **crying** baby 울고 있는 아기
- an **exciting** game 신나게 하는 게임

② 과거분사: **완료**(~한, ~해 버린), **수동**(~된, ~해진)의 의미를 가진다.
- a **broken** vase 깨진 꽃병
- a **locked** door 잠긴 문

Key 2 분사의 역할

1) **명사 수식**: 명사 앞에서 수식하며, 분사가 구를 이루어 길어질 때는 명사 뒤에서 수식한다.
- The **swimming** boy is my nephew. **수영하는** 남자아이는 내 조카이다.
- I know the boy **swimming in the pool**. 나는 **수영장에서 수영하는** 그 남자아이를 안다.

2) **보어 역할**: 주어나 목적어에 대한 상태나 동작을 보충 설명한다.
- You looked **bored** today. (→ 주어 You의 상태를 설명하는 주격 보어) 너 오늘 **지루해** 보여.
- I found my dog **sleeping**. (→ 목적어 my dog의 동작을 설명하는 목적격 보어) 나는 우리 개가 **자는 것**을 발견했다.

Key 3 감정을 나타내는 분사

현재분사는 어떤 감정을 **느끼게 할 때**(능동), **과거분사**는 어떤 감정을 **느끼게 될 때**(수동) 쓰인다.

interest 흥미를 끌다	interest**ing** 흥미를 갖게 하는	excite 신나게 하다	excit**ing** 신나게 하는
	interest**ed** 흥미를 느끼는		excit**ed** 신이 난
surprise 놀라게 하다	surpris**ing** 놀라게 하는	shock 충격을 주다	shock**ing** 충격을 주는
	surpris**ed** 놀란		shock**ed** 충격을 받은
bore 지루하게 만들다	bor**ing** 지루하게 하는	satisfy 만족시키다	satis**fying** 만족하게 하는
	bor**ed** 지루함을 느끼는		satis**fied** 만족감을 느끼는

- Because of his **boring** lecture, I am **bored**. 그의 지루한 강의 때문에, 나는 지루하다.

Key 4 현재분사와 동명사의 차이

현재분사와 동명사는 둘 다 「동사원형+ing」로 형태가 같지만, 현재분사는 **형용사** 역할을 하며, 동명사는 **명사** 역할을 한다는 점에 차이가 있다.
- Look at the **sleeping** cat. He is cute. 저 '**자고 있는** 고양이'를 봐. 그것은 귀엽다.
  (→ 진행의 의미를 담아 cat을 꾸며주는 **현재분사**이다.)
- I bought a **sleeping** bag. 나는 '침낭(**잠을 자기 위한** 자루)'을 샀다.
  (→ '잠을 자고 있는 bag'은 말이 되지 않는다. bag의 목적/용도를 말하는 **동명사**이다.)

현재분사	명사 수식, 보어, (시제) 진행형
동명사	주어, 보어, 타동사의 목적어, 전치사의 목적어 (☞ Unit 25)

Check Up

정답 및 해설 p.32

A 괄호 안에서 알맞은 분사의 형태를 고르세요.

> The short story was (~~shocking~~/ shocked) to me.

→ The short story(단편 소설)가 나를 놀라게 한 것이지, 놀란 주체가 아니므로 동사원형에 -ing를 붙인 현재분사 shocking이 적절해요.

1 She was (inviting / invited) to the farewell party.

2 I hugged the (sleeping / slept) cat slowly.

3 We cleaned the (breaking / broken) window.

4 My friend is (interesting / interested) in the movie.

B 주어진 단어를 분사의 형태로 고쳐 쓴 후, 그 분사가 수식하는 대상에 밑줄을 그으세요.

> The computer ___fixed___ yesterday is now working. (fix)

→ 수식 받는 명사가 fix(수리하다)의 주체인지 대상인지 확인하세요. 수식 받는 명사는 The computer예요. computer는 fix의 대상이므로 과거분사 fixed가 적절해요.

1 The book has a really _____ plot. (bore)

2 Some _____ boys were shouting. (excite)

3 I bought many _____ books. (use)

4 This _____ news is real. (surprise)

C 괄호 안에서 알맞은 분사의 형태를 고르세요.

> Adam looked (satisfying /~~satisfied~~) with the service.

→ 괄호는 주어를 설명하는 주격 보어 자리예요. 따라서 주어 Adam이 '만족감을 느꼈는지', '만족감을 주었는지' 확인하세요. Adam은 서비스에 '만족감을 느낀' 것이므로 과거분사 satisfied가 적절해요.

1 The child was (scaring / scared) at the big bear and began to cry.

2 He was (waving / waved) goodbye at the airport.

3 The books are widely (reading / read) around the world.

4 Ben is talking with the girl (standing / stood) near the bench.

Level Up

정답 및 해설 p.32

A 문장에서 밑줄 친 부분이 현재분사인지 동명사인지 고르고, 해석하세요.

> He bought a <u>wedding</u> ring for the bride.　　　　□ 현재분사　☑ 동명사
> →　_____ 그는 신부를 위한 결혼 반지를 샀다.

→ '결혼하는 반지'가 아니라 '결혼에 필요한 반지'라는 뜻이에요. 따라서 목적/용도를 나타내는 동명사가 적절해요.

1　My mom held my <u>shaking</u> hands.　　　　□ 현재분사　□ 동명사

　　→ _____

2　There were many people in the <u>waiting</u> room.　　□ 현재분사　□ 동명사

　　→ _____

3　I saw a <u>crying</u> child on the street.　　　　□ 현재분사　□ 동명사

　　→ _____

B 현재분사 또는 과거분사를 이용하여 다음 문장을 바꾸세요.

> The story confused me.　　→ The story was _confusing_ . / I was _confused_ by the story.

→ 첫 번째는 the story(이야기)가 주어이므로 능동을 나타낼 수 있는 현재분사를 쓰고, 두 번째는 이야기에 의해서 I(나)가 감정을 느끼게 된 것이므로 수동을 나타내는 과거분사를 써주세요.

1　The delicious cake satisfied me.　　→ I was _____ with the delicious cake.

2　Her writing style amazed many readers.　→ Her writing style was _____ .

3　The movie touched the audience.　　→ The audience was _____ by the movie.

4　His math grades shocked his parents.　→ His math grades were _____ .

C 밑줄 친 부분이 어법상 맞으면 ○, 틀리면 ✗ 표시하고 바르게 고치세요.

> I think the lesson is <u>bored</u>.　　　　→ ___✗, boring___

→ 수업은 지루하게 만드는 주체이지, 지루함을 느끼는 대상이 될 수 없으므로, 능동의 의미가 담긴 현재분사로 고쳐 주세요.

1　She was really <u>surprise</u> at the news.　　→ _____

2　Candice is <u>running</u> at the park now.　　→ _____

3　I accepted his <u>interested</u> suggestion.　　→ _____

4　We bought a <u>used</u> car last year.　　→ _____

5　The boy <u>chosen</u> the book might be my soulmate.　→ _____

Unit 27 | 준동사를 포함한 구문

✱ 목적격 보어 자리에는 **명사, 형용사뿐만 아니라,** 동사에 따라 **부정사와 분사도** 올 수 있어요.

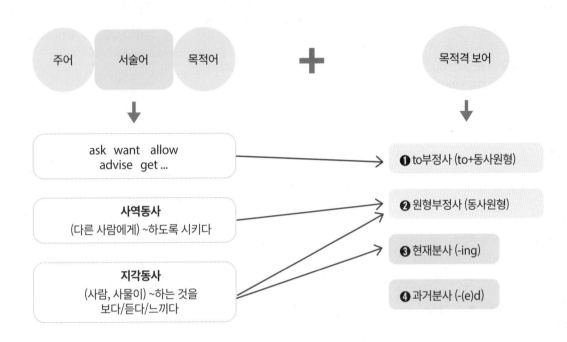

주어 서술어 목적어 **+** 목적격 보어

ask want allow
advise get ... → ❶ to부정사 (to+동사원형)

사역동사
(다른 사람에게) ~하도록 시키다 → ❷ 원형부정사 (동사원형)

지각동사
(사람, 사물이) ~하는 것을
보다/듣다/느끼다 → ❸ 현재분사 (-ing)

❹ 과거분사 (-(e)d)

✱ 목적어와 목적격 보어의 관계가 **수동**이면, 목적격 보어 자리에는 **과거분사가** 와요.

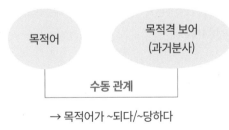

목적어   목적격 보어
(과거분사)

수동 관계

→ 목적어가 ~되다/~당하다

My teacher had our cellphones turned off. 선생님은 우리 핸드폰이 꺼지도록 하셨다.
목적어   목적격 보어   (선생님은 우리 핸드폰을 끄게 시키셨다.)

목적격 보어로 쓰이는 부정사와 분사

1) 부정사는 목적격 보어 자리에 쓰여 목적어의 동작이나 상태를 보충 설명하는 역할을 한다.

   ① **to부정사를 목적격 보어로 가지는 동사**

ask+목+to부정사	목적어가 ~해주기를 부탁하다	want+목+to부정사	목적어가 ~해주길 원하다
allow+목+to부정사	목적어가 ~하게 허락하다	advise+목+to부정사	목적어가 ~하도록 조언하다
order+목+to부정사	목적어가 ~하게 지시하다	tell+목+to부정사	목적어가 ~하도록 말하다
get+목+to부정사	목적어가 ~하게 하다	encourage+목+to부정사	목적어가 ~하도록 격려하다
help+목+to부정사	목적어가 ~하도록 도와주다 *help는 원형부정사도 가능	expect+목+to부정사	목적어가 ~하기를 기대하다

   ■ She **asked** us **to wait** outside. 그녀는 우리가 밖에서 기다려주기를 부탁했다.

   ② **원형부정사를 목적격 보어로 가지는 동사**

   *원형부정사: to부정사에서 to 없이 동사의 원형이 부정사로 쓰인 것

사역동사	let, make, have (목적어가 ~하게 하다)
지각동사	see, watch, hear, feel (목적어가 ~하는 것을 보다[듣다, 느끼다]) *지각동사는 동작이 진행 중임을 강조할 경우 현재분사(-ing)도 가능

   ■ Mom **lets** me **watch** TV for 30 minutes a day. 엄마는 내가 하루에 30분간 TV를 볼 수 있게 하신다.

   ■ I **felt** someone **touch** my shoulder. 나는 누군가가 내 어깨를 건드리는 것을 느꼈다.

2) 목적격 보어가 과거분사(p.p.): 목적어와 목적격 보어의 관계가 '수동'일 때, 목적격 보어 자리에는 과거분사가 온다.
   '목적어가 ~되다[당하다]'라는 뜻이다.

   ■ He **had** his watch **repaired**. (→ his watch가 '수리**되는**' 것) 그는 그의 시계가 수리되도록 했다.

Key 2 to부정사 주요 구문

1) **too ~ to부정사**: 너무 ~해서 ...할 수 없다

   > too+형용사[부사]+to부정사 = so+형용사[부사]+주어+cannot[couldn't]+동사원형

   ■ He is **too** *young* **to drive** a car. 그는 너무 어려서 차를 운전할 수 없다.

   = He is **so** *young* **that he cannot drive** a car.

2) **~ enough+to부정사**: ...하기에 충분히 ~하다

   > 형용사[부사]+enough+to부정사 = so+형용사[부사]+that+주어+can[could]+동사원형

   ■ The lake is *clean* **enough to see** the bottom. 그 호수는 바닥을 보기에 충분히 깨끗하다.

   = The lake is **so** *clean* **that we can see** the bottom.

Key 3 동명사를 포함한 표현

동명사가 숙어처럼 사용되는 표현들이 있는데, 특히 전치사 to가 오는 표현에 주의해야 한다.

spend 시간[돈]+-ing	~하는 데 시간[돈]을 쓰다	be good at -ing	~을 잘하다
cannot help -ing	~하지 않을 수 없다	be busy -ing	~하느라 바쁘다
have difficulty (in) -ing	~하는 데 어려움을 겪다	feel like -ing	~하고 싶다
be worth -ing	~할 만한 가치가 있다	look forward to -ing	~하기를 기대하다
on -ing	~하자마자	be used to –ing	~하는 것에 익숙하다

■ I'm **looking forward to going** to the concert. 나는 그 콘서트에 가기를 기대하고 있다.

Check Up

A 괄호 안에서 알맞은 것을 고르세요.

> You made me (laugh / laughing).

→ ⟨make+목적어+목적격 보어⟩ 구조로 make가 '~하게 하다'라는 의미의 사역동사로 쓰였으므로 목적격 보어 자리에는 동사원형이 와야 해요.

1 Mom let me (clean / to clean) my room.

2 I helped my mom (washing / to wash) her car.

3 I saw her (standing / to stand) at the door.

4 Kate wanted me (lending / to lend) her my book.

5 I heard him (talked / talking) on the phone.

B 두 문장의 의미가 같도록 빈칸에 알맞은 말을 쓰세요.

> He was too sick to go to school. → He was ___ so sick ___ that ___ he couldn't go ___ to school.

→ 'too ~ to부정사'는 '너무 ~해서 …할 수 없다'라는 뜻으로, ⟨so+형용사[부사]+주어+cannot[couldn't]+동사원형⟩으로 바꿔 쓸 수 있어요. 동사가 과거형 was이므로 couldn't를 쓰는 것에 주의하세요.

1 He is strong enough to lift those boxes.

→ He is _____ that _____ those boxes.

2 I woke up too late to take a train.

→ I woke up _____ that _____ a train.

C 우리말과 같은 뜻이 되도록 괄호 안에서 알맞은 것을 고르세요.

> 에디는 자신의 컴퓨터를 고치는 데 3시간을 보냈다.
> → Eddie spent three hours (fix / fixing) his computer.

→ ⟨spend+시간+-ing⟩는 '~하는 데 시간을 보내다'라는 의미로 동명사를 포함하는 표현이에요.

1 그는 어제 숙제하느라 바빴다.

→ He was busy (to do / doing) his homework yesterday.

2 학교 축제는 우리를 신나게 했다.

→ The school festival makes us (exciting / excited).

3 나는 이름을 기억하는 데 어려움이 좀 있다.

→ I have some difficulty in (remember / remembering) names.

Level Up

정답 및 해설 p.33

A 괄호 안에서 알맞은 것을 고르세요.

> I asked him (open /(to open)) the door.

→ 동사 ask가 〈ask+목적어+목적격 보어 (목적어가 ~해주기를 부탁하다)〉의 구조로 쓰일 때 목적격 보어 자리에는 to부정사가 와요.

1 He runs (too fast / fast enough) to win the race.

2 My parents allowed me (travel / to travel) with my friends.

3 The store staff helped me (find / finding) the restroom.

4 Mom had me (take / to take) out the garbage.

B 우리말과 같은 뜻이 되도록 주어진 단어를 올바르게 배열하세요.

> 그는 그 문제를 풀기에 충분히 똑똑하다. (the problem / solve / enough / he / smart / to / is)
> → _____He is smart enough to solve the problem._____

→ '…하기에 충분히 ~하다'는 〈형용사[부사]+enough+to부정사〉 구문으로 나타낼 수 있어요. 형용사 smart가 enough 앞에 오는 어순에 주의하세요.

1 그녀는 매우 바빠서 점심을 먹을 수 없었다. (was / have / busy / to / she / lunch / too)
   → _____

2 릴리는 좋은 결정을 내릴 만큼 현명하다. (make / enough / is / decision / a / good / to / Lily / wise)
   → _____

3 제이크는 너무 수줍음이 많아서 도움을 요청할 수 없었다. (was / ask / Jake / help / for / shy / to / too)
   → _____

C 밑줄 친 부분이 어법상 맞으면 ○, 틀리면 ✕ 표시하고 바르게 고치세요.

> I saw my brother to run in the park.   → _____✕, run / running_____

→ 〈see+목적어+목적격 보어〉 구조로, see가 지각동사로 쓰였으므로 목적격 보어 자리에는 동사원형 또는 현재분사(-ing)가 와야 해요. 현재분사가 쓰이면 동작이 진행 중임을 강조하지요.

1 She felt the ground moved under her.   → _____

2 We're looking forward to see you again.   → _____

3 The police ordered the car to stop.   → _____

4 I had my hair style changing.   → _____

142   Chapter 06 준동사

A 빈칸에 들어갈 말로 알맞은 것을 고르세요.

1 It is important for _____ to make friends.

① we   ② your   ③ mine   ④ them

2 It was so _____ for her to choose the answer.

① clever   ② wise   ③ foolish   ④ difficult

3 _____ old stamps is her hobby.

① Collect   ② Collected   ③ Collecting   ④ Being collected

4 Music surely makes us _____ happy.

① to feel   ② feel   ③ felt   ④ feeling

5 There is a boy _____ with a dog.

① play   ② playing   ③ played   ④ plays

B 밑줄 친 부분의 쓰임이 보기와 같은 것을 고르세요.

| 보기 | Do you have something to drink?

① Do you want to eat Chinese food?
② They went out to buy some bread.
③ It is hard to get up at six.
④ I have true friends to talk with.

C 밑줄 친 부분의 쓰임이 올바른 것을 고르세요.

① She remembers to lose the game yesterday.
② Would you mind to wait more?
③ They asked me to go on a picnic.
④ He stopped to drink coffee last year.

D 밑줄 친 부분의 용법이 나머지 셋과 <u>다른</u> 것을 고르세요.

① This book will tell you a very <u>surprising</u> story.
② <u>Giving</u> to others makes you happy.
③ My condition is <u>getting</u> better in the afternoon.
④ My mother is <u>having</u> lunch with her friends.

E 두 문장을 한 문장으로 바르게 표현한 것을 고르세요.

> I saw a boy. He was singing for his mom.

① I saw a boy was singing for his mom.
② I saw a boy sang for his mom.
③ I saw a singing boy for his mom.
④ I saw a boy singing for his mom.

F 밑줄 친 부분의 해석이 <u>틀린</u> 것을 고르세요.

① The camper stayed in his <u>sleeping</u> bag. – 잠을 자기 위한
② Our problem is <u>having</u> no time for the project. – 가지고 있는
③ He was interested in <u>building</u> a library. – 짓는 것
④ It is very polite of you <u>to say</u> that. – 말하는 것
⑤ The <u>arrested</u> criminal wanted to be forgiven. – 체포된

G 밑줄 친 ⓐ~ⓔ를 어법상 바르게 고치세요.

> Alice Munro is a Canadian author. Her book is about a girl ⓐ <u>reach</u> puberty. The writer describes the town she ⓑ <u>growing up</u> in. ⓒ <u>To traveling in time</u> is the central theme of her work. So it is hard ⓓ <u>of</u> readers to follow the order of the story. Munro was ⓔ <u>surprising</u> to receive the 2013 Nobel Prize in Literature.

ⓐ : _____   ⓑ : _____

ⓒ : _____   ⓓ : _____   ⓔ : _____

Chapter
07

문장의 확장

Voca Check

Unit 28

- [ ] donate — 동 기부하다, 기증하다
- [ ] volunteer — 명 자원봉사자
- [ ] serve — 동 제공하다, 시중을 들다
- [ ] by the end of — ~의 끝 무렵에
- [ ] couch — 명 긴 의자, 소파
- [ ] greasy — 형 기름기 많은
- [ ] be responsible for — ~에 책임이 있다

Unit 29

- [ ] predict — 동 예측하다
- [ ] work — 동 효과가 있다
- [ ] remain — 동 계속 ~이다, 남아 있다
- [ ] wonder — 동 궁금하다
- [ ] certain — 형 확실한
- [ ] incorrect — 형 틀린, 부정확한
  - (↔ correct — 형 맞는, 정확한)
- [ ] recycle — 동 재활용하다
- [ ] right away — 즉시, 곧바로
- [ ] matter — 동 중요하다, 문제되다
- [ ] look alike — 같아 보이다, 닮다
- [ ] accomplish — 동 완수하다, 성취하다
- [ ] graduation — 명 졸업

Unit 30

- [ ] order — 동 주문하다; 명령하다
- [ ] spot — 명 장소, 곳
- [ ] passport — 명 여권
- [ ] stomachache — 명 위통, 복통
- [ ] purse — 명 (특히 여성용) 지갑

- [ ] mention — 동 말하다, 언급하다
- [ ] recognize — 동 알아보다
- [ ] on one's own — 혼자, 혼자 힘으로
- [ ] destroy — 동 파괴하다
- [ ] flood — 명 홍수
- [ ] employ — 동 고용하다

Unit 31

- [ ] boil — 동 끓다, 끓이다
- [ ] cancel — 동 취소하다
- [ ] look over — ~을 살펴보다
- [ ] fall asleep — 잠들다
- [ ] release — 동 (영화 등을) 개봉하다
- [ ] stay up — 안 자다, 깨어 있다

Wrap Up

- [ ] nowadays — 부 요즘에는
- [ ] shyly — 부 수줍게, 부끄러워하며
- [ ] curious — 형 궁금한, 호기심이 많은
- [ ] goodness — 명 선량함
- [ ] unbreakable — 형 부서뜨릴 수 없는
- [ ] time goes by — 세월이 흐르다, 시간이 지나다
- [ ] fade away — (서서히) 사라지다
- [ ] scent — 명 향기
- [ ] recur — 동 회상되다, 다시 떠오르다
- [ ] remind A of B — A에게 B를 생각나게 하다
- [ ] phenomenon — 명 현상
- [ ] related to — ~와 관련 있는
- [ ] researcher — 명 연구원
- [ ] link — 동 관련되다; 연결하다

Unit 28 | 연결고리 접속사

* 접속사는 단어와 단어, 구와 구, 절과 절을 연결해요.

단어	• 접속사 •	단어	coffee **and** donuts
구	• 접속사 •	구	to go **or** not to go
절	• 접속사 •	절	I love him, **but** he doesn't love me.

* 등위접속사는 대등한 관계의 단어, 구, 절을 연결해요.

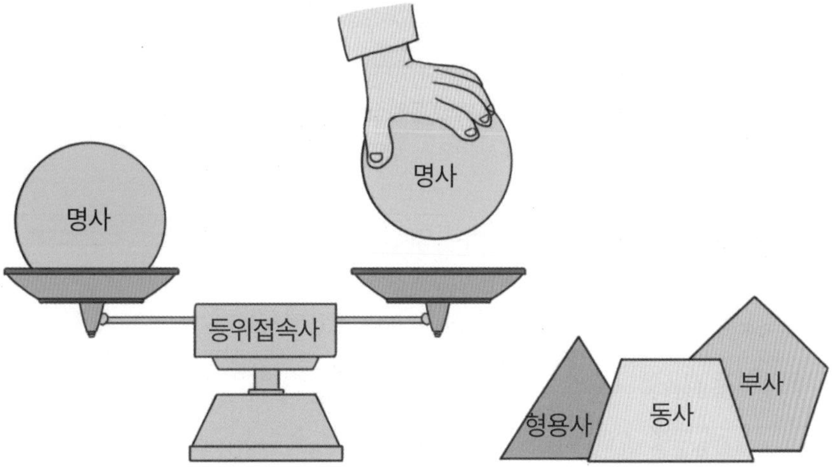

등위접속사 앞에 '명사'가 있으므로 '명사'를 연결할 수 있어요.
형용사, 동사, 부사는 '명사'와 대등하지 않으므로 연결할 수 없어요.

접속사의 역할과 종류

1) 접속사의 역할: 단어와 단어, 구와 구, 절과 절을 연결한다.

- It's sunny but windy today. [**단어와 단어**] 오늘은 화창하지만 바람이 많이 분다.
- She is interested in playing the piano and learning Chinese. [**구와 구**]
  그녀는 피아노를 치는 것과 중국어를 배우는 것에 관심이 있다.
- I listened to the radio every day when I was young. [**절과 절**] 나는 어렸을 때 매일 라디오를 들었다.
  (*접속사로 연결된 각각의 '주어+동사 ~'를 '절'이라고 한다.)

2) 접속사의 종류
① **등위접속사**: 대등한 관계의 단어, 구, 절 등을 연결한다.
- and 그리고, ~와, but 그러나, or 또는
② **종속접속사**: 종속절을 주절에 연결한다.
'종속접속사+주어+동사~'를 **종속절**이라 하며, 그 종속절과 연결되는 절을 **주절**이라고 한다.
종속절은 역할에 따라 각각 명사절, 형용사절, 부사절로 나눌 수 있다.

명사절을 이끄는 접속사	that, whether, if, 의문사 (☞ Unit 29)
형용사절을 이끄는 접속사	관계대명사, 관계부사 (☞ Unit 30)
부사절을 이끄는 접속사	when, before, after, while, if, because, though, … (☞ Unit 31)

Key 2 **등위접속사와 병렬구조**

1) 등위접속사로 연결되는 어구들은 **문법적으로 대등한 형태**여야 한다. 이를 **병렬구조**라고 한다.
- She is pretty and kind. [**형용사-형용사**] 그녀는 예쁘고 친절하다.
- She enjoys **donating** money or **doing** volunteer work. [**동명사구-동명사구**]
  그녀는 돈을 기부하거나 자원봉사 활동을 하는 것을 즐긴다.
- The flight attendant served dinner, **but** he didn't eat. [**절-절**]
  승무원이 저녁을 가져다주었지만, 그는 먹지 않았다.

2) 셋 이상의 어구가 나열될 때는 쉼표(,)로 연결하고 마지막 어구 앞에 등위접속사를 쓴다.
- Could you put milk, sugar, **and** lemon in my tea? 제 차에 우유, 설탕, 그리고 레몬을 넣어 주시겠어요?

Key 3 **상관접속사와 병렬구조**

상관접속사는 등위접속사와 다른 단어가 짝을 이루어 함께 쓰이는 접속사이다. 등위접속사와 같이 병렬구조를 이룬다.

both A **and** B	A와 B 둘 다	**not only** A **but (also)** B = B **as well as** A	A뿐만 아니라 B도
either A **or** B	A와 B 둘 중 하나	**neither** A **nor** B	A와 B 둘 다 아닌

[**주의**] 상관접속사로 연결된 구가 주어 자리에 올 경우, 수일치에 주의하자. 'both A and B'의 수는 복수이므로 복수동사가 와야 하며,
나머지는 B의 수에 수일치를 한다.

- **Both** students **and** teachers **were** shocked by the news. 학생들과 선생님들 모두 그 소식에 충격을 받았다.
- **Not only** I **but (also)** she likes the novel. 나뿐만 아니라 그녀도 그 소설을 좋아한다.
  (= She **as well as** I likes the novel.)
- He wanted **either** to drink something cold **or** to take a nap. 그는 차가운 것을 마시거나 낮잠을 자고 싶었다.
- **Neither** the library **nor** the bookstore has the book. 도서관과 서점 둘 다 그 책을 가지고 있지 않다.

Check Up

정답 및 해설 p.35

A 문장에서 접속사를 찾아 밑줄을 긋고, 접속사로 연결된 것의 종류가 보기에서 무엇에 해당하는지 고르세요.

| 보기 | ⓐ 명사(구)-명사(구) ⓑ 형용사-형용사 ⓒ 동명사구-동명사구 ⓓ to부정사구-to부정사구 ⓔ 절-절

This cake is big <u>and</u> delicious. (ⓑ)

→ 등위접속사 and의 앞뒤로 형용사 big과 delicious가 병렬구조로 연결되어 있어요.

1 I bought some meat and fruit at the market. ( )

2 We were tired but happy by the end of the day. ( )

3 He decided to get up early and to do exercise. ( )

4 She ran fast, but she was late for school. ( )

5 I like reading novels and watching movies. ( )

B 괄호 안에서 알맞은 것을 고르세요.

My friend and I planned to meet and (playing /⟨to play⟩) today.

→ 등위접속사 and로 연결되는 대상은 서로 문법적 성격이 대등해야 해요. and 앞에 to부정사 to meet가 있으므로 and 뒤에도 to부정사가 와야 해요. 이때 and 뒤에 오는 to부정사의 to는 생략되는 경우가 많아요.

1 You can change your password quickly and (easy / easily).

2 She likes to paint and (enjoying / enjoys) baking cookies.

C 우리말에 맞는 상관접속사를 보기에서 골라 문장을 완성하세요.

| 보기 | both A and B / either A or B / neither A nor B / not only A but also B / B as well as A

I like ___both___ riding my bicycle ___and___ going skiing. (자전거를 타는 것과 스키 타러 가는 것 둘 다)

→ riding my bicycle과 going skiing이라는 두 개의 어구를 상관접속사인 <both A and B>를 써서 표현하고, 'A와 B 둘 다'라고 해석해요.

1 _____ Gloria _____ her friends are interested in taking photos.
(글로리아뿐만 아니라 그녀의 친구들도)

2 You can _____ visit us tomorrow _____ send an email.
(내일 우리를 찾아오거나 이메일을 보내거나)

3 Robin received a trophy _____ 1,000 dollars. (1,000달러의 상금뿐만 아니라 트로피도)

4 Their house is _____ big _____ small. (크지도 작지도 않은)

5 My sister can play _____ the violin _____ the piano. (바이올린과 피아노 둘 다)

Level Up

정답 및 해설 p.35

A 문장에서 주어진 접속사가 들어갈 위치를 고르세요.

both	I ① want ✓② to watch TV ③ and ④ to stay ⑤ on the couch.

→ both는 and와 함께 상관접속사 〈both A and B〉를 이뤄요. 문장에서 and 앞뒤로 to부정사가 동등하게 있으니, to watch TV 앞에 both를 넣어 〈both to부정사 and to부정사〉로 연결해주세요.

1 **and** We ① saw ② tigers, ③ horses, ④ elephants ⑤ at the zoo.

2 **but** The boxes ① were ② heavy, ③ the girl ④ moved them ⑤ alone.

3 **either** Cheerleaders ① can ② be ③ boys ④ or ⑤ girls.

4 **or** Can ① I ② go ③ there ④ by subway ⑤ by bus?

B 괄호 안에서 알맞은 것을 고르세요.

Either you (and /ⓞr) I should stay at home.

→ either는 or와 함께 상관접속사 〈either A or B〉를 이뤄요. 'A와 B 둘 중 하나'라고 해석하세요.

1 Both Marcus and Hue (is / are) responsible for the accident.

2 Amy neither ate mushrooms (nor / or) drank tomato juice.

3 Give him not only some soup (but / and) also a salad.

4 Neither he nor his sons (has / have) a driver's license.

5 Ryan as well as his friends (is / are) coming for lunch.

C 밑줄 친 부분이 어법상 맞으면 ○, 틀리면 ✕ 표시하고 바르게 고치세요.

He's going to take a shower and <u>going</u> to bed.	→	✕, (to) go

→ 등위접속사 and 앞뒤로 무엇이 연결되는지 확인하세요. 문맥상 is going to(~할 것이다)의 to take와 연결되는 것이 자연스러우므로 going을 (to) go로 고치세요. 이때 and 뒤에 오는 to는 생략할 수 있어요.

1 She was sleeping but not <u>dreaming</u>. → _____

2 Are you going to eat here <u>and</u> to take the food out? → _____

3 Sophia and <u>me</u> were best friends in high school. → _____

4 Dan wants to study Korean and <u>learning</u> about Korean culture. → _____

Unit 29 | 명사 자리에 오는 절

✱ '접속사+주어+동사~'가 명사 자리에 오면 **명사절**이라고 해요.

접속사 + 주어 + 동사 + ~	명사절은 문장에서 명사처럼 주어, 목적어, 보어 역할을 해요.

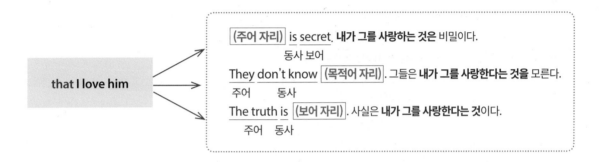

that I love him

(주어 자리) is secret. **내가 그를 사랑하는 것은** 비밀이다.
　　　　　　동사 보어
They don't know (목적어 자리). 그들은 **내가 그를 사랑한다는 것을** 모른다.
주어　　동사
The truth is (보어 자리). 사실은 **내가 그를 사랑한다는 것이**다.
주어　　동사

✱ 의문문이 문장에서 명사 자리에 오면 **명사절**이에요.

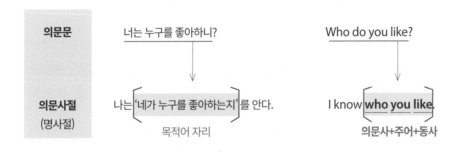

의문문　너는 누구를 좋아하니?　　　　Who do you like?

의문사절
(명사절)　나는 '네가 누구를 좋아하는지'를 안다.　I know **who you like**.
　　　　　　　　목적어 자리　　　　　　　의문사+주어+동사

일반적인 의문문의 어순은 '의문사 + 동사 + 주어'이지만,
간접의문문에서는 의문사가 접속사 역할을 하므로 뒤에 **'주어 + 동사'**가 나와요.

. . . .

명사절을 이끄는 접속사에는 that, whether, if, 의문사 등이 있으며, 문장에서 주어, 목적어, 보어 자리에 온다.

- She didn't believe **the fact**. (명사구 목적어) 그녀는 **그 사실을** 믿지 않았다.
- She didn't believe **that** the accident happened. 그녀는 **그 사고가 발생한 것을** 믿지 않았다.
    접속사   + 주어   + 동사

→ 접속사로 시작하고 '주어+동사 ~' 절이 나온다. 명사 자리에 온다. (→ 명사절)

Key 2 that, whether, if

. . . .

1) that으로 시작하는 명사절: '~ 하는 것'으로 해석하며, 주어, 목적어, 보어 자리에 온다.
- **That** I know you is lucky. [주어] → It is lucky **that** I know you. **내가 너를 아는 것은** 행운이다.
    (→ that절이 주어 자리에 온 경우 보통 가(짜)주어 it을 쓰고 진(짜)주어 that절은 문장 뒤로 보낸다.)
- I know **(that)** he will come to the party. [목적어] 나는 **그가 파티에 올 거라는 것을** 안다.
    (→ that절이 목적어 자리에 온 경우 접속사 that은 생략할 수 있다.)
- The surprising news is **that** she suddenly moved to New York. [보어]
  놀라운 소식은 **그녀가 갑자기 뉴욕으로 이사했다**는 것이다.

2) **whether**로 시작하는 명사절: '~인지 (아닌지)'로 해석하며, 주어, 목적어, 보어 자리에 온다.
- **Whether** she comes or not is important. [주어] 그녀가 올지 안 올지는 중요하다.
- I can't predict **whether** the plan will work. [목적어] 나는 **그 계획이 효과가 있을지** 예측할 수 없다.
- The question is **whether** he can finish it today. [보어] 문제는 그가 오늘 그것을 끝낼 수 있을지이다.

3) if로 시작하는 명사절: '~인지 아닌지'로 해석하며, 주로 목적어 자리에만 쓰인다.
- She asked **if** I wanted to take a vacation. [목적어] 그녀는 **내가 휴가를 가고 싶은지** 물었다.
    cf. if가 이끄는 절이 부사 역할을 하는 경우 '만약 ~라면'으로 해석한다. (☞ Unit 31)

Key 3 간접의문문

. . . .

의문문이 문장의 일부분을 이루어 명사절 역할을 할 때 이를 '간접의문문'이라고 하는데, 어순에 유의해야 한다.
1) 의문사가 있는 의문문이 간접의문문에 쓰일 때: ~ 의문사+**주어+동사**
- **Who they are** remains a mystery. [주어] **그들이 누구인지는** 미스터리로 남아있다.
    의문사+주어+동사, who are they (X) (← Who are they? + It remains a mystery.)
- He asked me **who made** it. [목적어] 그는 나에게 **그것을 누가 만들었는지**를 물었다.
    (→ who가 의문사이자 주어(누가)이므로 뒤에 바로 동사가 나온다.)
- Do you remember **where I parked** my car? [목적어] 당신은 **내가 어디에 주차했는지**를 기억해요?
- The teacher wanted to know **why I was** late. [목적어] 선생님은 **내가 왜 늦었는지**를 알고 싶어 하셨다.

2) 의문사가 없는 의문문이 간접의문문에 쓰일 때: ~ if[whether]+**주어+동사** (~인지 (아닌지))
- I wonder **if[whether]** Danny likes Korean food. [목적어] 나는 **대니가 한국 음식을 좋아하는지** 궁금하다.
    (← I wonder. + Does Danny like Korean food?)
- Do you know **if[whether]** she came by here? [목적어] 너는 **그녀가 여기 왔었는지** 아니?
    (← Do you know? + Did she come by here?)

Check Up

정답 및 해설 p.36

A 문장에서 명사절을 찾아 밑줄을 긋고, 주어, 목적어, 보어 중에서 어떤 역할을 하는지 쓰세요.

| It is certain <u>that his answer is incorrect</u>. | → | 주어 |

→ 접속사 that이 이끄는 명사절이 주어 자리에 올 때 that절을 뒤로 보내고 원래 주어 자리에는 가주어 It을 써요.

1   I am considering whether I have to buy it or not.   → _____

2   I heard that my teacher had a traffic accident yesterday.   → _____

3   My point is that I need your help right away.   → _____

4   We don't know if she met him after then.   → _____

5   Whether it will rain or snow does not matter.   → _____

B 밑줄 친 부분에 유의해서 문장을 해석하세요.

| The students learned <u>that recycling is necessary for the Earth</u>. |
| → _____ 학생들은 재활용이 지구를 위해 필요하다는 것을 배웠다. |

→ 접속사 that이 이끄는 명사절이 동사 learned의 목적어 자리에 있으니 '~하는 것을'이라고 해석해요.

1   It is shocking <u>that his cat disappeared suddenly</u>.

→ _____

2   She asked me <u>if I was ready to go</u>.

→ _____

3   <u>Whether the story is true or not</u> is not certain.

→ _____

C 다음 두 문장을 연결하여 한 문장으로 만들어 보세요.

| I wonder. + When does summer vacation end? → | I wonder when summer vacation ends. |

→ 의문문이 문장의 일부를 이루어 명사절 역할을 하는 간접의문문을 만드는 거예요. 의문사가 있는 의문문이 간접의문문에 쓰일 때는 〈의문사(when)+주어(summer vacation)+동사(ends)〉의 어순으로 쓰는 것에 주의하세요.

1   Can you tell me? + What is your phone number?

→ _____

2   I don't know. + Does Irene want to join us?

→ _____

3   Do you know? + Who made this cake?

→ _____

Level Up

정답 및 해설 p.36

A 우리말과 같은 뜻이 되도록 괄호 안에서 알맞은 것을 고르세요.

> 나는 그녀와 내가 닮았는지 모르겠다. → I don't know (that / (whether)) she and I look alike.

→ that은 '~라는 것'으로 해석되고, whether는 '~인지 아닌지'라는 불확실한 내용을 나타내요. 문장에 don't know(모른다)라는 의문의 내용이 있으므로 whether가 적절해요.

1 그녀가 그를 좋아하는지 아닌지는 우리에게 분명하지 않다.

→ (Whether / If) she likes him is not clear to us.

2 제니는 무언가 잘못되었다는 것을 알았다.

→ Jenny knew (that / whether) something was wrong.

3 그녀가 어제 아팠다는 것은 사실이었다.

→ It was true (that / if) she was sick yesterday.

B 우리말과 같은 뜻이 되도록 주어진 단어를 올바르게 배열하세요.

> 그녀가 회의에 참석했다는 것은 확실하다. (she / the / attended / that / meeting)
> → It is certain ___that she attended the meeting___ .

→ 가주어 It이 있으면 뒤에 진주어인 that절이 나와요. 절 안에 〈주어+동사 ~〉의 어순으로 들어가 있는지 확인하세요.

1 중요한 것은 내가 목표를 성취했다는 것이다. (I / the goal / that / accomplished)

→ The important thing is _____ .

2 나는 그가 내 선물을 좋아할지 잘 모르겠다. (will / my / he / if / like / present)

→ I'm not sure _____ .

3 나는 왜 그가 어제 화가 났는지 모른다. (he / why / was / angry / yesterday)

→ I don't know _____ .

C 문장에서 <u>틀린</u> 부분을 찾아 바르게 고치세요.

> Joshua doesn't know what should he do next. → ___should he → he should___

→ 의문사 what이 이끄는 명사절이 목적어 자리에 쓰여 간접의문문의 어순이 되어야 해요. 〈의문사(what)+주어(he)+동사(should do)〉의 어순으로 써주세요.

1 Can you explain what do you do here? → _____

2 Amber didn't tell me why did she lie to me. → _____

3 Julie said whether she would study with him after school. → _____

4 I wonder that whether he will come to my graduation party. → _____

154 Chapter 07 문장의 확장

Unit 30 | 명사 뒤에서 명사를 꾸미는 절

✻ 형용사 역할을 하는 절(주어+동사 ~)을 관계사절이라고 해요.

책	a book
재미있는 책	an interesting book
책상 위에 있는 책	a book on the desk
차에서 읽을 책	a book to read in the car
유용한 정보가 들어있는 책	a book containing useful information
내가 어제 읽은 책 주어 동사	?

✻ 관계사는 절을 이끌어 명사를 뒤에서 꾸며줘요.

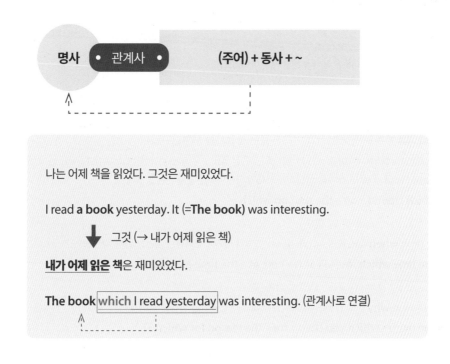

나는 어제 책을 읽었다. 그것은 재미있었다.

I read **a book** yesterday. It (=**The book**) was interesting.

⬇ 그것 (→ 내가 어제 읽은 책)

내가 어제 읽은 책은 재미있었다.

The book which I read yesterday was interesting. (관계사로 연결)

. . . .

관계대명사는 접속사와 대명사의 역할을 동시에 하며, 관계대명사가 이끄는 절은 선행사(앞에 나오는 명사)를 뒤에서 꾸며준다.

- I have **a friend**. + **She** was born in Japan.
  - → I have **a friend who** was born in Japan. 나는 **일본에서 태어난** 친구 한 명이 있다.
    선행사

Key 2 관계대명사의 종류
. . . .

선행사	주격	목적격	소유격
사람	who	who(m)	whose
사물, 동물	which		

    cf. 주격과 목적격 관계대명사 who, whom, which 대신에 **that**을 쓸 수 있다.

1) **주격** 관계대명사: 관계대명사가 이끄는 절에서 **주어** 역할
   - **The man** lives in my neighborhood. + **He**(=The man) wrote this book.
     - → **The man** [**who** wrote this book] lives in my neighborhood. **이 책을 쓴** 사람은 나의 동네에 산다.

2) **목적격** 관계대명사: 관계대명사가 이끄는 절에서 **목적어** 역할
   - **The bread** is my favorite. + You chose **it**(=the bread).
     - → **The bread** [**which** you chose] is my favorite. **네가 고른** 빵은 내가 가장 좋아하는 거야.
   - I finally found **the man**. + I was looking for **him**(=the man).
     - → I finally found **the man** [**whom** I was looking for ●]. **내가 찾고 있던** 사람을 드디어 발견했다.

3) **소유격** 관계대명사: 관계대명사가 이끄는 절에서 **소유격** 역할
   - **The man** called the police. + **His**(=The man's) wallet was stolen.
     - → The man [**whose** wallet was stolen] called the police. **지갑을 도둑맞은** 그 남자는 경찰에 전화했다.

4) **관계대명사 what**: the thing(s) that(~하는 것(들))의 의미로, 선행사를 포함한다. 그러므로 문장에서 주어, 목적어, 보어가 되는 명사절을 이끈다.
   - This is not **what** I ordered. **[보어]** 이것은 **제가 주문한 것**이 아니에요.

Key 3 관계부사
. . . .

관계부사는 접속사와 부사의 역할을 하며, 관계부사가 이끄는 절은 선행사를 꾸며준다.

1) **where**: 선행사가 장소(place, room, country, city 등) 또는 추상적인 공간(situation, circumstance 등)인 경우
   - This is **the spot where** I found your passport. 이곳이 **내가 당신의 여권을 발견한** 장소예요.
         (= the spot **which** I found ~ **on** = the spot **on which** ~)

2) **when**: 선행사가 시간(time, day, year 등)인 경우
   - Can you tell me **the time when** she will arrive here? **그녀가 여기에 도착하는** 시간을 알려주시겠어요?
         (= the time **which** she will arrive here **at** = the time **at which** ~)

3) **why**: 선행사가 원인(reason)인 경우
   - I want to know **the reason why** you cried yesterday. **네가 어제 울었던** 이유를 알고 싶어.
         (= the reason **which** you cried ~ **for** = the reason **for which** ~)

4) **how**: 선행사가 방법(way)인 경우 **[주의]** 관계부사 how는 선행사 the way와 how 중 하나만 쓴다.
   - I asked him **the way** he fixed my camera. 나는 그에게 **그가 내 카메라를 고친** 방법을 물었다.
         (= I asked him **how** ~. (O), I asked him **the way how** ~. (X))

Check Up

A 문장에서 밑줄 친 부분이 선행사일 때, 관계대명사로 바꿀 수 있는 부분을 찾아 동그라미 치세요.

> I have a friend. + (She) wants to be a teacher.

→ 두 문장을 하나로 만들 때 공통된 것이 있다면, 앞 문장에 있는 것이 선행사예요. 뒤 문장에서는 공통된 단어를 없애고, 관계대명사로 바꾸세요.
I have a _friend_ **who** wants to be a teacher.

1 The snake was dead. + It was found in the backyard.

2 The medicine was for her stomachache. + She took it last night.

3 I am looking for a boy. + His name is Gabriel.

B 괄호 안의 단어 중에서 알맞은 것을 고르고, 주격, 목적격, 소유격 중에서 무엇인지 쓰세요.

> A strawberry is a fruit (who / (which)) is red and sweet. → ____주격____

→ 선행사인 A strawberry는 사물이고, 관계대명사가 동사 앞에 위치해서 주어 역할을 하고 있어요. 따라서 주격 관계대명사인 which가 적절해요.

1 The girl (who / whom) is wearing the pink dress is my friend. → _____

2 She is the woman (who / whose) purse was stolen. → _____

3 Look at the mountain (which / whose) looks like a white elephant. → _____

4 I went to the restaurant (whom / which) you mentioned. → _____

5 He's an actor (whom / whose) everyone would recognize. → _____

C 우리말과 같은 뜻이 되도록 빈칸에 알맞은 단어를 쓰세요.

> 그는 나에게 내가 어떻게 아내를 만났는지를 물어보았다. → He asked me __how__ I met my wife.

→ '어떻게', '방법'이라는 뜻은 관계부사 how로 나타낼 수 있어요. the way와 how는 함께 쓸 수 없다는 점에 주의하세요.

1 우리는 셰익스피어가 태어난 집을 방문했다.
   → We visited the house _____ Shakespeare was born.

2 나는 너를 처음 보았던 그 날을 잊을 수가 없다.
   → I can't forget the day _____ I first saw you.

3 그것이 그녀가 학교에 지각한 이유이다.
   → That's the reason _____ she was late for school.

4 나는 네가 영어를 혼자서 공부하는 방법이 궁금하다.
   → I wonder _____ you study English on your own.

Level Up

정답 및 해설 p.37

A 두 문장을 관계대명사를 이용하여 한 문장으로 만드세요. (관계대명사 that은 제외)

> The paintings are very old. + The paintings are hanging in the living room.
> → The paintings ___which are hanging in the living room are very old___ .

→ 두 개의 문장에 사물인 the paintings가 공통으로 들어가 있고, 두 번째 문장에서는 주어 역할을 해요. 그러므로 두 문장을 which로 연결해서 선행사인 the paintings를 꾸며주면 돼요.

1 I saw a girl. + The girl looked just like my friend.
→ I saw a girl _____ .

2 The sandwich was delicious. + My mom made it in the morning.
→ The sandwich _____ was delicious.

3 The man was shocked. + His house was destroyed by the flood.
→ The man _____ was shocked.

B 두 문장을 관계부사를 이용하여 한 문장으로 만드세요.

> I still remember the day. + I first saw my little sister on the day.
> → I still remember the day ___when I first saw my little sister___ .

→ 두 문장에 the day가 공통으로 들어가 있어요. 선행사가 시간인 경우 관계부사 when이 두 문장을 연결해요. when절은 앞에 있는 명사인 the day를 꾸미는데, '내가 내 여동생을 처음 본 날'이라고 해석해 주세요.

1 This is the town. + I lived here ten years ago.
→ This is the town _____ .

2 There were some reasons. + I couldn't call you for some reasons.
→ There were some reasons _____ .

C 문장에서 틀린 부분을 찾아 바르게 고치세요.

> He didn't understand which I explained.　　　→ ___which → what___

→ 관계대명사 which 앞에 선행사가 없고, didn't understand의 목적어 역할을 할 수 있는 명사절이 필요한 것으로 보아, 선행사를 포함하며 명사절을 이끌 수 있는 관계대명사인 what으로 고쳐야 해요.

1 Mina loves to see movies which has happy endings.　　→ _____

2 She employed the chef who recipes satisfied her customers.　→ _____

3 I know the children who they are playing over there.　→ _____

4 Aubrey was reading the book who was really exciting.　→ _____

✖ 부사절은 시간이나 조건 등을 나타내는 부사 역할을 하는 절을 말해요

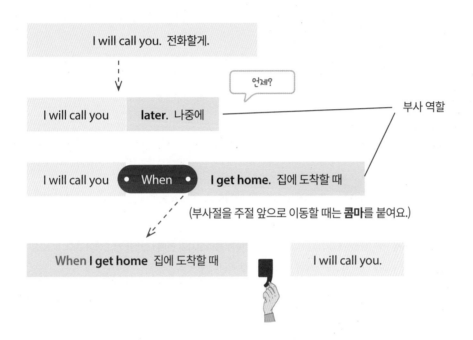

✖ 부사절은 분사구문으로 바꿔 표현할 수 있어요.

분사구문에는 '주어'와 '접속사'가 숨겨져 있어요.
① 주절의 주어와 같으므로 생략했음을 알 수 있어요.
② 접속사는 문맥 또는 논리 관계를 따지면 알 수 있어요.

Key 1 부사절과 분사구문

1) 부사절: 시간, 조건, 이유, 양보, 대조 등을 나타내는 접속사로 시작하며, 문장에서 부사 역할을 한다.
   부사절은 주절의 앞뒤에 올 수 있다.
   - <u>**When** I entered the room</u>, I saw him sleeping. = I saw him sleeping <u>**when** I entered the room</u>.
           부사절   주절   주절   부사절
     내가 방에 들어갔을 때, 나는 그가 자고 있는 것을 보았다.

2) 부사절은 부사구(분사구문)로 바꿔 표현할 수 있다.
   - <u>**When** I entered the room</u>, I saw him sleeping.
     → <u>**Entering** the room</u>, I saw him sleeping.
   ① 접속사 생략, ② 주어 생략하고 (부사절의 주어와 주절의 주어가 같을 때),
   ③ (부사절의 시제가 주절의 시제와 같을 때) 동사원형에 -ing를 붙여 분사를 만든다.

Key 2 시간, 조건을 나타내는 부사절

1) 시간, 조건을 나타내는 접속사

> 시간: when ~할 때, before ~하기 전에, after ~한 후에, until ~할 때까지, while ~ 동안에, as soon as ~하자마자
> 조건: if ~라면, unless ~이 아니라면

- I have to clean my room <u>**before** my mom comes back</u>. 나는 **엄마가 돌아오시기 전에** 내 방을 청소해야 한다.
- Wait for five minutes <u>**until** the water boils</u>. **물이 끓을 때까지** 5분간 기다려 주세요.
- The doorbell rang <u>**while** we were having dinner</u>. 우리가 **저녁을 먹고 있는 동안에** 초인종이 울렸다.
- <u>**Unless** you study hard</u>, you won't pass the exam. (= **If** you don't study hard, ~)
  너는 열심히 공부하지 않으면, 시험을 통과하지 못할 것이다.

2) 시간, 조건을 나타내는 부사절에서는 미래시제를 쓰지 않는다.
   - We'll talk about it <u>**after** he gives his presentation</u>. 그가 **발표를 한 후에** 우리는 그것에 대해 이야기를 할 거야.
     (→ 'after he will give ~' (X), 미래를 나타내더라도, '현재시제'로 표현한다.)
   - <u>**If** it rains</u>, we'll take a taxi. **비가 오면** 우리는 택시를 탈 거야.
     (→ 'if it will rain ~' (X), 미래를 나타내더라도, '현재시제'로 표현한다.)

Key 3 이유, 양보를 나타내는 부사절

1) 이유를 나타내는 접속사: **because, since, as** ~때문에
   - Fast food is not healthy <u>**because** it is high in calories</u>. **패스트푸드는 칼로리가 높기 때문에** 건강에 좋지 않다.
   - <u>**As** it was so cold outside</u>, I caught a cold. **밖이 너무 추웠기 때문에** 나는 감기에 걸렸다.
   - <u>**Since** my parents traveled to Japan</u>, I couldn't see them for a week.
     부모님이 일본으로 여행을 가셨기 때문에, 나는 일주일 동안 그들을 볼 수 없었다.

2) 양보나 대조를 나타내는 접속사: **though, although** 비록 ~이지만, ~일지라도, **while** 반면에
   - <u>**Although** I ate a lot</u>, I didn't feel full. **나는 많이 먹었지만**, 배부르지 않았다.
   - On weekends, my mom always reads books <u>**while** my dad always watches TV</u>.
     주말마다 **아빠는 늘 텔레비전을 보시는 반면에** 엄마는 늘 책을 읽으신다.

Check Up

정답 및 해설 p.38

A 우리말과 같은 뜻이 되도록 보기에서 알맞은 접속사를 골라 빈칸에 쓰세요.

| 보기 | if / when / because / though / after / until / unless

그 아기는 엄마가 나타날 때까지 울었다. The baby cried ___until___ her mother appeared.

→ '~할 때까지'라는 뜻을 가진 접속사 until이 필요한 자리예요.

1 그는 비록 어리지만 무척 똑똑하다. He is very smart _____ he is young.

2 그가 요리를 끝낸 후에 손님들이 도착했다. _____ he finished cooking, the guests arrived.

3 그 케이크가 비싸다면, 우리는 사지 않을 것이다. _____ the cake is expensive, we won't buy it.

4 비가 와서 야구 경기는 취소되었다. The baseball game was cancelled _____ it rained.

5 그가 들어왔을 때 그녀는 통화를 하고 있었다. She was talking on the phone _____ he came in.

6 그녀가 바쁘지 않다면, 그녀는 너에게 전화할 것이다. _____ she is busy, she will call you.

B 주어진 단어를 이용하여 두 문장을 한 문장으로 만드세요.

Erin couldn't arrive on time. + She forgot her schedule this morning. (because)
→ _____Erin couldn't arrive on time because she forgot her schedule this morning._____

→ 제시간에 도착하지 못한 것은 아침에 일정을 잊어버렸기 때문이라는 맥락이므로, 접속사 because가 이유에 해당하는 두 번째 문장 앞에 나와요.

1 The restaurant is already popular in town. + The restaurant recently opened. (though)

→ _____

2 You should look over the paper. + You send it to Alice. (before)

→ _____

C 다음 부사절을 분사구문으로 만들 때 빈칸을 채워 보세요.

After she washed her hands, she had lunch. → ___Washing her hands___, she had lunch.

→ 분사구문을 만들 때는 접속사를 생략하고, 중복되는 주어인 she를 생략해요. 시제가 같으므로 동사에 -ing를 붙여 washing으로 고치세요.

1 When she turned right, she found the school.

→ _____, she found the school.

2 Because he felt sick, he cancelled the class.

→ He cancelled the class, _____.

Level Up

정답 및 해설 p.38

A 괄호 안에서 알맞은 것을 고르세요.

> She will miss the train (if / ~~unless~~) she hurries up.

→ 서두르지 않으면 기차를 놓칠 것이라는 맥락이므로 '~하지 않으면'이라는 뜻을 가진 접속사 unless가 필요해요.

1   (As soon as / Until) he went to bed, he fell asleep.

2   The picnic was cancelled (since / unless) the weather was so cold.

3   (Though / Since) she was sick, she went to school.

4   I like him (because / though) he is a kind person.

5   Let's go to the mall (after / while) you finish your homework.

6   She heard a strange sound (though / while) she was taking a walk.

B 두 문장의 뜻이 같도록 빈칸에 알맞은 접속사를 넣으세요.

> I finished my work before I went swimming. = I went swimming _after_ I finished my work.

→ 수영을 하러 가기 전에 일을 마쳤다면, 일을 마치고 나서 수영을 하러 갔다고 바꿔 말할 수 있어요. '~ 이후에'를 뜻하는 접속사 after가 필요해요.

1   Since she is not busy, she can take a break.

= _____ she is not busy, she can take a break.

2   It snowed a lot, but they climbed the mountain.

= _____ it snowed a lot, they climbed the mountain.

3   I can't tell you the secret if you don't promise to keep it a secret.

= I can't tell you the secret _____ you promise to keep it a secret.

C 밑줄 친 부분을 바르게 고치세요.

> Brook decided to join a band <u>though</u> she likes to play the guitar.   →   _because_

→ 기타 치는 것을 좋아해서 밴드에 가입하기로 결심하는 것이 자연스러우므로 '~때문에'를 뜻하는 접속사 because가 적절해요.

1   If the film <u>will be released</u> in Korea, many people will go to see it. → _____

2   <u>Look</u> around, she saw the white rabbit on the hill.   → _____

3   <u>As</u> I was sick, I stayed up all night to study.   → _____

A 빈칸에 들어갈 말로 알맞은 것을 고르세요.

1 I like movies _____ I don't go to the theater nowadays.

①and   ②but   ③or   ④then

2 Rachel is kind, smart, and _____.

①honesty   ②shyly   ③curious   ④goodness

3 I don't know _____ the answer is correct or not.

①that   ②whether   ③and   ④neither

4 The boy _____ waited for me was Ted.

①which   ②who   ③whom   ④whose

5 I couldn't sleep _____ the bed was so uncomfortable.

①though   ②unless   ③because   ④if

B 보기의 밑줄 친 that과 쓰임이 같은 것을 고르세요.

| 보기 | It is true <u>that</u> she broke her leg last spring.

① She lost a purse <u>that</u> she bought yesterday.
② I believe <u>that</u> Ted will solve his problems.
③ We saw a musical <u>that</u> was really exciting.
④ Do you know a person <u>that</u> speaks German very well?

C 밑줄 친 부분의 쓰임이 어법상 알맞은 것을 고르세요.

① He is the father of the two babies <u>whose</u> are crying all the time.
② Is there a dish <u>who</u> is really unbreakable?
③ I lost the earrings <u>which</u> I had bought last weekend.
④ Anne lives in the house <u>which</u> roof is painted green.

D 보기의 밑줄 친 when과 쓰임이 <u>다른</u> 것을 <u>모두</u> 고르세요.

> | 보기 | I remember the day <u>when</u> we went to the zoo.

① The time <u>when</u> she called me was too late.
② We don't know <u>when</u> she will come back.
③ December is the month <u>when</u> winter vacation starts.
④ <u>When</u> it snows, I want to stay at home.

E 다음 두 문장을 한 문장으로 바꿀 때, 빈칸에 들어갈 수 <u>없는</u> 것을 고르세요.

> We are interested in science. And we are also interested in math.
> → We are interested in _____.

① science and math
② both science and math
③ either science or math
④ not only science but also math

F 다음 중 우리말을 영어로 옮긴 것이 <u>어색한</u> 것을 고르세요.

① 그녀는 열심히 공부했기 때문에 높은 점수를 받았다.
  → Since she studied hard, she got a high score.
② 네가 빨리 달리지 않으면, 학교에 늦을 것이다.
  → Unless you run fast, you'll be late for school.
③ 비록 그는 매우 나이 들었지만, 그는 계속 공부를 한다.
  → Though he is very old, he keeps studying.
④ 시간이 지남에 따라, 우리의 기억은 사라져갈 것이다.
  → Until time goes by, our memories will fade away.

고난도
G 밑줄 친 ⓐ~ⓔ를 어법상 바르게 고치세요.

> There is a famous saying about scent and memory. ⓐ *"Then I smelled madeleine, the old memory recurred."* People ⓑ <u>whom</u> smelled scents can remember their old memories. For example, you can be reminded of childhood ⓒ <u>smelled</u> the scent of hotcakes. The phenomenon is related not only to the nose ⓓ <u>nor</u> to the brain. Researchers still don't know ⓔ <u>the way how</u> scent and memory are linked.
>
> *madeleine: 마들렌 (카스텔라의 일종)

ⓐ : _____ ⓑ : _____

ⓒ : _____ ⓓ : _____ ⓔ : _____

1 구문　판매 1위 '천일문' 콘텐츠를 활용하여 정확하고 다양한 구문 학습

끊어읽기　해석하기　문장 구조 분석　해설·해석 제공　단어 스크램블링　영작하기

2 문법·서술형　쎄듀의 모든 문법 문항을 활용하여 내신까지 해결하는 정교한 문법 유형 제공

객관식과 주관식의 결합　문법 포인트별 학습　보기를 활용한 집합 문항　내신대비 서술형　어법+서술형 문제

3 어휘　초·중·고·공무원까지 방대한 어휘량을 제공하며 오프라인 TEST 인쇄도 가능

영단어 카드 학습　단어 ↔ 뜻 유형　예문 활용 유형　단어 매칭 게임

4 선생님 보유 문항 이용

Online Test　OMR Test

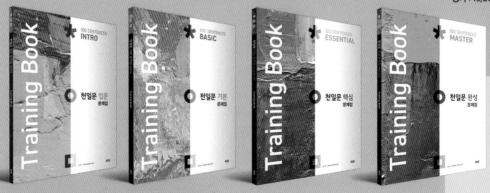

1센치 영문법

1센치 영문법

정답 및 해설

Chapter 01 영어문장의 구성 원리

Unit 01

Check Up
p.17

A	1 door 2 letter, Japan 3 She, dogs
B	1 bought 2 is 3 left
C	1 old 2 useful 3 famous
D	1 always 2 Suddenly 3 very, seriously

A **1** door는 사물을 나타내는 명사이다.
2 letter는 사물을 나타내는 명사이고, Japan은 지명을 나타내는 명사이다.
3 She는 사람을 대신하는 대명사이고, dogs는 동물을 나타내는 명사이다.
B **1** 아이스크림을 '사주었다'는 행동을 나타내는 bought가 동사이다.
2 학교에 '있다'는 상태를 나타내는 is가 동사이다.
3 '떠났다'는 동작을 나타내는 left가 동사이다.
C **1** 형용사 old가 명사 tree를 꾸며준다.
2 형용사 useful이 문장의 보어 역할을 한다.
3 형용사 famous가 명사 writer를 꾸며준다.
D **1** 부사 always가 동사 chooses를 꾸며준다.
2 부사 Suddenly가 문장 전체를 꾸며준다.
3 부사 very가 부사 seriously를 꾸며주고, very seriously가 동사 took를 꾸며준다.

Level Up
p.18

A	1 O 2 O 3 X 4 O 5 O
	6 X 7 X 8 X 9 X
B	1 명사−목적어 2 명사−보어 3 명사−목적어
	4 동사−서술어, 형용사−보어
	5 동사−서술어, 형용사−수식어

A **해석** 헨리는 작가가 되었다.
1 동사(bought) 앞에서 '그녀는'이라는 의미로 문장의 주어 역할을 하므로 주어가 맞다.
해석 그녀는 어제 빨간 구두를 샀다.
2 동사(found) 뒤에서 '그 호수를'이라는 의미로 동사의 대상이 되므로 목적어가 맞다.
해석 나는 숲에서 그 호수를 쉽게 찾았다.
3 동사(put) 뒤에서 '그의 손을'이라는 의미로 동사의 대상이 되므로 목적어이다. 그러므로 정답은 X이다.
해석 그는 내 어깨에 그의 손을 얹었다.
4 주어(The novel) 뒤에서 '~인 것 같다'는 의미로 주어의 상태를 나타내므로 서술어가 맞다.
해석 그 소설은 재미있는 것 같다.
5 동사(is) 앞에서 '이 수프는'이라는 의미로 문장의 주어 역할을 하므로 주어가 맞다.

해석 이 수프는 만들기 쉽다.
6 주어(The last leaf) 뒤에서 '떨어졌다'는 의미로 주어의 동작을 나타내므로 서술어이다. 그러므로 정답은 X이다.
해석 마지막 잎이 떨어졌다.
7 동사(saw) 뒤에서 '그를'이라는 의미로 동사의 대상이 되므로 목적어이다. 그러므로 정답은 X이다.
해석 나는 서점에서 그를 보았다.
8 동사(is) 뒤에서 '아름다운'이라는 의미로 주어의 상태를 나타내므로 보어이다. 그러므로 정답은 X이다.
해석 이 시는 아름답다.
9 주어(I) 뒤에서 '받았다'는 의미로 주어의 행동을 나타내므로 서술어이다. 그러므로 정답은 X이다.
해석 나는 그 소포를 받았다.
B **해석** 나는 어제 분홍색 셔츠를 골랐다.
1 명사 Paris는 동사(visited) 뒤에서 동사의 대상이 되므로 목적어 역할을 한다.
해석 그녀는 2013년에 파리를 방문했다.
2 명사(구) a model은 동사(became) 뒤에서 보어 역할을 한다.
해석 노라는 스무 살에 모델이 되었다.
3 명사(구) the movie는 동사(saw) 뒤에서 동사의 대상이 되므로 목적어 역할을 한다.
해석 그는 지난 일요일에 그 영화를 봤다.
4 동사 tastes는 주어(Chocolate) 뒤에서 '~한 맛이 나다'라는 의미로 서술어 역할을 하며, sweet는 형용사로 동사 뒤에서 보어 역할을 한다.
해석 초콜릿은 매우 달콤한 맛이 난다.
5 동사 built는 주어(The actor) 뒤에서 '~을 만들었다'라는 의미로 서술어 역할을 하며, solid는 목적어 역할을 하는 명사 muscles를 꾸며주는 형용사이다.
해석 그 배우는 단단한 근육을 만들었다.

Unit 02

Check Up
p.21

A	1 tropical fruits−명사구
	2 This question−명사구, very easy−형용사구
	3 the small kitten−명사구
	4 an exciting story−명사구
	5 This cookie−명사구, really soft−형용사구
	6 the books−명사구, very cautiously−부사구
	7 very well−부사구
	8 a yellow umbrella−명사구
	9 extremely fast−부사구
	10 That tree−명사구, especially tall−형용사구
B	1 in the winter−시간 2 on the board−장소

3 after my piano lesson−시간
4 for five years−시간

A **해석** 그녀는 친한 친구이다.
1 형용사 tropical과 명사 fruits가 결합해 명사구가 된다.
해석 나는 열대 과일을 좋아한다.
2 지시형용사 This와 명사 question이 결합해 명사구가 된다. 부사 very와 형용사 easy가 결합해 형용사구가 된다.
해석 이 질문은 아주 쉽다.
3 관사 the, 형용사 small과 명사 kitten이 결합해 명사구가 된다.
해석 나는 작은 새끼 고양이를 발견했다.
4 관사 an, 형용사 exciting과 명사 story가 결합해 명사구가 된다.
해석 그는 흥미로운 이야기를 했다.
5 지시형용사 This와 명사 cookie가 결합해 명사구가 된다. 부사 really와 형용사 soft가 결합해 형용사구가 된다.
해석 이 쿠키는 정말 부드럽다.
6 관사 the와 명사 books가 결합해 명사구가 된다. 부사 very와 부사 cautiously가 결합해 부사구가 된다.
해석 그들은 매우 조심스럽게 책을 실었다.
7 부사 very와 부사 well이 결합해 부사구가 된다.
해석 나는 네 말이 아주 잘 들려.
8 관사 a, 형용사 yellow와 명사 umbrella가 결합해 명사구가 된다.
해석 그녀는 노란 우산을 가지고 있다.
9 부사 extremely와 부사 fast가 결합해 부사구가 된다.
해석 찰스는 굉장히 빠르게 차를 운전한다.
10 지시형용사 That과 명사 tree가 결합해 명사구가 된다. 부사 especially와 형용사 tall이 결합해 형용사구가 된다.
해석 저 나무는 특히 높다.

B **해석** 그들은 집에 있다.
1 전치사 in과 명사구인 the winter가 결합하여 '겨울에'라는 의미의 전치사구로 시간을 나타낸다.
해석 캐나다는 겨울에 눈이 많이 내린다.
2 전치사 on과 명사구인 the board가 결합하여 '칠판에'라는 의미의 전치사구로 장소를 나타낸다.
해석 그녀는 칠판에 답을 쓴다.
3 전치사 after와 명사구인 my piano lesson이 결합하여 '피아노 교습 후에'라는 의미의 전치사구로 시간을 나타낸다.
해석 나는 피아노 교습 후에 수학을 공부할 것이다.
4 전치사 for와 명사구인 five years가 결합하여 '5년 동안'이라는 의미의 전치사구로 시간을 나타낸다.
해석 나는 5년 동안 그녀를 본 적이 없다.

Level Up
p.22

A 1 large 2 really 3 quiet 4 interesting
5 heavy 6 tremendously 7 active
B 1 at 4 p.m. 2 in 2014 3 in the park
4 on the bed 5 at the airport
6 on the third floor

A **해석** 제이슨은 신입사원이다.
1 명사 bed를 꾸며주는 것은 형용사 large이다.

해석 우리는 매우 큰 침대를 샀다.
2 형용사 hot을 꾸며주는 것은 부사 really이다.
해석 그 오븐은 정말 뜨겁다.
3 명사 personality를 꾸며주는 것은 형용사 quiet이다.
해석 그녀는 조용한 성격을 지니고 있다.
4 부사는 형용사, 부사 둘 다 꾸밀 수 있지만, 여기에선 The movie 를 보충 설명하는 형용사가 필요하므로 형용사인 interesting이 정답이다. 이때 부사 really는 형용사 interesting을 꾸며준다.
해석 그 영화는 정말 재미있다.
5 명사 box를 꾸며주는 것은 형용사 heavy이다.
해석 나는 이 무거운 상자를 들 수 없다.
6 형용사 long을 꾸며주는 것은 부사 tremendously이다.
해석 이 문장은 엄청나게 길지 않다.
7 명사 student를 꾸며주는 것은 형용사 active이다.
해석 그녀는 활발한 학생이다.

B **해석** 상자 안에 책 한 권이 있다.
1 '4 p.m.'은 시간을 나타내는 정보이므로 앞에 전치사 at을 쓴다.
해석 그 영화는 오후 4시에 시작할 것이다.
2 '2014'는 시간을 나타내는 정보이므로 앞에 전치사 in을 쓴다.
해석 그 아이는 2014년에 태어났다.
3 'the park'는 장소를 나타내는 정보이므로 앞에 전치사 in을 쓴다.
해석 우리는 공원에서 걷고 있었다.
4 'the bed'는 장소를 나타내는 정보이므로 앞에 전치사 on을 쓴다.
해석 침대 위에 강아지 한 마리가 있다.
5 'the airport'는 장소를 나타내는 정보이므로 앞에 전치사 at을 쓴다.
해석 아빠는 공항에 도착하셨다.
6 'the third floor'는 장소를 나타내는 정보이므로 앞에 전치사 on 을 쓴다.
해석 그 상점은 3층에 많은 물건이 있다.

Unit 03

Check Up
p.25

A 1 타동사 2 자동사 3 타동사 4 자동사
B 1 The sun, rises 2 They, disappeared
3 Squirrels, are 4 The horse, runs
C 1 beautiful 2 red 3 strange 4 old

A **해석** 이 노래는 너를 위한 것이다.
1 동사 likes 뒤에 목적어로 쓰인 명사 music이 있으므로 타동사이 다.
해석 제인은 음악을 무척 좋아한다.
2 동사 look 뒤에 형용사 happy가 있으므로 자동사이다.
해석 그 아이들은 행복해 보인다.
3 동사 needs 뒤에 목적어로 쓰인 명사 mouse가 있으므로 타동 사이다.
해석 그의 컴퓨터는 마우스가 필요하다.
4 동사 works 뒤에 전치사 at이 있으므로 자동사이다.
해석 내 여동생은 출판사에서 일한다.

B **해석** 데이브는 노래를 잘 부른다.

1 맨 앞에 있는 명사(구) The sun은 주어, also는 부사, 그리고 주어의 동작을 나타내는 rises는 서술어이다.
해석 해는 다시 떠오른다.

2 맨 앞에 있는 대명사 They는 주어, disappeared는 주어의 동작을 나타내는 서술어, 그리고 suddenly는 동사를 꾸며주는 부사이다.
해석 그들은 갑자기 사라졌다.

3 맨 앞에 있는 명사 Squirrels는 주어, are는 주어의 상태를 나타내는 서술어, 그리고 on the tree는 주어의 위치를 나타내는 전치사구이다.
해석 다람쥐들이 나무 위에 있다.

4 맨 앞에 있는 명사(구) The horse는 주어, runs는 주어의 동작을 나타내는 서술어, 그리고 fast는 동사를 꾸며주는 부사이다.
해석 그 말은 빨리 달린다.

C **해석** 이 책은 어렵다.

1 형용사 beautiful이 주어인 She가 아름답다고 주어의 상태를 보충 설명한다.
해석 그녀는 아름다워 보인다.

2 형용사 red가 주어인 His face가 빨갛다고 주어의 상태를 보충 설명한다.
해석 그의 얼굴이 빨개졌다.

3 형용사 strange가 주어인 The story가 이상하다고 주어의 상태를 보충 설명한다.
해석 그 이야기는 이상하게 들린다.

4 형용사 old가 주어인 Her brother가 나이가 들었다고 주어의 상태를 보충 설명한다.
해석 그녀의 남동생은 나이를 먹었다.

Level Up
p.26

A 1 The pizza smells delicious.
2 He walks slowly. / He slowly walks.
3 The boy stood up suddenly. / The boy suddenly stood up.
4 She became an actress.
5 They married last year. / Last year, they married.
6 She seems nice.
7 This computer is useful.
B 1 beautiful 2 calm 3 good 4 angry
5 real 6 lovely

A 1 주어인 The pizza가 맛있는(delicious) 냄새가 난다고 보충 설명하므로 delicious는 보어이다. 그러므로 동사(smells) 뒤에 쓴다.

2 걷는다(walks)는 동작을 꾸며주고 있으므로 slowly는 부사이며, 동사 앞뒤에 모두 올 수 있다.

3 주어인 The boy가 일어났다는 동작(stood up)을 꾸며주고 있으므로 suddenly는 부사이며, 동사 앞뒤에 모두 올 수 있다.

4 주어인 She가 여배우(an actress)가 되었다고 보충 설명하므로 an actress는 보어이다. 따라서 동사(became) 뒤에 쓴다.

5 주어인 They 뒤에 동사 married가 오며, 시간을 나타내는 부사

구 last year는 문장 앞뒤에 모두 올 수 있다.

6 주어인 She가 친절해(nice) 보인다고 보충 설명하므로 nice는 보어이다. 따라서 동사(seems) 뒤에 쓴다.

7 주어인 This computer가 유용하다(useful)고 보충 설명하므로 useful은 보어이다. 따라서 동사(is) 뒤에 쓴다.

B **해석** 제이슨은 배가 고팠다.

1 주어인 The house가 '아름답게' 보인다고 주어의 상태를 보충 설명하므로 보어 자리이다. 따라서 형용사 beautiful이 정답이다.
해석 그 집은 아름다워 보인다.

2 주어인 The girl이 '침착한' 것 같다고 주어의 상태를 보충 설명하므로 보어 자리이다. 따라서 형용사 calm이 정답이다.
해석 그 소녀는 침착한 것 같다.

3 주어인 This cookie가 맛이 '좋다'고 주어의 상태를 보충 설명하므로 보어 자리이다. 따라서 형용사 good이 정답이다.
해석 이 쿠키는 맛이 좋다.

4 주어인 She가 '화났다'고 주어의 상태를 보충 설명하므로 보어 자리이다. 따라서 형용사 angry가 정답이다.
해석 그녀는 화났다.

5 주어인 The story가 '진짜같이' 들린다고 주어의 상태를 보충 설명하므로 보어 자리이다. 따라서 형용사 real이 정답이다.
해석 그 이야기는 진짜같이 들린다.

6 주어인 The child가 '사랑스럽다'고 주어의 상태를 보충 설명하므로 보어 자리이다. 따라서 형용사 lovely가 정답이다.
해석 그 아이는 사랑스럽다.

Unit 04

Check Up
p.29

A 1 great 2 an apple 3 is 4 has
B 1 목적어 2 보어 3 보어 4 목적어
C 1 to 2 for 3 of 4 to

A **해석** 그는 노트북을 샀다.

1 동사 smell은 '냄새를 맡다'라는 뜻으로 뒤에 목적어가 와서 3형식으로도 쓰일 수 있지만, 주어인 This bread가 냄새를 맡는 주체가 될 수 없으므로 주어에 대해 보충 설명하는 형용사 보어 great가 오는 것이 적절하다.
해석 이 빵은 좋은 냄새가 난다.

2 동사 eat이 '~을 먹다'라는 의미일 때, 뒤에는 먹는 대상이 와야 한다. 따라서 목적어가 될 수 있는 명사 an apple이 정답이다.
해석 나는 아침에 사과를 먹는다.

3 '행복하고 신이 난(happy and excited)'이라는 형용사 보어가 주어를 보충 설명하고 있으므로 2형식 동사 is가 정답이다.
해석 그녀는 어리고 행복하다.

4 '그녀의 가방은 두 개의 주머니이다'는 성립하지 않으므로 is는 정답이 될 수 없다. 따라서 two pockets를 목적어로 가지는 동사 has가 정답이다.
해석 그녀의 가방에는 두 개의 주머니가 있다.

B **해석** 나는 그에게 질문을 하나 했다.

1 '나(me)는 편지(a letter)이다'는 어색하고, '나에게 편지를'이 자연

스럽다. 따라서 a letter는 4형식 문장의 목적어이다.

해석 그는 나에게 편지를 보냈다.

2 '이 강아지(this puppy)는 Lily이다'는 자연스럽다. 따라서 Lily는 5형식 문장의 보어이다.

해석 우리는 이 강아지를 릴리라고 부른다.

3 '내가(me) 슬프다(sad)'는 자연스럽다. 따라서 sad는 5형식 문장의 보어이다.

해석 그 소식은 나를 슬프게 만들었다.

4 '그(him)는 책(the book)이다'는 어색하고, '그에게 책을'이 자연스럽다. 따라서 the book은 4형식 문장의 목적어이다.

해석 나는 그에게 그 책을 주었다.

C **해석** 그는 나에게 영어를 가르쳐주었다.

1 send(보내다)는 상대가 필요한 동사이므로 전치사 to가 정답이다.

해석 엄마는 나에게 소포를 보냈다.

2 make(만들다)는 상대방이 없어도 되는 동사이므로 전치사 for가 정답이다.

해석 피터는 나에게 샌드위치를 만들어주었다.

3 ask(부탁하다)는 4형식 동사로서, 3형식으로 바꿀 때 전치사 of를 쓴다.

해석 나는 그에게 부탁을 했다.

4 show(보여주다)는 상대가 필요한 동사이므로 전치사 to가 정답이다.

해석 그는 나에게 그의 사진을 보여주었다.

Level Up
p.30

> **A** 1 me this song / this song to me
> 2 this song beautiful
> 3 to the company 4 this song a hit
> **B** 1 to / for 2 for 3 to 4 to
> **C** 1 My friend told me a secret.
> 2 The smell made me hungry.
> 3 She brought me this coffee.
> 4 I found this question easy.

A 1 '(사람)에게 (사물)을 주었다'의 4형식 구조이므로 사람 목적어 me 다음에 사물 목적어 this song을 쓰거나, 3형식 구조로 this song을 먼저 쓰고 전치사구 to me를 쓴다.

2 '~을 …하다는 것을 알다'라고 해석되므로 5형식 구조이다. 목적어 this song 다음에 목적격 보어로 형용사 beautiful을 쓴다.

3 '~을 …에게 보냈다'라는 3형식 구조이다. 목적어 this song 다음에 어디에 보냈는지를 전치사구 to the company로 표현한다.

4 '~을 …로 만들다'라고 해석되므로 5형식 구조이다. this song 다음에 목적격 보어로 명사구 a hit를 쓴다.

B **해석** 나는 내 그림을 그에게 주었다.

1 bring(가져다주다)의 과거형인 brought는 상대가 필요한 동사이므로 of를 to로 바꾼다. 동사 bring은 전시차 for도 가능하다.

해석 나는 내 개에게 뼈다귀를 가져다주었다.

2 buy(사다)의 과거형인 bought는 상대가 필요하지 않은 동사이므로 of를 for로 바꿔야 한다.

해석 내 여자친구는 나를 위해 초콜릿을 좀 샀다.

3 pass(건네다)는 상대가 필요한 동사이므로 for를 to로 바꿔야 한

다.

해석 나는 내 책을 그녀에게 건네줬다.

4 lend(빌려주다)의 과거형인 lent는 상대가 필요한 동사이므로 for를 to로 바꿔야 한다.

해석 그는 나에게 그 만화책을 빌려주었다.

C 1 내 친구(My friend)는 주어이므로 문장의 맨 앞에 위치하고 주어의 뒤는 동사(told) 자리이다. '목적어1에 목적어2를 ~해주다'라는 4형식 문장이므로 사람 목적어(me)를 먼저 쓴다.

2 그 냄새(The smell)는 주어이므로 문장의 맨 앞에 위치하고 주어의 뒤는 동사(made) 자리이다. 목적어의 상태를 설명하는 보어가 있는 5형식 문장이므로 동사의 목적어(me) 뒤에 보어(hungry)를 쓴다.

3 그녀(She)는 주어이므로 문장의 맨 앞에 위치하고 주어의 뒤는 동사(brought) 자리이다. '목적어1에 목적어2를 ~해주다'라는 4형식 문장이므로 사람 목적어(me)를 먼저 쓰고 사물 목적어(this coffee)를 쓴다.

4 나(I)는 주어이므로 문장의 맨 앞에 위치하고 주어의 뒤는 동사(found) 자리이다. 목적어의 상태를 설명하는 보어가 있는 5형식 문장이므로 동사의 목적어(this question) 뒤에 보어(easy)를 쓴다.

Wrap Up
p.31~32

> **A** 1 주어+서술어+목적어+보어
> 2 주어+서술어
> 3 주어+서술어+목적어
> 4 주어+서술어+목적어1+목적어2
> 5 주어+서술어+보어
> 6 주어+서술어+목적어+보어
> 7 주어+서술어+목적어1+목적어2
> 8 주어+서술어
> 9 주어+서술어+보어
> 10 주어+서술어+목적어
> **B** 1 became a nurse 2 showed me a book
> 3 likes my blanket 4 look fresh
> 5 called her Anne
> **C** 1 smells sweet 2 letters to me / me letters
> 3 to them 4 makes you happy
> 5 a beautiful girl 6 really small 7 walk slowly
> 8 kind 9 some advice to me / me some advice
> 10 very sleepy
> **D** 1 ②, ③ 2 ①, ② 3 ①, ③, ④

A 1 서술어(found) 뒤에 나오는 목적어 math가 어렵다(difficult)고 보충 설명하므로 difficult는 목적격 보어이다. 따라서 〈주어+서술어+목적어+보어〉 형태이다.

해석 릴리는 수학이 어렵다는 것을 알았다.

2 서술어(smiled) 뒤의 at her mom은 전치사구로 문장의 필수 요소가 아니다. '주어(She)가 미소 지었다(smiled)'라는 주어와 서술어만으로 문장이 성립되는 1형식 구조이므로 〈주어+서술어〉 형태이다.

해석 그녀는 자기 엄마에게 미소 지었다.

3 서술어(love) 뒤의 명사구(animated movies)는 목적어이므로 3형식 구조이다. 그러므로 〈주어+서술어+목적어〉 형태이다.
해석 아이들은 만화영화를 좋아한다.

4 서술어(made) 뒤에 목적어 me와 a cake가 나란히 나오며, '나는 케이크이다'는 자연스럽지 않으므로 4형식 구조이다. 그러므로 〈주어+서술어+목적어1+목적어2〉 형태이다.
해석 다니엘은 나에게 케이크를 만들어 주었다.

5 주어(The sea) 뒤에 감각동사(looks)와 형용사(deep)가 있으므로 〈주어+서술어+보어〉 형태이다.
해석 바다가 깊어 보인다.

6 서술어(called) 뒤에 대명사(her)와 명사(Candy)가 나란히 나오며, '그녀는 캔디이다'가 자연스러우므로 5형식 구조이다. 그러므로 〈주어+서술어+목적어+보어〉 형태이다.
해석 우리는 그녀를 캔디라고 불렀다.

7 서술어(bought) 뒤에 목적어인 me와 this ice cream이 나란히 나오며, '나는 아이스크림이다'는 어색하므로 4형식 구조이다. 그러므로 〈주어+서술어+목적어1+목적어2〉 형태이다.
해석 제이크가 나에게 이 아이스크림을 사주었다.

8 〈There+서술어(are)+주어(sunflowers)〉 형태로 '주어가 있다'라는 의미의 1형식 구조이다. 그러므로 〈주어+서술어〉 형태이다.
해석 정원에 해바라기들이 있다.

9 주어(Your voice) 뒤에 감각동사(sounds)와 형용사(good)가 있으므로 〈주어+서술어+보어〉 형태이다.
해석 네 목소리는 좋게 들린다.

10 서술어(studies) 뒤의 명사(science)는 목적어이므로 〈주어+서술어+목적어〉 형태이다.
해석 베스는 과학을 공부한다.

B 1 '주어(His sister)가 ~가 되었다'이므로 '~가 되다'라는 의미의 상태변화동사(become)가 서술어로 오는 2형식 구조이다. 이때 우리말 뜻 '되었다'에 맞게 동사를 과거형인 became으로 바꾸고, 뒤에 '간호사'라는 의미의 명사(구) a nurse를 보어로 쓴다.

2 '주어(Luke)가 사람 목적어에게 사물 목적어를 보여주었다'라는 4형식 구조이다. 주어 뒤 서술어로 '보여주다'라는 의미의 동사 show를 쓴다. 이때 동사는 우리말 뜻 '보여주었다'에 맞게 과거형인 showed로 바꾸고, 사람 목적어 me, 사물 목적어 a book을 순서대로 쓴다.

3 '주어(My puppy)가 ~을 좋아한다'이므로 '좋아한다'라는 의미의 동사 like가 서술어로 오는 3형식 구조이다. 주어가 3인칭 단수이므로 동사에 -s를 붙여서 likes로 바꾸고, 서술어 뒤에 '내 담요'를 의미하는 my blanket을 목적어로 쓴다.

4 '주어(These fruits)가 ~해 보인다'이므로 '~해 보이다'라는 의미의 감각동사 look이 서술어로 오는 2형식 구조이다. 서술어 뒤에 '신선한'이라는 의미의 형용사 fresh를 보어로 쓴다.

5 '주어(Diana)가 목적어를 목적격 보어라고 부르다'이므로 '~라고 부르다'라는 의미의 동사 call이 서술어로 오는 5형식 구조이다. 이때 우리말 뜻 '불렀다'에 맞게 동사는 과거형인 called로 쓴다. 이어서 her를 목적어로, Anne을 목적격 보어로 쓴다.

C 1 동사 smell이 '~한 냄새가 나다'라는 의미로 2형식 구조에 쓰일 때 동사 뒤에 형용사 보어가 있어야 한다. 따라서 sweetly를 형용사 sweet로 고친다.
해석 그 꽃은 달콤한 냄새가 난다.

2 '주어(He)가 사람 목적어(me)에게 사물 목적어(letters)를 보냈다(sent)'라는 4형식 구조인데 목적어 어순이 바뀐 것으로 보아 4형식을 3형식으로 바꿨음을 알 수 있다. 따라서 me 앞에 전치사 to를 넣는다. 4형식 구조로 쓰려면 목적어1에는 사람(me)을 쓰고 목적어2에는 사물(letters)을 쓴다.
해석 그는 나에게 편지를 보냈다.

3 '주어(She)가 사람 목적어(them)에게 사물 목적어(English)를 가르쳤다'는 4형식 구조인데 목적어 어순이 바뀐 것으로 보아 4형식을 3형식으로 바꿨음을 알 수 있다. 따라서 them 앞에 전치사 to를 넣는다.
해석 그녀는 그들에게 영어를 가르친다.

4 '주어(This candy)가 목적어(you)를 목적격 보어 하게 하다(makes)'로 5형식 구조임을 알 수 있다. happily는 부사이므로 목적격 보어 자리에 알맞게 형용사 happy로 고친다.
해석 이 사탕은 당신을 행복하게 한다.

5 〈주어(Samantha)+be동사(is)+보어〉의 2형식 구조이다. 그러므로 형용사와 명사가 결합하는 명사구가 되도록 부사 beautifully를 형용사 beautiful로 고친다.
해석 사만다는 아름다운 소녀이다.

6 〈주어(This room)+be동사(is) + 보어〉의 2형식 구조이다. 보어는 형용사 small이며, 부사가 형용사를 수식하는 형용사구가 되도록 형용사 real을 부사 really로 고친다.
해석 이 방은 정말 작다.

7 〈주어(Babies)+동사(walk)〉의 1형식 구조이다. 동사는 부사(구)가 수식할 수 있는데, slow는 형용사이므로 부사 slowly로 고친다.
해석 아기들은 느리게 걷는다.

8 〈주어(Jessy)+be동사(is)+보어〉의 2형식 구조이다. 보어 자리에는 명사(구) 혹은 형용사(구)가 있어야 하므로 부사 kindly를 형용사 kind로 고친다.
해석 제시는 친절하다.

9 '주어(She)가 사람 목적어(me)에게 ~을 주다'로 4형식 구조인데 전치사 to가 있는 것으로 보아 4형식을 3형식으로 바꾼 것임을 알 수 있다. 따라서 me to some advice를 어순에 맞게 some advice to me로 고친다. 4형식 구조로 쓰려면 목적어1에는 사람(me)을 쓰고 목적어2에는 사물(some advice)을 쓴다.
해석 그녀는 나에게 몇몇 조언을 주었다.

10 '주어(I)+감각동사(felt)'가 있는 2형식 구조로 뒤는 형용사(구)가 보어로 있어야 한다. 부사가 형용사를 수식하는 형용사구가 되도록 부사 sleepily를 형용사 sleepy로 고친다.
해석 나는 매우 졸리다고 느꼈다.

D 1 bought(buy의 과거형)는 타동사이므로 바로 뒤에 목적어로 명사(구)가 와서 3형식 구조를 이룬다. 따라서 명사구 some books가 목적어로 올 수 있다. 또한, bought는 4형식 구조에서도 쓰이므로 '사람 목적어(him)+사물 목적어(interesting books)'도 가능하다.
해석 우리는 책 몇 권을 샀다. (3형식) 우리는 그에게 재미있는 책들을 사주었다. (4형식)

2 found(find의 과거형)는 타동사이므로 뒤에 목적어로 명사(구)가 와서 3형식 구조를 이룰 때 '찾다'라고 해석한다. found는 5형식 구조에서도 쓰이므로 목적어(the news) 다음에 목적격 보어(surprising)가 올 수 있고, 해석은 '생각하다, 알다'라고 한다. 보기 ④의 sadly는 부사인데, 목적격 보어 자리에는 형용사만 가능하므

로 오답이다.

해석 나는 그 뉴스를 찾았다. (3형식) 나는 그 소식이 놀랍다고 생각했다. (5형식)

3 동사 taste는 '~을 맛보다'라는 뜻으로 뒤에 목적어가 와서 3형식으로도 쓰일 수 있지만, 주어인 This salad가 맛을 보는 주체가

될 수 없으므로 명사가 쓰인 ②는 빈칸에 들어갈 수 없다. taste가 '~한 맛이 나다'라는 의미의 감각동사로 쓰여 뒤에 형용사 보어가 와서 주어를 보충 설명하는 구조이므로 나머지 모두 빈칸에 들어 갈 수 있다.

해석 이 샐러드는 신선한/쓴/좋은 맛이 난다.

Chapter 02 명사와 대명사

Unit 05

Check Up
p.37

A 1 girls 2 cats 3 beds 4 dishes 5 leaves
  6 toys
B 1 women 2 feet 3 children 4 men
  5 teeth 6 sheep
C 1 Seoul 2 money 3 milk 4 Noah 5 health
  6 meat 7 Friendship

A 1 a girl(소녀)은 -s만 붙인다.
2 a cat(고양이)은 -s만 붙인다.
3 a bed(침대)는 -s만 붙인다.
4 a dish(접시)와 같이 sh로 끝나는 경우 -es를 붙인다.
5 a leaf(잎)와 같이 f로 끝나는 경우 f를 v로 바꾸고 -es를 붙인다.
6 a toy(장난감)는 「자음+y」가 아니므로 끝에 -s만 붙인다.
B 1 a woman(여자)은 women이 복수형이다.
2 a foot(발)은 feet이 복수형이다.
3 a child(아이)는 children이 복수형이다.
4 a man(남자)은 men이 복수형이다.
5 a tooth(치아)는 teeth가 복수형이다.
6 a sheep(양)은 단수형과 복수형이 같다. 단, 복수형일 경우 관사 a를 빼고 sheep만 쓰면 된다.
C **해석** 나는 차가운 물을 마시고 싶다.
1 Seoul(서울)은 하나뿐인 도시이므로 셀 수 없는 명사이다. 그러므로 관사가 붙지 않는다.
  해석 우리는 서울에서 만났다.
2 money(돈)는 형태가 일정하지 않고 다양하므로 셀 수 없는 명사이다. 그러므로 -s가 붙지 않는다. (a lot of는 '많은'이라는 뜻으로 셀 수 있는 명사와 셀 수 없는 명사 앞에 공통으로 쓸 수 있다. → Unit 10 참고)
  해석 그는 많은 돈을 벌었다.
3 milk(우유)는 형태가 일정하지 않으므로 셀 수 없는 명사이다. 그러므로 -s가 붙지 않는다.
  해석 나는 약간의 우유를 원한다.
4 한 사람의 이름은 고유한 것이어서 셀 필요가 없다. 그러므로 Noah 앞에는 관사가 붙지 않는다.
  해석 내 이름은 노아이다.
5 health(건강)는 눈에 보이거나 만질 수 없는 추상적인 명사이므로

복수형으로 쓸 수 없다.
  해석 운동은 건강에 중요하다.
6 meat(고기)은 형태가 일정하지 않으므로 셀 수 없는 명사이다. 그러므로 관사가 붙지 않는다.
  해석 아버지는 고기를 좋아하신다.
7 friendship(우정)은 눈에 보이거나 만질 수 없는 추상적인 명사이므로 관사가 붙지 않는다.
  해석 우정은 삶에서 소중하다.

Level Up
p.38

A 1 jeans 2 children 3 sugar 4 wives
  5 shoes 6 a cup 7 dishes 8 knives
B 1 cups 2 glasses / cups 3 slice 4 pounds
  5 piece / slice 6 bottles

A **해석** 그는 아기가 둘이다.
1 jean은 쌍으로 이뤄진 명사이다. 따라서 -s를 붙여야 한다.
  해석 그녀는 청바지가 있다.
2 child 앞에 복수를 나타내는 many가 있으므로 복수형으로 바꿔야 한다. child는 불규칙 복수형 명사로 children이 복수형이다.
  해석 공원에 많은 아이들이 있다.
3 sugar는 너무 작아서 셀 수 없는 명사이다. 따라서 그대로 쓰면 된다. (some은 '약간의'라는 뜻으로 어느 정도 양이 있음을 나타낸다. → Unit 10 참고)
  해석 엄마는 설탕을 좀 샀다.
4 wife 앞에 복수를 나타내는 their가 있으므로 복수형으로 바꿔야 한다. fe로 끝나기 때문에 fe를 v로 바꾸고 -es를 붙여야 한다.
  해석 남편들은 자신들의 부인들을 초대했다.
5 shoe는 쌍으로 이뤄진 명사이므로 항상 복수형이다. 그러므로 -s를 붙여야 한다.
  해석 네 신발은 정말 귀엽다!
6 단수동사 is가 있으므로 명사 앞에 단수임을 나타내는 관사 a를 붙인다.
  해석 테이블 위에 컵 하나가 있다.
7 'five'라고 복수를 나타내는 수사가 있으므로 복수형으로 바꿔야 한다. sh로 끝나므로 끝에 -es를 붙인다.
  해석 그 소녀는 접시를 다섯 개 들고 있다.
8 'two'라고 복수를 나타내는 수사가 있으므로 복수형으로 바꿔야 한다. fe로 끝나므로 끝에 fe를 v로 바꾸고 -es를 붙인다.

해석 우리는 두 개의 나이프와 두 개의 포크가 필요해.

B **해석** 다솜이는 피자 두 조각을 먹었다.

1 coffee는 cup(컵)으로 세고 앞에 복수를 의미하는 수사 three가 있으므로 복수형인 cups가 된다.
해석 그녀는 하루에 커피 세 잔을 마신다.

2 juice는 glass(잔)로 세고 앞에 복수를 의미하는 수사 two가 있으므로 복수형인 glasses가 된다. glasses 외에 cups도 가능하다.
해석 우리는 오렌지 주스 두 잔을 주문했다.

3 cheese는 slice(얇게 썬 조각)로 세고 앞에 단수를 의미하는 관사 a가 있으므로 단수형 그대로 쓴다.
해석 이 샌드위치는 치즈 한 조각이 들어있다.

4 sugar는 pound(무게 단위)로 세고 앞에 복수를 의미하는 수사 two가 있으므로 복수형인 pounds가 된다.
해석 그 빵집은 2파운드의 설탕을 주문했다.

5 cake는 piece(자르거나 나눠놓은 조각) 또는 slice로 세고 앞에 단수를 의미하는 수사 one이 있으므로 단수형 그대로 쓴다.
해석 나는 케이크 한 조각을 더 원한다.

6 wine은 bottle(병)로 세고 앞에 복수를 의미하는 five가 있으므로 복수형인 bottles가 된다.
해석 그들은 나에게 와인 다섯 병을 보여줬다.

Unit 06

Check Up

A 1 a 2 a 3 an 4 an
B 1 a 2 a 3 the 4 a
C 1 X 2 X 3 O 4 X

A **해석** 닐은 배우이다.

1 house는 자음 발음으로 시작하므로 a가 온다.
해석 우리는 집을 페인트칠했다.

2 university는 u로 시작하지만, 자음 발음인 '유[ju]'라고 소리 나므로 a가 온다. ('유'는 모음 발음이 아니라는 것을 기억하자.)
해석 그녀의 오빠는 대학생이다.

3 old는 모음 발음으로 시작하므로 an이 온다.
해석 그녀는 낡은 차를 샀다.

4 hour는 자음 h로 시작하나 모음 발음인 '아'로 소리 나므로 an이 온다.
해석 그는 한 시간 후에 공항을 떠날 것이다.

B **해석** 태양이 호수 위에 빛난다.

1 특정 피자가 아닌 일반적인 피자를 언급하고 있으므로 부정관사 a가 정답이다.
해석 피자를 주문해서 집에서 먹자.

2 특정 교수가 아닌 일반적인 교수라는 직업을 의미하므로 부정관사 a가 정답이다.
해석 그녀는 교수가 되었다.

3 '두 번째의'라는 의미의 서수 second 앞이므로 정관사 the를 쓴다.
해석 이 엘리베이터는 2층에 서지 않는다.

4 특정 호랑이가 아닌 일반적인 호랑이를 언급하고 있으므로 부정관

사 a가 정답이다.
해석 우리는 동물원에서 호랑이를 볼 수 있다.

C **해석** 나는 당신에게 엽서를 보냈습니다. 그 엽서가 도착했습니까?

1 지구는 세상에 유일한 것이므로 정관사 the를 써야 한다.
해석 우리는 지구를 떠날 수 없다.

2 달은 세상에 유일한 것이므로 정관사 the를 써야 한다.
해석 로미오와 줄리엣은 달 아래에서 만났다.

3 앞에 나온 poem을 언급하는 것이므로 정관사 the가 맞다.
해석 우리는 시를 배웠다. 그 시는 영혼에 관한 것이었다.

4 최상급 best 앞이므로 정관사 the를 써야 한다.
해석 헤밍웨이는 20세기 최고의 작가이다.

Level Up

A 1 the sugar 2 The dress 3 The sky
4 The song 5 water 6 The rabbit 7 a box
B 1 an 2 the 3 a 4 a 5 the 6 an

A **해석** 그는 나에게 케이크를 사주었다.

1 서로 알고 있는 대상을 언급하는 경우로, 상대방 앞에 있는 특정 설탕을 가리키고 있다. 그러므로 정관사 the가 들어가는 것이 맞다.
해석 설탕 좀 건네주시겠습니까?

2 앞서 말한 dress를 지칭하는 것이므로 정관사 the가 들어가는 것이 맞다.
해석 그녀는 드레스를 샀다. 그 드레스는 매우 아름답다.

3 하늘은 세상에 하나뿐이므로 정관사 the가 들어가는 것이 맞다.
해석 하늘이 맑고 파랗다.

4 앞서 말한 song을 지칭하는 것이므로 정관사 the가 들어가는 것이 맞다.
해석 그는 나를 위한 노래를 만들었다. 그 노래는 매우 사랑스럽다.

5 water는 셀 수 없는 명사이므로 관사 a나 복수를 나타내는 -s가 붙지 않는다.
해석 우리는 물 없이 살 수 없다.

6 꾸며주는 말(in the box)이 상자 안에 있는 특정 토끼를 가리킨다. 그러므로 정관사 the가 들어가는 것이 맞다.
해석 상자 안에 있는 그 토끼는 노는 것을 좋아한다.

7 특정 상자를 가리키는 것이 아니므로 부정관사 a가 들어가는 것이 맞다. 셀 수 있는 명사는 문장에서 단독으로 쓰일 수 없으므로 box는 들어갈 수 없다.
해석 문 앞에 상자 하나가 있다.

B **해석** 엄마는 차를 한 대 샀다.

1 특정 직업을 가리키지 않으므로 the가 아니고, 모음인 '에' 소리로 시작하는 명사이므로 an이 들어가야 한다.
해석 에디는 기술자이다.

2 앞서 말한 umbrella를 지칭하는 경우이므로 정관사 the가 들어가야 한다.
해석 테드는 우산을 잃어버렸지만 나중에 그 우산을 찾았다.

3 특정 변호사를 지칭하지 않고, 자음으로 시작하는 명사이므로 a가 들어가야 한다.
해석 그녀는 변호사가 되었다.

4 특정 안경을 지칭하지 않고, 명사 앞에 자음으로 시작하는 형용사 new가 있으므로 a가 들어가야 한다.

8 정답 및 해설

해석 나는 새 안경이 필요하다.

5 최상급인 most beautiful 앞이므로 정관사 the가 들어가야 한다.
해석 제인은 그 반에서 가장 아름다운 소녀였다.

6 특정 정직한 사람을 지칭하지 않고, 모음인 '어' 소리로 시작하는 형용사 honest가 뒤에 오므로 an이 들어가야 한다.
해석 나의 언니는 정직한 사람이다.

Unit 07

Check Up

p.45

A 1 My friends and I 2 Cooper and his friends 3 The boy 4 You and your family
B this－이것, 이 사람 / 이것들, 이 사람들
those－저것, 저 사람 / 저것들, 저 사람들
C 1 You 2 I 3 She 4 Those 5 They 6 These

A 1 We는 1인칭 복수로 I를 포함한 2명 이상을 대신할 때 쓰는 대명사이다. 그러므로 My friends and I가 적절하다.
2 They는 3인칭 복수로 I와 you를 제외한 2명 또는 2개 이상을 대신할 때 쓰는 대명사이다. 그러므로 Cooper and his friends가 적절하다.
3 He는 3인칭 단수로 남성 한 명을 대신할 때 쓰는 대명사이다. 그러므로 The boy가 적절하다.
4 You는 2인칭 단수 혹은 복수로 듣는 상대방 한 명을 대신할 때, 혹은 듣는 상대방을 포함한 2명 이상을 대신할 때 쓰는 대명사이다. 그러므로 You and your family가 적절하다.

B these의 단수형은 this이며 this는 '이것, 이 사람', these는 '이것들, 이 사람들'이란 의미이다. that의 복수형은 those이고 that은 '저것, 저 사람', those는 '저것들, 저 사람들'이란 의미이다.

C 1 '너'는 듣는 상대방을 가리킬 때 쓰는 대명사 'You'로 쓴다.
2 '나'는 말하는 자기 자신을 가리킬 때 쓰는 대명사 'I'로 쓴다.
3 '그녀'는 여성 한 명을 가리킬 때 쓰는 대명사 'She'로 쓴다.
4 '저 사람들'은 말하는 사람과 멀리 있는 다수의 사람들을 가리킬 때 쓰는 대명사 'Those'로 쓴다.
5 '그들'은 I와 you를 제외한 2명 이상을 가리킬 때 쓰는 대명사 'They'로 쓴다.
6 '이것들'은 말하는 사람과 가까이 있는 다수의 사물을 가리킬 때 쓰는 대명사 'These'로 쓴다.

Level Up

p.46

A 1 It 2 They 3 They 4 We
B 1 비인칭주어 2 대명사 3 비인칭주어 4 대명사
C 1 She 2 We 3 It 4 that

A 해석 너와 너의 자매들은(너희들은) 친절하다.
1 The desk는 하나의 사물을 나타내므로 3인칭 단수인 It으로 바꿀 수 있다.
해석 그 책상은(그것은) 무겁다.
2 Amber and Rachel은 I와 you를 제외한 2명을 나타내므로 3인칭 복수 대명사 They로 바꿀 수 있다.
해석 앰버와 레이철은(그들은) 친한 친구들이다.
3 He and his brothers는 I와 you를 제외한 2명 이상을 나타내므로 3인칭 복수 대명사 They로 바꿀 수 있다.
해석 그와 그의 형제들은(그들은) 잘생겼다.
4 You and I는 I를 포함한 2명 이상을 나타내므로 1인칭 복수 대명사 We로 바꿀 수 있다.
해석 너와 나는(우리는) 고등학생이다.

B 해석 이 책 좀 봐! 정말 작다.
1 날짜를 나타내므로 비인칭주어로 쓰인 것이다.
해석 12월 15일이야. 크리스마스가 곧 다가오고 있어!
2 앞서 말한 명사 'movie'를 지칭하는 대명사로 쓰인 것이다.
해석 그 영화 봤어요? 그건 정말 재미있었어요.
3 날씨를 나타내므로 비인칭주어로 쓰인 것이다.
해석 우산을 챙기세요. 비가 오고 있어요.
4 앞서 말한 명사 'car'를 지칭하는 대명사로 쓰인 것이다.
해석 우리는 차가 있다. 우리는 그것을 지난 일요일에 샀다.

C 해석 제 반지를 보세요. 우리 엄마가 이 반지를 만들었어요.
1 Jane은 여자 이름이므로 It을 She로 바꿔야 한다.
해석 이 사람은 내 친구 제인입니다. 그녀는 매우 친절합니다.
2 Diana and I는 나를 포함한 2명 이상이므로 They를 We로 바꿔야 한다.
해석 다이애나와 나는 가장 친한 친구이다. 우리는 함께 있어서 정말 행복하다.
3 this black hat은 하나의 특정한 사물이므로 He를 It으로 바꿔야 한다.
해석 나는 이 검은색 모자를 좋아한다. 그것은 정말 멋있지만 비싸다.
4 밑줄 뒤에 단수명사가 있고, 뒷 문장에서도 한 명을 지칭하므로 those를 that으로 바꿔야 한다.
해석 저 소녀를 아세요? 저는 그녀의 이름을 알고 싶어요.

Unit 08

Check Up

p.49

A 1 목적격 2 주격 3 소유격 4 주격 5 소유격
B 1 Her 2 It 3 Your 4 They
C 1 your house 2 his 3 Lisa's 4 Jenny's cat

A 해석 나는 어제 그들을 보았다.
1 전치사 for의 목적어 자리에 목적격으로 쓰인 것이다.
해석 나는 한 시간 동안 그녀를 기다리고 있었다.
2 동사 앞 주어 자리에 주격으로 쓰인 것이다.
해석 그는 자신의 엄마를 위한 저녁 식사를 요리했다.
3 명사 앞에서 소유 관계를 나타내고 있으며 소유격 형태로 쓰였다.
해석 이것은 테드의 건물이다.
4 동사 앞 주어 자리에 주격으로 쓰인 것이다.
해석 우리는 아침에 달리는 것을 좋아한다.
5 명사 앞에서 소유 관계를 나타내고 있으며 소유격 형태로 쓰였다.
해석 그들의 강아지는 많이 짖는다.

B 해석 나는 당신을 만나기 전에 당신을 알고 있었다.

1 동사 앞에 있는 명사 trophy가 주어이므로 주격 She는 오답이며, 명사를 꾸며주는 소유격인 Her가 정답이다.
해석 그녀는 새 트로피를 받았다. 그녀의 트로피는 금이다.

2 동사 바로 앞 주어 자리이므로 주격인 It이 정답이다.
해석 나는 당신의 스웨터를 좋아한다. 그것은 따뜻해 보인다.

3 동사 앞의 명사 letters가 주어이므로 주격 You는 오답이며, 명사를 꾸며주는 소유격 your가 정답이다.
해석 너는 여러 편지를 받았다. 너의 편지들은 탁자 위에 있다.

4 동사 바로 앞 주어 자리이므로 주격인 They가 정답이다.
해석 이 카메라들은 새로 나온 것이다. 그것들은 비쌌다.

C **해석** 네 생각은 내 생각과 다르다.

1 yours는 our house에 상응하는 것으로, 소유격과 명사를 줄여 쓴 소유대명사이다. 따라서 your house로 풀어쓸 수 있다.
해석 우리는 우리 집을 개조했습니다. 당신 집은 어때요?

2 his birthday(소유격+명사)는 소유대명사 his로 바꿔 쓸 수 있다.
해석 어제는 내 생일이었다. 오늘은 그의 생일이다.

3 Lisa's dress(소유격+명사)는 소유대명사 Lisa's로 바꿔 쓸 수 있다.
해석 정말 아름다운 옷이에요! 그것은 리사의 옷인가요?

4 Jenny's는 앞에 나온 My cat에 상응하는 것으로 소유격과 명사를 줄인 소유대명사 형태이다. 따라서 Jenny's cat으로 풀어쓸 수 있다.
해석 내 고양이와 제니의 고양이는 냄새나는 음식을 먹었다.

Level Up
p.50

> **A** 1 O 2 X 3 O 4 X
> **B** 1 himself 2 my 3 them 4 yours 5 her
> **C** 1 his, he 2 us, our 3 mine, my 4 She, her

A **1** 주어인 Hailey는 여자 이름이고, 자기 자신을 본 것이므로 재귀대명사가 맞다.

2 주어인 Dylan은 남자 이름이고, 자기 자신을 소개한 것이므로 him을 재귀대명사인 himself로 고친다.

3 주어인 Gloria 자신이 직접 꽃집을 열었다고 주어를 강조하므로 재귀대명사가 맞다.

4 주어인 Lily는 자기 자신을 돌봐야 했던 것이므로 her를 재귀대명사 herself로 고친다.

B **해석** 나는 그녀의 치마가 마음에 든다.

1 I가 아니라 Jeremy 자신이 쓴 것이므로 myself를 himself로 고친다.
해석 제러미는 이 보고서를 스스로 썼다.

2 명사 앞이므로 소유대명사 mine을 소유격인 my로 고친다.
해석 그것들은 내 펜이다.

3 전치사 뒤이므로 주격을 목적격 them으로 고친다.
해석 그 선물은 그들에게서 왔다. 오는 데 3일이 걸렸다.

4 소유격 your는 명사 없이 혼자 쓰일 수 없다. your wallet을 대신하는 소유대명사 yours로 고친다.
해석 이 지갑은 당신의 것이다. 나는 내 방에서 그것을 발견했다.

5 동사의 목적어 자리이므로 주격을 목적격 her로 고친다.
해석 그 유명한 가수는 작년에 그녀와 결혼했다.

C **해석** 그들은 어제 우리 집을 방문했다. 우리는 그들을 위해 저녁 식

사를 준비했다.

1 첫 번째는 명사 앞이므로 소유격인 his로 쓴다. 두 번째는 동사 앞이므로 주격인 he로 쓴다.
해석 에릭은 자신의 접시에 쿠키 몇 개를 담았지만, 그는 배가 불렀다.

2 첫 번째는 동사 뒤이므로 목적격인 us로 고친다. 두 번째는 명사 앞이므로 소유격인 our로 쓴다.
해석 우리 부모님은 우리를 무척 사랑하시고 건강을 챙겨주신다.

3 첫 번째는 문맥상 '소유격+명사'인 'my umbrella'를 대신할 수 있는 소유대명사 mine(나의 것)을 쓴다. 두 번째는 명사구(형용사 favorite+명사 color) 앞에 쓰이는 것이므로 소유격인 my를 쓴다.
해석 이 노란색 우산은 내 것이다. 그것은 내가 가장 좋아하는 색깔이다.

4 첫 번째는 동사 앞이므로 주격 She를 쓴다. 두 번째는 전치사의 목적어 자리이므로 목적격인 her를 쓴다.
해석 그녀는 아름답게 웃는다. 나는 그녀와 사랑에 빠졌다.

Wrap Up
p.51~52

> **A** 1 ② 2 ④ 3 ② 4 ③ 5 ④
> **B** 1 a → an 2 sheeps → sheep
>   3 two cakes → two pieces[slices] of cake
>   4 bus → buses
> **C** ③, ⑤
> **D** 1 비인칭주어 2 대명사 3 대명사 4 대명사
>   5 비인칭주어
> **E** ③
> **F** ③
> **G** (1) ©, feet (2) @, Her

A **1** 빈칸 앞에 부정관사 an이 있으므로 모음 발음으로 시작하는 단수 명사 자리이다. idea는 '아' 발음으로 시작하므로 적절하다.
해석 나는 아이디어 하나가 있다.

2 빈칸 앞에 관사가 없으므로 셀 수 없는 명사 자리거나 셀 수 있는 명사의 복수형이 와야 한다. money는 셀 수 없는 명사이므로 적절하다.
해석 너는 돈이 필요하니?

3 빈칸 앞에 복수를 의미하는 수사 two가 있고 뒤로는 셀 수 없는 명사 milk가 있으므로 우유를 세는 단위 명사 glass(유리컵)를 복수형 glasses로 쓴다. piece는 조각을 나타내는 단위 명사이므로 오답이다.
해석 그녀는 우유 두 잔을 주문했다.

4 빈칸 뒤의 명사 sky는 세상에서 유일한 것이므로 정관사 the를 붙인다.
해석 하늘에 비행기 한 대가 있다.

5 빈칸은 주어를 보충 설명하는 보어 자리이다. 따라서 주격 I는 오답이며, 빈칸 뒤에 꾸며주는 명사가 없으므로 소유격인 my도 제외한다. '이 선물이 나(me)'라는 말은 어색하며, '이 선물은 나의 것(mine)'이라는 문맥이 적절하므로 소유대명사 mine을 쓴다.
해석 이 생일 선물은 나의 것이다.

B 1 egg는 모음 발음 '에'로 시작하기 때문에 부정관사 an을 붙인다.

2 sheep은 단수와 복수의 형태가 같은 명사로, 복수 형태여도 sheep을 그대로 쓰므로 -s를 뺀다.

3 cake는 셀 수 없는 명사이며 조각(piece 또는 slice) 단위로 센다. 앞에 복수를 의미하는 수사 two가 있으므로 two pieces of cake 또는 two slices of cake로 고친다.

4 bus는 셀 수 있는 명사이며, 복수형으로는 -es를 붙여 buses로 고친다.

C ① 앞서 말한 Rachel은 여자 이름이며 동사 is 앞이므로 주격 대명사인 She는 적절하다.

② 앞서 말한 his book은 사물이며 동사 is 앞이므로 주격 대명사인 It은 적절하다.

③ '저것'을 뜻하는 that이 뒤에 나오는 명사 sounds와 호응하지 않는다. sounds는 복수명사이므로 that의 복수형인 those로 바꾸어야 한다. 또는 동사 are에 호응하는 they나 these도 가능하다.

④ 앞서 말한 The boys를 지칭하는 것으로, 복수이며 주어 앞이므로 They는 적절하다.

⑤ 앞서 말한 two dogs를 지칭하므로, 단수를 뜻하는 대명사 It이 아닌 복수형인 They로 바꾸어야 한다.

해석 ① 이쪽은 내 여동생 레이철이야. 그녀는 똑똑해.
② 저것은 그의 책이야. 그것은 오래됐어.
③ 저것들은 이상한 소리이다.
④ 그 소년들은 친절하다. 그들은 나의 오빠들이다.
⑤ 그녀는 두 마리의 개가 있다. 그들은 많이 짖는다.

D 1 날씨를 나타내므로 비인칭주어로 쓰인 것이다.

해석 겨울에는 매우 춥다.

2 앞에 나온 camera를 가리키므로 대명사로 쓰인 것이다.

해석 이 카메라를 보세요. 그것은 꽤 큽니다.

3 앞에 나온 my favorite shirt를 가리키므로 대명사로 쓰인 것이다.

해석 이것은 내가 가장 좋아하는 셔츠이다. 나는 그것을 작년에 샀다.

4 앞에 나온 umbrella를 가리키므로 대명사로 쓰인 것이다.

해석 당신의 우산은 어디 있나요? 그것을 가져왔어요?

5 시간을 나타내므로 비인칭주어로 쓰인 것이다.

해석 그가 우리 집을 방문했을 때는 오후 4시였다.

E 보기에서 her는 목적어인 help를 꾸며주는 소유격으로 쓰였다.

① 전치사 with의 목적격으로 쓰였다.
② 동사 met의 목적격으로 쓰였다.
③ 주어인 voice를 꾸며주는 소유격으로 쓰였다.
④ 동사 bought의 목적격으로 쓰였다.
따라서 정답은 ③이다.

해석 나는 그녀의 도움이 필요하다.
① 나는 그녀와 컴퓨터 게임을 했다.
② 그는 어제 그녀를 만났다.
③ 그녀의 목소리는 조용하다.
④ 우리는 그녀에게 아이스크림을 사주었다.

F 주어진 우리말에서 주어인 '아이들'은 child(아이)의 복수형인 children으로 쓴다. 동사 like는 children이 복수명사이므로 그대로 like로 쓴다. 목적어인 '꿀'은 셀 수 없는 명사이므로 관사 a를 붙이지 않고 복수형도 쓸 수 없다. 따라서 보기 ③ The children like honey.가 적절하다.

G ⓐ kitten은 자음으로 시작하는 명사이므로 부정관사 a가 알맞다.

ⓑ 밑줄 뒤에 명사 name이 있고, 문맥상 Nina는 암컷 고양이의 이름이므로 소유격인 her가 알맞다.

ⓒ 밑줄 앞에 복수를 의미하는 수사 four가 있고 foot은 발의 단수형이므로 복수형인 feet로 고친다.

ⓓ 밑줄 뒤의 복수명사인 claws를 꾸며주는 소유격은 복수명사의 소유격인 Their가 아니라 단수명사인 a kitten의 소유격인 Her로 고친다.

ⓔ milk는 셀 수 없는 명사이므로 복수형으로 만드는 -s를 붙이지 않는다.

해석 내 친구는 고양이 한 마리를 키운다. 그것의 이름은 니나이다. 니나는 발이 네 개 있다. 그것의 발톱은 무척 날카롭다. 그 암컷 고양이는 매일 많은 우유를 마신다.

Chapter 03 형용사, 부사, 전치사

Unit 09

Check Up

P.57

A 1 <u>cute</u>, boy **2** <u>strong</u>, he
3 <u>delicious</u>, Everything **4** <u>smart</u>, students
B 1 happily **2** quickly **3** easily
4 carefully **5** wisely **6** early **7** safely
8 simply **9** nicely **10** heavily
C 1 <u>slowly</u>, landed **2** <u>very</u>, pleasant
3 <u>Luckily</u>, I found my wallet on the sofa
4 <u>very</u>, well / <u>very well</u>, can speak

A **해석** 그녀는 점심시간 후에 졸리다.

1 형용사 cute가 명사 boy를 꾸며준다.

해석 나는 반에서 정말 귀여운 남자애를 봤다.

2 형용사 strong은 주어 he를 설명하고 있다.

해석 사람들은 그가 힘이 세다고 생각한다.

3 형용사 delicious는 주어 Everything을 설명하고 있다.

해석 이 음식점에 있는 모든 것이 맛있어 보인다.

4 형용사 smart가 명사 students를 꾸며준다.

해석 그 대학교에 똑똑한 학생들이 있다.

B 1 형용사 happy는 '자음+y'로 끝나는 형용사이므로, y를 i로 바꾸고 -ly를 붙여 부사 happily로 만든다.

2 형용사 quick은 -ly를 붙여 부사 quickly로 만든다.

3 형용사 easy는 '자음+y'로 끝나는 형용사이므로, y를 i로 바꾸고 -ly를 붙여 부사 easily로 만든다.

4 형용사 careful은 -ly를 붙여 부사 carefully로 만든다.

5 형용사 wise는 -ly를 붙여 부사 wisely로 만든다.

6 early는 형용사와 부사의 형태가 같으므로 early로 쓴다.

7 형용사 safe는 -ly를 붙여 부사 safely로 만든다.

8 형용사 simple은 -le로 끝나는 형용사이므로, e를 빼고 -y를 붙여 부사 simply로 만든다.

9 형용사 nice는 -ly를 붙여 부사 nicely로 만든다.

10 형용사 heavy는 '자음+y'로 끝나는 형용사이므로, y를 i로 바꾸고 -ly를 붙여 부사 heavily로 만든다.

C **해석** 그는 학교를 빨리 찾을 수 있다.

1 '천천히 착륙했다'로 해석되므로 부사 slowly가 동사 landed를 수식한다.
해석 비행기는 공항에 천천히 착륙했다.

2 '무척 즐거운'이라고 해석되므로 부사 very가 형용사 pleasant를 수식한다.
해석 헤일리는 서울에서 무척 즐거운 시간을 보냈다.

3 '운이 좋게도 지갑을 찾았다'로 해석되므로 문장 맨 앞에 있는 Luckily는 문장 전체를 수식한다.
해석 운이 좋게도, 나는 내 지갑을 소파에서 찾았다.

4 '아주 잘 말할 수 있다'로 해석되므로 부사 very가 well을 수식하고, 부사구 very well은 동사 can speak를 수식한다.
해석 앤디는 중국어를 아주 잘할 수 있다.

Level Up
p.58

A 1 easily 2 quietly 3 quiet
B 1 My mom drives her car carefully. /
My mom carefully drives her car.
2 My daddy came home very early.
3 He saw an interesting musical.
4 Hyemin collects very pretty dolls.
C 1 perfectly, perfect 2 late, late
3 happily, happy 4 kind, kindly 5 softly, soft

A **해석** 이 책은 고등학생들이 읽기에 쉽다.

1 '목적어인 this pizza가 easy하다'라는 것은 어색하므로 목적어를 설명하는 목적격 보어가 아니다. '쉽게 만들 수 있다'로 해석되므로 부사 easily가 동사 can make를 수식하는 것이 적절하다.
해석 이 조리법에 따르면, 우리는 피자를 쉽게 만들 수 있다.

2 '조용히 앉다'라고 해석되므로 동사 sat을 수식하는 부사 quietly가 적절하다.
해석 우리 할머니는 조용히 앉아서 꽃향기를 맡으셨다.

3 be동사 were 뒤는 보어 자리이므로 형용사 quiet가 적절하다.
해석 학생들은 수업 시간에 매우 조용했다.

B 1 괄호 안의 부사 carefully는 동사 drives를 꾸며준다. 문장 내에서 부사는 비교적 자유롭게 쓸 수 있지만, 동사인 drives와 목적어인 a car 사이에 들어가는 것은 적절하지 않으므로 맨 뒤 또는 동사 drives 앞으로 보낸다.

2 괄호 안의 부사 very는 부사 early를 꾸며준다. 부사구 very early는 동사 came을 꾸며주는데, came과 도착지인 home

사이에 넣을 수 없으므로 맨 뒤로 보낸다. 따라서 My daddy came home very early로 배열한다.

3 괄호 안의 형용사 interesting은 명사 musical을 꾸며주며, 관사는 명사구(형용사+명사)의 맨 앞에 놓여야 한다. 따라서 He saw an interesting musical로 배열한다.

4 괄호 안의 부사 very는 형용사 pretty를 꾸며준다. 형용사구 very pretty는 명사 dolls를 꾸며준다. 따라서 Hyemin collects very pretty dolls로 배열한다.

C **해석** 선생님이 우리에게 쉬운 숙제를 내셨다. 우리는 쉽게 숙제를 끝냈다.

1 첫 번째 빈칸은 보어 자리가 아니며 뒤에 수식할 명사가 없으므로 형용사는 적절하지 않다. '완벽하게 준비를 했다'로 해석되므로 부사 perfectly가 동사 prepared를 수식하는 것이 적절하다. 두 번째 빈칸에는 be동사 was의 보어 역할을 하며, 주어 Her performance에 대해 서술해 줄 수 있는 형용사 perfect가 적절하다.
해석 지나는 그 피아노 대회를 위해 완벽하게 준비했다. 그녀의 연주는 완벽했다.

2 첫 번째 빈칸은 '늦게 일어났다'라고 해석되므로, 동사 woke up을 수식하는 부사 late가 적절하다. 두 번째 빈칸은 뒤에 오는 명사 breakfast를 수식하여 '늦은 아침 식사'를 의미하는 형용사 late가 적절하다. late는 형용사와 부사의 형태가 같은 것에 주의한다.
해석 모니카는 오늘 아침에 늦게 일어났다. 그녀는 늦은 아침 식사를 했다.

3 첫 번째 빈칸은 앞에 있는 동사 are playing을 수식하는 부사 happily가 적절하다. 두 번째 빈칸은 '행복한 미소'라고 해석되며, 뒤에 있는 명사 smiles를 수식하는 형용사 happy가 적절하다.
해석 아이들이 해변에서 행복하게 놀고 있다. 나는 그들의 행복한 미소를 지켜보는 것이 좋다.

4 첫 번째 빈칸은 동사 is 뒤에서 보어 역할을 하는 형용사 kind가 적절하다. 두 번째 빈칸은 '돕다'라는 동작을 꾸며주는 것이므로 부사 kindly가 적절하다.
해석 그녀는 친절하다. 사람들은 그녀가 그들을 친절하게 도왔다고 말했다.

5 첫 번째 빈칸은 '덮어주다'라는 동작을 꾸며주는 것이므로 부사 softly가 적절하다. 두 번째 빈칸은 동사 was 뒤에 부사 very만 있으므로 보어 역할을 하는 형용사 soft가 적절하다.
해석 엄마는 내게 담요를 덮어주셨다. 그 담요는 정말 부드러웠다.

Unit 10

Check Up
p.61

A 1 much 2 many 3 many 4 much
5 many 6 much
B 1 little 2 few 3 few 4 few 5 few 6 little
C 1 any / a few 2 some / a few 3 little
4 a few 5 many / a lot of / lots of 6 much

A **해석** 많은 반지들

1 sugar는 셀 수 없는 명사이므로 much가 꾸며준다.

2 presents는 셀 수 있는 명사 present의 복수형이므로 many가 꾸며준다.
해석 많은 선물들

3 children은 셀 수 있는 명사 child의 복수형이므로 many가 꾸며준다.
해석 많은 아이들

4 water는 셀 수 없는 명사이므로 much가 꾸며준다.
해석 많은 물

5 computers는 셀 수 있는 명사 computer의 복수형이므로 many가 꾸며준다.
해석 많은 컴퓨터들

6 rain은 셀 수 없는 명사이므로 much가 꾸며준다.
해석 많은 비
해석 거의 없는 물

B

1 money는 셀 수 없는 명사이므로 little이 꾸며준다.
해석 거의 없는 돈

2 teeth는 셀 수 있는 명사 tooth의 복수형이므로 few가 꾸며준다.
해석 거의 없는 치아들

3 women은 셀 수 있는 명사 woman의 복수형이므로 few가 꾸며준다.
해석 거의 없는 여자들

4 sheep은 단수와 복수가 같은 형태인 셀 수 있는 명사이므로 few가 꾸며준다.
해석 거의 없는 양들

5 tomatoes는 셀 수 있는 명사 tomato의 복수형이므로 few가 꾸며준다.
해석 거의 없는 토마토들

6 danger는 셀 수 없는 명사이므로 little이 꾸며준다.
해석 거의 없는 위험

C **해석** 도움이 좀 필요하세요?

1 의문문이므로 some을 any로 고치거나 cucumbers는 셀 수 있는 명사이므로 a few로 고쳐야 한다.
해석 이 샌드위치에 오이를 좀 넣었어요?

2 긍정문이므로 any를 some으로 고치거나 poems는 셀 수 있는 명사이므로 a few로 고친다.
해석 로사는 문학 시간에 몇 편의 시를 읽는다.

3 courage는 셀 수 없는 명사이므로 few와 같은 의미의 little로 고쳐야 한다.
해석 에릭은 강에서 수영할 용기가 거의 없다.

4 chicken은 셀 수 있는 명사이므로 a little과 같은 뜻의 a few로 고쳐야 한다.
해석 프루는 저녁 식사로 닭을 조금 요리했다.

5 chores는 셀 수 있는 명사이므로 much와 같은 의미의 many 또는 a lot of/lots of로 고쳐야 한다.
해석 헨리는 오늘 아침에 많은 집안일을 끝내지 못했다.

6 coffee는 셀 수 없는 명사이므로 many와 같은 의미의 much로 고쳐야 한다.
해석 얼마나 많은 커피가 필요하세요?

Level Up
p.62

A **1** few **2** a little **3** a few **4** little
B **1** ②, ④ **2** ① **3** ②, ③, ④ **4** ①, ④
C **1** a few **2** any **3** few **4** a little

A **1** '거의 없는'의 뜻으로 flowers를 꾸밀 수 있는 형용사는 few이다.

2 '조금'의 뜻으로 milk를 꾸밀 수 있는 형용사는 a little이다.

3 '약간'의 뜻으로 onion의 복수형인 onions를 꾸밀 수 있는 형용사는 a few이다.

4 '거의 없는'의 뜻으로 chance를 꾸밀 수 있는 형용사는 little이다.

B **해석** 나는 너와 있었던 많은 일을 기억한다.

1 빈칸 뒤에 셀 수 없는 명사 information이 있으므로 many는 올 수 없다. 또한, can't find가 있는 부정문이기 때문에 긍정문에 쓰이는 some도 올 수 없으므로 much와 any만 가능하다.
해석 그녀는 도서관에서 많은 정보를 찾을 수 없다. (a lot of) 그녀는 도서관에서 어떠한 정보도 찾을 수 없다. (any)

2 빈칸 뒤에 셀 수 있는 명사 gift의 복수형인 gifts가 있으므로 much와 little은 올 수 없다. any는 부정문과 의문문에서 주로 쓰이므로 주어진 문장에서는 어색하다. 따라서 a lot of만 가능하다.
해석 그는 손님들을 위해 많은 선물을 준비했다.

3 빈칸 뒤에 셀 수 있는 명사 picture의 복수형인 pictures가 있으므로 much를 제외한 나머지가 올 수 있다.
해석 우리 가족은 지난여름에 몇 장의 사진을 찍었다. (some)
우리 가족은 지난여름에 사진을 거의 찍지 않았다. (few)
우리 가족은 지난여름에 많은 사진을 찍었다. (many)

4 빈칸 뒤에 셀 수 있는 명사 song의 복수형인 songs가 있으므로 much는 올 수 없다. any는 부정문과 의문문에서 주로 쓰이므로 주어진 문장에서는 어색하다. 따라서 some과 many만 가능하다.
해석 딜런은 그의 여자친구를 위해 몇 곡을 썼다. (some)
딜런은 그의 여자친구를 위해 많은 곡을 썼다. (many)

C **1** '적지만 몇 번'이라는 문맥에서 빈칸 뒤에 셀 수 있는 명사로 횟수를 의미하는 times가 있으므로 a few가 적절하다.

2 '~하지 않는다'라는 부정문에 적절한 것은 any이다. any는 셀 수 있는 명사, 셀 수 없는 명사에 상관없이 붙여 쓸 수 있다.

3 '거의 없는'이라고 해석되며, 빈칸 뒤에 German words는 복수 명사이므로 few가 적절하다.

4 '조금'이라고 해석되며, 빈칸 뒤에 셀 수 없는 명사 Chinese가 있으므로 a little이 적절하다.

Unit 11

Check Up
p.65

A **1** taller–tallest
2 more interesting–most interesting
3 nicer–nicest **4** heavier–heaviest
5 better–best **6** darker–darkest
7 hotter–hottest
8 more difficult–most difficult

B 1 deepest　2 faster　3 wisest　4 the better
C 1 younger　2 smartest　3 more beautiful
　　4 most delicious

Level Up　　　　　　　　　　　　　p.66

A 1 X, as beautiful　2 X, best　3 X, heavy
　　4 O　5 X, kinder
B 1 He was as famous as a movie star.
　　2 Alex is the tallest in the class.
　　3 She is more careful than me.
　　4 The warmer it becomes, the better I feel.
C 1 the most expensive
　　2 as dangerous as　3 bigger than

A 1 tall은 원급에 -er을 붙여 비교급 taller를 만들고 -est를 붙여 최상급 tallest를 만든다.

2 interesting은 3음절 이상의 단어이므로 more를 붙여 비교급 more interesting을 만들고 most를 붙여 최상급 most interesting을 만든다.

3 nice는 -e로 끝나므로 -r을 붙여 비교급 nicer를 만들고 -st를 붙여 최상급 nicest를 만든다.

4 heavy는 -y로 끝나므로 -i로 바꾸고 -er을 붙여 비교급 heavier를 만들고 -est를 붙여 최상급 heaviest를 만든다.

5 good은 비교급과 최상급 불규칙 형태를 가진 단어로 비교급은 better이고 최상급은 best이다.

6 dark는 원급에 -er를 붙여 비교급 darker로 만들고 -est를 붙여 최상급 darkest를 만든다.

7 hot은 '모음 1개+자음 1개'로 끝나므로 자음을 한 번 더 쓰고 -er을 붙여 비교급 hotter를 만들고 -est를 붙여 최상급 hottest를 만든다.

8 difficult는 3음절 이상의 단어로 more를 붙여 비교급 more difficult를 만들고 most를 붙여 최상급 most difficult를 만든다.

B **해석** 너는 나보다 더 가볍다.

1 deep은 3음절 이상의 단어가 아니므로 most를 붙이지 않고 원급에 -est를 붙여 최상급 deepest를 만든다.
해석 이것은 한국에서 가장 깊은 호수이다.

2 fast는 3음절 이상의 단어가 아니므로 more를 붙이지 않고 원급에 -er을 붙여 비교급 faster를 만든다.
해석 기계는 사람보다 상품을 더 빠르게 생산할 수 있다.

3 wise는 -e로 끝나는 단어이므로 -st를 붙여 최상급 wisest를 만든다.
해석 그녀는 그 집안에서 가장 지혜로운 딸이다.

4 '더 ~할수록, 더 …하다'라는 의미는 〈The 비교급 (주어+동사 ~), the 비교급 (주어+동사 …)〉으로 나타낸다. 부사 well의 비교급은 better이므로 the better가 정답이다.
해석 내가 피아노를 더 많이 연습할수록, 나는 피아노를 더 잘 친다.

C 1 빈칸 뒤에 than이 있고, '~보다'로 해석되므로 비교급이 적절하다. 따라서 원급 young에 -er을 붙여 비교급 younger를 만든다.

2 the와 at the school이라는 범위가 있고 '가장 ~한'으로 해석되므로 최상급이 적절하다. 원급 smart에 -est를 붙여 최상급을 만든다.

3 빈칸 뒤에 than이 있고, '~보다'라고 해석되므로 비교급이 적절하다. 원급 beautiful이 3음절 이상이므로 more를 붙여 비교급을 만든다.

4 the와 in this bakery라는 범위가 있고 '제일 ~한'으로 해석되므로 최상급이 적절하다. 원급 delicious가 3음절 이상이므로 most를 붙여 최상급을 만든다.

A **해석** 이 주스는 저 우유보다 차갑다.

1 밑줄 뒤에 as가 있으므로 원급 비교 문장이다. 원급 비교는 as ~ as 사이에 형용사나 부사를 넣을 수 있는데, 빈칸의 자리는 주어인 플로렌스를 설명하는 형용사 보어의 자리이므로 as beautiful로 고친다.
해석 플로렌스는 베네치아만큼 아름답다.

2 밑줄 앞에 the와 of my vacation이라는 범위가 있으므로 최상급이 적절하다. good의 최상급인 best로 고친다.
해석 오늘은 방학 중에 최고의 하루였다.

3 밑줄 앞뒤로 as ~ as가 있으므로 원급 비교 문장이다. 원급으로는 형용사와 부사를 넣을 수 있는데, 빈칸의 자리는 주어인 His books의 상태를 설명하는 형용사 보어의 자리이므로 비교급 heavier를 원급 heavy로 고친다.
해석 그의 책들은 내 책들만큼 무겁다.

4 밑줄 앞에 the와 in the store라는 범위가 있으므로 최상급이 적절하다. new의 최상급은 newest이므로 바르게 쓰였다.
해석 내 카메라는 그 가게에서 제일 최신이다.

5 밑줄 뒤에 than이 있으므로 비교급 문장이다. kind에 -er을 붙여 비교급 kinder로 고친다.
해석 제니스는 모니카보다 친절하다.

B 1 '~만큼'으로 해석되므로 원급 비교 문장이다. 〈as+형용사/부사+as+비교 대상〉의 형태이므로 as ~ as 사이에는 원급 famous를 넣고 비교 대상인 a movie star를 두 번째 as 뒤로 넣어 배열한다.

2 '가장 ~한'으로 해석되므로 최상급 문장이다. 〈the 최상급+범위(in the class)〉의 형태이므로 최상급 앞에 the를 붙여 배열한다.

3 '~보다'로 해석되므로 비교급 문장이다. 〈비교급+than+비교 대상〉의 형태이므로 원급 careful에 more를 붙여 비교급으로 바꾸고, 비교 대상인 me를 than 뒤에 쓰는 것에 유의한다.

4 '더 ~할수록, 더 …하다'로 해석되므로 〈The 비교급 (주어+동사 ~), the 비교급 (주어+동사 …)〉으로 나타낸다.

C 1 '가장 ~한'으로 해석되고, in the cafeteria라는 범위가 있으므로 최상급 문장이다. expensive는 3음절 이상이므로 the most를 붙여 최상급 the most expensive를 만든다.

3 '~만큼'으로 해석되므로 원급 비교문장이다. as ~ as 사이에 dangerous를 넣는다.

4 '~보다'로 해석되므로 비교급 문장이다. 원급 big은 '모음 1개+자음 1개'로 끝나므로 자음을 한 번 더 쓰고 -er을 붙여 비교급을 만든다.

Unit 12

> **A** 1 on the desk, 부사   2 in this city, 형용사
>   3 for two hours, 부사   4 on the third floor, 형용사
> **B** 1 in   2 on   3 in   4 on   5 at
> **C** 1 by   2 of   3 for   4 for   5 to   6 of

A   **해석** 바다 옆 그 마을은 아름답다.

1   on the desk는 '책상 위에'라고 해석되고, '놓다'라는 동작을 꾸며주는 부사 역할을 한다.
    해석 나는 그 책을 책상 위에 내려놓았다.

2   in this city는 '도시 안의'라고 해석되고, '극장'이라는 명사를 꾸며주는 형용사 역할을 한다.
    해석 많은 사람이 이 도시 안의 극장을 방문한다.

3   'for two hours'는 '두 시간 동안'이라고 해석되고, '타다'라는 동작을 꾸며주는 부사 역할을 한다.
    해석 나는 두 시간 동안 자전거를 탈 수 있다.

4   'on the third floor'는 '3층에'로 해석되고, '식당'을 꾸며주는 형용사 역할을 한다.
    해석 3층에 있는 식당은 무척 인기가 있다.

B   **해석** 우리는 뒷문에서 우리의 친구들을 만났다.

1   괄호 뒤에 장소인 kitchen이 있고, 그 안에서 요리하는 것이므로 전치사 in을 쓴다.
    해석 테리는 주방에서 저녁을 만들고 있다.

2   괄호 뒤에 장소인 sofa가 있고, 그 위에서 잠들었다는 문맥이므로 전치사 on을 쓴다.
    해석 어젯밤에 나는 소파에서 잠들었다.

3   괄호 뒤에 시간인 the morning이 있고, 아침, 저녁 등 하루 시간대를 뜻하는 표현이므로 전치사 in을 쓴다.
    해석 나는 아침에 학교에 갔다.

4   괄호 뒤에 요일인 Sunday가 있으므로 전치사 on을 쓴다.
    해석 그는 일요일에 한국으로 돌아올 것이다.

5   괄호 뒤에 구체적인 시각인 6:30이 있으므로 전치사 at을 쓴다.
    해석 내 남동생은 6시 30분에 기차를 탔다.

C   **해석** 그녀는 학교에 가지 않았다.

1   빈칸 뒤에 교통수단이 있으므로 '~을 타고'를 뜻하는 전치사 by가 적절하다.
    해석 지하철로는 20분이 걸린다.

2   빈칸 뒤에 지겹게 하는 근원이 나오므로 전치사 of가 적절하다.
    해석 나는 이 게임을 하는 것이 지겹다.

3   빈칸 앞에 bought가 있으므로, '~를 위해'를 뜻하는 전치사 for가 적절하다.
    해석 제이는 에이미를 위해 몇 가지 선물을 샀다.

4   빈칸 뒤에 3 hours가 있으므로, '~동안'을 뜻하는 전치사 for가 적절하다.
    해석 우리는 그 영화를 세 시간 동안 봤다.

5   빈칸 뒤에 장소인 the finish line이 있으므로, '~으로'라는 방향을 뜻하는 전치사 to가 적절하다.
    해석 여자들이 결승선을 향해 달렸다.

6   빈칸 뒤에 tower의 재료 steel이 있으므로 '~로부터'라는 근원을

뜻하는 전치사 of가 적절하다.
    해석 그 탑은 강철로 만들어졌다.

> **A** 1 in Ireland, during summer vacation → stayed
>   2 in our neighborhood → The school,
>   in May 1905 → was founded
>   3 to the library → do not go,
>   in the town → the library,
>   on Sundays → is closed
> **B** 1 X, on the wall   2 X, of wood   3 O
>   4 X, to the zoo   5 X, of my friend
> **C** 1 at, on   2 to, by   3 for, in   4 of, of

A   **해석** 주방에 있는 접시 몇 개는 일본에서 구매되었다.

1   in Ireland는 '아일랜드에서'라고 해석하여 동사인 '머물렀다'를 꾸며주고, during summer vacation도 '여름방학 동안'으로 해석하여 '머물렀다'를 꾸며준다.
    해석 그는 여름방학 동안 아일랜드에서 머물렀다.

2   in our neighborhood는 '우리 동네에 있는'이라고 해석하여 명사 '학교'를 꾸며주고, in May 1905는 '1905년 5월에'로 해석하여 '설립되었다'는 동사를 꾸며준다.
    해석 우리 동네에 있는 학교는 1905년 5월에 설립되었다.

3   to the library는 '학교로'라고 해석되며 '가지 않는다'는 동사를 꾸며준다. in the town은 '시내에 있는'이라고 해석하여 명사 '도서관'을 꾸며주고, on Sundays는 '일요일마다'라고 해석하고 '문을 닫는다'는 동사를 꾸며준다.
    해석 나는 시내에 있는 도서관에 가지 않는다. 그곳은 일요일마다 문을 닫는다.

B 1   벽에 걸려 있는 것이므로 접촉된 면 바로 위를 나타내는 전치사 on이 적절하다.

2   다리는 나무를 재료로 이용한 것이므로 근원을 나타내는 전치사 of가 적절하다.

3   뒤에 시간 명사가 있으므로, 지속하는 시간을 나타내는 전치사 for가 적절하다.

4   동물원을 향해 가는 것이므로 방향을 나타내는 전치사 to가 적절하다.

5   친구의 동생을 뜻하므로 연관, 연결을 나타내는 전치사 of가 적절하다.

C   **해석** 내 강아지와 나는 아침에 30분 동안 달리기를 한다.

1   첫 번째 빈칸은 뒤에 구체적인 시각이 있으므로 전치사 at이 적절하고, 두 번째 빈칸은 뒤에 요일이 있으므로 전치사 on을 쓴다.
    해석 우리 수업은 금요일 3시에 끝난다.

2   첫 번째 빈칸은 뒤에 장소가 있고, '~로 갔다'라는 문맥이므로 전치사 to가 적절하고, 두 번째 빈칸은 뒤에 교통수단이 있으므로 전치사 by를 쓴다.
    해석 우리는 버스를 타고 박물관에 갔다.

3   첫 번째 빈칸은 뒤에 기간을 뜻하는 명사가 있으므로 전치사 for가 적절하고, 두 번째 빈칸은 뒤에 특정 달이 있으므로 전치사 in을 쓴다.

해석 나는 1월에 한 달간 유럽을 여행했다.

4 첫 번째 빈칸은 앞에 is made가 있고, 뒤에 재료가 있으므로 근원을 나타내는 전치사 of가 적절하고, 두 번째 빈칸은 앞에 am not tired가 있고 뒤에 대상이 있으므로 전치사 of를 쓴다.
  해석 내 샌드위치는 다양한 채소로 만들어졌고, 나는 그것이 질리지 않는다.

Wrap Up
p.71~72

A 1 ③ 2 ① 3 ④ 4 ① 5 ①
B 1 X, a little 2 X, many / a lot of / lots of
    3 O 4 O 5 X, any 6 O
C 1 youngest 2 fast 3 warmer 4 oldest
    5 better
D 1 at 2 on 3 by 4 for 5 in
E 1 easy 2 easily 3 quietly 4 quiet

A 1 빈칸 앞에 관사 the가 있고, 뒤로는 명사가 있으므로 명사를 수식하는 형용사가 들어갈 자리이다. 보기 중에 happily는 happy의 부사형이므로 오답이다.
  해석 그 어린/똑똑한/사랑스러운 학생이 피아노를 치고 있다.

2 주어인 The bus의 보어 역할을 하며, 빈칸 앞의 부사 very의 수식을 받을 수 있는 형용사가 들어갈 자리이다. 보기에서 quickly는 quick의 부사형이므로 오답이다.
  해석 마을에 있는 버스는 무척 빠르다/느리다/인기가 있다.

3 주어인 She의 보어 역할을 하는 형용사 sleepy를 꾸며주는 부사가 들어갈 자리이다. 보기에서 many는 수량 형용사이므로 오답이다.
  해석 그녀는 저녁식사 후에 무척/정말/매우 졸음이 왔다.

4 주어인 The flight attendants의 보어 역할을 하며 be동사의 뒤에 오는 형용사 자리이다. so는 부사이므로 오답이다.
  해석 비행기 내의 승무원들은 친절하다/세심하다/인내심이 있다.

5 빈칸이 주어 I와 동사 found 사이에 있으므로 부사 자리이다. lucky는 형용사이므로 오답이다.
  해석 나는 방에서 내 지갑을 운 좋게도/마침내/빨리 찾았다.

B 1 a few는 셀 수 있는 명사의 '수가 적음'을 나타내는 수량 형용사인데 수식을 받는 명사 salt는 셀 수 없는 명사이다. 따라서 a few가 아닌 a little로 고쳐야 한다.
  해석 소금을 조금 넣으면 맛이 괜찮아질 거야.

2 much는 셀 수 없는 명사의 '양이 많음'을 나타내는 형용사인데 수식을 받는 명사 poems는 셀 수 있는 명사의 복수형이다. 따라서 much가 아닌 many나 a lot of/lots of로 고쳐야 한다.
  해석 나는 많은 시와 소설책을 읽고 싶다.

3 some은 셀 수 있는 명사와 셀 수 없는 명사에 공통으로 쓸 수 있으며 '약간 있음'을 나타내는 형용사이다. 뒤에 있는 명사 strawberries가 셀 수 있는 명사의 복수형이므로 알맞다.
  해석 식탁 위에 딸기가 조금 있다.

4 a little은 셀 수 없는 명사의 '양이 적음'을 나타내는 형용사이며, 수식을 받는 명사 money는 셀 수 없는 명사이므로 알맞다.
  해석 그녀는 주머니에 돈이 조금 있다.

5 some은 '약간의, 몇몇의'라는 뜻을 나타내며, 긍정문이나 권유하는 의문문에서 주로 쓰인다. 주어진 문장은 didn't ask로 부정문이기 때문에 some과 같은 의미이지만 부정문에서 주로 쓰이는 any로 고친다.
  해석 그는 시험에 대해 어떤 질문도 하지 않았다.

6 many는 셀 수 있는 명사의 '양이 많음'을 나타내는 형용사이며, 수식을 받는 명사 brushes는 셀 수 있는 명사의 복수형이므로 알맞다.
  해석 우리는 가지고 칠할 많은 붓을 주문했다.

C 1 '가장 ~하다'는 최상급 표현이다. 따라서 형용사 young을 최상급의 형태 youngest로 바꾸어 쓴다.

2 '~만큼 …하다'는 〈as+원급+as+비교 대상〉으로 나타낸다. as ~ as 사이에 들어가는 원급이 형용사일지 부사일지는 첫 번째 as 앞을 보고 결정한다. as 앞에 동사 runs가 있으므로 동사를 수식하는 부사가 필요하다. fast는 형용사와 부사의 형태가 같으므로 fast를 그대로 쓴다.

3 '~보다 더 …하다'는 비교급 표현이다. 따라서 형용사 warm의 비교급 형태인 warmer로 바꾸어 쓴다.

4 '제일 ~하다'는 최상급 표현이다. 따라서 형용사 old의 최상급 형태인 oldest로 바꾸어 쓴다.

5 '~보다 더 …하다'는 비교급 표현이다. 따라서 부사 well의 비교급 형태인 better로 바꾸어 쓴다.

D 1 첫 번째 빈칸 뒤에 장소를 나타내는 명사구 'the bus stop'이 나오고, 두 번째 빈칸 뒤에는 특정 시각(7 a.m.)이 나온다. 따라서 특정한 지점, 시점을 뜻하는 전치사 at이 공통으로 들어가는 것이 적절하다.
  해석 테드는 그녀를 버스 정류장에서 만났다. / 그는 아침 7시에 아침을 먹는다.

2 첫 번째 빈칸 뒤에 책을 올려 두는 장소(shelf)가 있고, 두 번째 빈칸 뒤에 요일(Saturdays)이 나온다. 따라서 접촉하고 있는 면 또는 요일 및 특정한 날에 쓰이는 전치사 on이 공통으로 들어가는 것이 적절하다.
  해석 그녀는 선반 위에 그 책을 두었다. / 우리는 토요일마다 독서 모임에 간다.

3 첫 번째 빈칸 뒤에 연락의 수단으로 email이 나오고, 두 번째 빈칸 뒤에 교통수단으로 plane이 나온다. 따라서 방법 또는 교통수단에 쓰이는 전치사 by가 공통으로 들어가는 것이 적절하다.
  해석 나는 작년에 그에게 이메일로 연락했다. / 당신은 비행기로 그곳을 여행할 거예요?

4 첫 번째 문장의 빈칸은 '나의 일'이라는 목적을 나타낸다. 두 번째 문장에서 빈칸 뒤에 있는 명사 two days는 결석한 기간을 뜻하므로, 목적과 기간에 쓰이는 전치사 for가 공통으로 들어가는 것이 적절하다.
  해석 나는 내 일을 위해 작문 기술을 배우고 있다. / 그는 2일간 결석했다.

5 첫 번째 문장에서 빈칸 뒤에 있는 명사는 계절에 해당하는 봄이다. 두 번째 문장에서 빈칸 뒤에 있는 명사는 공간에 해당하는 방이므로, 계절 또는 공간 내부에 쓰이는 전치사 in이 공통으로 들어가는 것이 적절하다.
  해석 우리는 종종 봄에 소풍을 간다. / 그녀는 매일 자신의 방에 있는 식물에 물을 준다.

E 1 be동사 is 뒤에 있으므로 주어인 This computer를 설명하는 보어 자리이다. 따라서 형용사 easy가 알맞다.
해석 이 컴퓨터는 사용하기 쉽다.

2 컴퓨터가 쉬운 것이 아니라, 컴퓨터를 쉽게 사용하는 것으로 해석되어, '사용하다'라는 동사를 꾸며주는 자리이므로 부사 easily가 필요하다.
해석 우리는 컴퓨터를 사용하는 법을 쉽게 배울 수 있다.

3 He와 동사 walked 사이에서 동사를 꾸며주는 자리이므로 부사 quietly가 필요하다.
해석 그는 조용히 방에서 걸어 나왔다.

4 뒤에 명사 life가 있으므로 '조용한 삶'이라는 뜻으로 명사를 꾸며주는 형용사 quiet가 필요하다.
해석 당신은 시골에서 조용한 삶을 즐길 수 있다.

Chapter 04 동사 기본

Unit 13

Check Up
P.77

> **A** 1 knows 2 has 3 tries 4 takes 5 teaches
>   6 eats 7 loves 8 says 9 misses 10 goes
> **B** 1 finish 2 carries 3 make 4 sings
> **C** 1 baths 2 feel 3 has 4 studies

A 1 know는 동사원형에 -s를 붙여 knows로 규칙 변화한다.
2 have는 has로 불규칙 변화한다.
3 try는 '자음+y'로 끝나므로 y를 i로 바꾸고 -es를 붙여 tries로 규칙 변화한다.
4 take는 동사원형에 -s를 붙여 takes로 규칙 변화한다.
5 teach는 -ch로 끝나므로 -es를 붙여 teaches로 규칙 변화한다.
6 eat은 동사원형에 -s를 붙여 eats로 규칙 변화한다.
7 love는 동사원형에 -s를 붙여 loves로 규칙 변화한다.
8 say는 '모음+y'로 끝나므로 -s를 붙여 says로 규칙 변화한다.
9 miss는 -s로 끝나므로 -es를 붙여 misses로 규칙 변화한다.
10 go는 -o로 끝나므로 -es를 붙여 goes로 규칙 변화한다.
B **해석** 그 이탈리아 음식점은 오전 11시에 문을 연다.
1 괄호 앞의 주어 My sister and I는 3인칭 단수가 아니므로 현재 시제일 때 동사원형 finish가 적절하다.
해석 내 여동생과 나는 잠자리에 들기 전에 숙제를 마친다.
2 괄호 앞의 주어가 3인칭 단수 주어인 She이므로 동사의 3인칭 단수형을 써야 한다. carry에서 y를 i로 바꾸고 -es를 붙인 carries가 적절하다.
해석 그녀는 해가 쨍쨍한 날에도 우산을 가지고 다닌다.
3 괄호 앞의 주어 They는 3인칭 단수가 아니므로 동사원형 make가 적절하다.
해석 그들은 맛있는 파스타와 피자를 만든다.
4 괄호 앞의 주어 The boy는 3인칭 단수이므로 sing에 -s를 붙인 sings가 적절하다.
해석 그 소년은 아름답게 노래를 한다.
C **해석** 아이들은 액션 영화를 좋아한다.
1 밑줄 앞의 주어 She는 3인칭 단수이므로 bath에 -s를 붙여 baths로 바꾼다.

해석 그녀는 격일로 그녀의 개를 씻긴다.
2 밑줄 앞의 주어 Jerry and I는 3인칭 단수가 아니므로 동사원형 feel이 적절하다.
해석 제리와 나는 오늘 약간 피곤하다는 느낌이 든다.
3 밑줄 앞의 주어 Kate는 3인칭 단수이므로 have의 불규칙 3인칭 단수형 has가 적절하다.
해석 Kate는 많은 치마와 재킷을 가지고 있다.
4 밑줄 앞의 주어인 Emma는 3인칭 단수이므로 study의 y를 i로 바꾸고 -es를 붙여 studies로 쓴다.
해석 엠마는 리암과 함께 시험공부를 한다.

Level Up
p.78

> **A** 1 We 2 My friends 3 Ted 4 The women
> **B** 1 enjoys-enjoy 2 want-wants
>   3 do-does 4 watch-watches
> **C** 1 closes every Sunday
>   2 finish work at six
>   3 goes to bed early
>   4 exercises three times a week

A **해석** 나는 금메달을 받는다.
1 괄호 뒤의 동사 like는 동사원형이므로, 3인칭 단수 He는 오답이다. 2인칭 복수 대명사인 We가 정답이다.
해석 우리는 주말에 쇼핑하는 것을 좋아한다.
2 괄호 뒤의 동사 call은 동사원형이므로, 3인칭 단수 My friend는 오답이다. 복수명사인 My friends가 정답이다.
해석 내 친구들은 내게 매일 전화한다.
3 괄호 뒤에 동사 makes가 3인칭 단수 현재형이므로, 3인칭 단수인 Ted가 적절하다.
해석 테드는 몇몇 친구들을 위해 저녁을 만든다.
4 괄호 뒤에 동사 go가 동사원형이므로, 3인칭 단수 주어인 The woman은 오답이다. 복수명사인 The women이 정답이다.
해석 그 여자들은 점심을 먹고 공원에 간다.
B **해석** a. 나는 매일 과일과 채소를 먹는다. b. 그녀는 매일 아침 유제품을 먹는다.
1 a. 빈칸 앞의 주어인 Nina는 3인칭 단수이다. enjoy는 '모음+y'로

끝나므로 -s를 붙여 enjoys를 만든다. b. 빈칸 앞의 주어인 You는 2인칭이므로 동사원형 enjoy를 쓴다.

해석 a. 니나는 책을 읽는 것을 즐긴다. b. 너는 수필을 쓰는 것을 즐긴다.

2 a. 빈칸 앞의 주어인 My parents는 복수명사이므로 동사원형 want를 그대로 쓴다. b. 빈칸 앞의 주어인 My brother는 3인칭 단수이므로 want에 -s를 붙여 wants를 만든다.

해석 a. 나의 부모님은 강아지를 원하신다. b. 내 동생은 하얀 말티즈를 원한다.

3 a. 빈칸 앞의 주어인 I는 1인칭이므로 동사원형을 그대로 쓴다. b. 빈칸 앞의 주어 She는 3인칭 단수이므로 do에 -es를 붙여 does를 만든다.

해석 a. 나는 시험을 위해 최선을 다한다. b. 그녀는 이번 대회에서 최선을 다한다.

4 a. 빈칸 앞의 주어인 Ben and I는 복수이므로 동사원형을 그대로 쓴다. b. 빈칸 앞의 주어 Ben은 3인칭 단수이므로 watch에 -es를 붙여 watches를 만든다.

해석 a. 벤과 나는 일요일마다 영화를 본다. b. 벤은 방과 후에 영화를 본다.

C 1 주어 This bakery는 3인칭 단수이므로 close에 -s를 붙이고 나머지를 쓴다.

2 주어 Kevin and Danny는 복수이므로 동사원형 finish를 그대로 쓰고 나머지를 쓴다.

3 주어 She는 3인칭 단수이므로 go에 -es를 붙이고 나머지를 쓴다.

4 주어 My dad는 3인칭 단수이므로 exercise에 -s를 붙여 3인칭 단수형으로 만들고 나머지를 쓴다.

Unit 14

Check Up
p.81

A	**1** asked **2** met **3** studied **4** drank **5** lived **6** saw **7** got **8** married **9** wrote **10** read **11** stopped **12** used
B	**1** played **2** joined **3** planned **4** lived
C	**1** yesterday **2** began **3** today **4** ended

A 1 ask는 -ed를 붙여 asked로 규칙 변화한다.

2 meet은 met으로 불규칙 변화한다.

3 study는 '자음+y'로 끝나므로 y를 i로 고치고 -ed를 붙여 studied로 규칙 변화한다.

4 drink는 drank로 불규칙 변화한다.

5 live는 -e로 끝나므로 -d를 붙여 lived로 규칙 변화한다.

6 see는 saw로 불규칙 변화한다.

7 get은 got으로 불규칙 변화한다.

8 marry는 '자음+y'로 끝나므로 y를 i로 고치고 -ed를 붙여 married로 규칙 변화한다.

9 write는 wrote로 불규칙 변화한다.

10 read의 과거형은 현재형과 동일한 read이다.

11 stop은 '모음 1개+자음 1개'로 끝나므로 마지막 자음을 한 번 더

쓰고 -ed를 붙여 stopped로 규칙 변화한다.

12 use는 -e로 끝나므로 -d를 붙여 used로 규칙 변화한다.

B **해석** 나는 등굣길에 내 열쇠를 떨어뜨렸다.

1 play는 '모음+y'로 끝나므로 -ed를 붙여 played로 규칙 변화한다.

해석 우리는 어젯밤에 축구를 했다.

2 join은 -ed를 붙여 joined로 규칙 변화한다.

해석 소피아는 2년 전에 독서 모임에 가입했다.

3 plan은 '모음 1개+자음 1개'로 끝나므로 마지막 자음을 한 번 더 쓰고 -ed를 붙여 planned로 규칙 변화한다.

해석 그는 2014년에 투어 일정을 계획했다.

4 live는 -e로 끝나므로 -d를 붙여 lived로 규칙 변화한다.

해석 메이슨은 그 당시에 런던에 살았다.

C **해석** 우리는 지난주에 퍼즐을 풀었다.

1 동사 visit에 -ed가 붙은 과거형이므로 과거 시점을 나타내는 yesterday가 적절하다.

해석 그는 어제 우리를 방문했다.

2 과거 시점을 나타내는 five minutes ago가 있으므로 begin의 과거형 began이 적절하다.

해석 이 TV 프로그램은 5분 전에 시작했다.

3 동사가 현재형이므로 현재 시점을 나타내는 today가 적절하다.

해석 오늘은 비가 많이 내린다.

4 과거 시점을 나타내는 in 1945가 있으므로 end의 과거형인 ended가 적절하다.

해석 2차 세계대전은 1945년에 끝났다.

Level Up
p.82

A	**1** X, wrote **2** X, moves **3** X, cleaned **4** O
B	**1** flew, fly **2** wished, wish **3** cuts, cut **4** bought, buys
C	**1** called **2** lived **3** moved **4** had

A **해석** 리사는 요즘 학교에서 영어를 가르친다.

1 과거 시점을 나타내는 in the 1590's가 있으므로, writes를 write의 과거형 wrote로 고친다.

해석 셰익스피어는 1590년대에 로미오와 줄리엣을 썼다.

2 지구가 태양 주변을 도는 것은 일반적인 진리이므로 현재시제로 나타내야 한다. 주어 The Earth는 3인칭 단수이므로 move에 -s를 붙여 moves로 고친다.

해석 지구는 태양 주변을 돈다.

3 과거 시점을 나타내는 three hours ago가 있으므로, cleans를 과거형 cleaned로 고친다.

해석 내 남동생은 세 시간 전에 그의 방을 치웠다.

4 과거 시점을 나타내는 last weekend가 있으므로, go의 과거형 went가 적절하다.

해석 나는 지난 주말에 내 친구들과 영화를 보러 갔다.

B **해석** a. 아이들은 매일 운동장에서 달린다. b. 그녀는 어제 마라톤을 뛰었다.

1 a. 과거 시점을 나타내는 in 1903이 있으므로 빈칸에는 fly의 과거형 flew가 적절하다. b. 일반적인 사실이므로 현재형이 적절하다. 주어인 Birds가 복수이므로 동사원형 fly를 그대로 쓴다.

해석 a. 라이트 형제는 1903년에 최초의 비행기를 날렸다. b. 새들은 하늘을 난다.

2 a. 과거 시점을 나타내는 last year가 있으므로 빈칸에는 wish의 과거형 wished가 적절하다. b. 현재 시점을 나타내는 Now가 있고 주어는 1인칭이므로 동사원형 wish를 그대로 쓴다.
해석 a. 그들은 작년에 화이트 크리스마스를 소망했다. b. 이제 나는 너의 행복을 바란다.

3 a. 현재 습관으로 '늘, 항상'을 뜻하는 always가 있으므로 현재형이 적절하다. 주어가 3인칭 단수 My mother이므로 단수동사 cuts가 적절하다. b. 과거 시점을 나타내는 yesterday가 있으므로 과거형이 적절하다. cut의 과거형은 현재형과 동일한 cut이다.
해석 a. 어머니는 항상 작은 크기로 고기를 썬다. b. 그녀는 이 빵을 어제 잘랐다.

4 a. 과거 시점을 나타내는 five years ago가 있으므로 buy의 과거형 bought가 적절하다. b. 현재 습관을 나타내는 on Tuesdays가 있으므로 현재형이 적절하다. 주어가 3인칭 단수 He이므로 단수동사 buys가 적절하다.
해석 a. 우리는 그 오래된 컴퓨터를 5년 전에 샀다. b. 그는 매주 화요일마다 꽃을 몇 송이 산다.

C 1 과거 시점을 나타내는 at that time이 있으므로 call의 과거형 called가 적절하다.

2 과거 시점을 나타내는 in 2013이 있으므로 live의 과거형 lived가 적절하다.

3 과거 시점을 나타내는 last week가 있으므로 move의 과거형 moved가 적절하다.

4 과거 시점을 나타내는 yesterday가 있으므로 have의 과거형 had가 적절하다.

Unit 15

Check Up
p.85

A 1 극장에 있다 2 관광객들이다 3 소파 위에 있다
  4 정말로 무겁다 5 요리사이다 6 깨끗하다
B 1 was 2 is 3 were 4 are 5 is
C 1 are 2 was 3 is 4 was 5 were 6 am

A **해석** 그녀의 충고는 유용하다.
1 〈주어+be동사+전치사구〉의 형태이므로 '주어는 ~에 있다'로 해석한다.
   해석 그녀는 극장에 있다.

2 〈주어+be동사+명사〉의 형태이므로 '주어는 ~이다'로 해석한다.
   해석 그들은 관광객들이다.

3 〈주어+be동사+전치사구〉의 형태이므로 '주어는 ~에 있다'로 해석한다.
   해석 그 강아지는 소파 위에 있다.

4 〈주어+be동사+(부사)+형용사〉의 형태이므로 '주어는 ~하다'로 해석한다. 부사는 형용사를 수식한다.
   해석 그것은 정말로 무겁다.

5 〈주어+be동사+명사〉의 형태이므로 '주어는 ~이다'로 해석한다.
   해석 그는 요리사이다.

6 〈주어+be동사+형용사〉의 형태이므로 '주어는 ~하다'로 해석한다.
   해석 내 방은 깨끗하다.

B **해석** 우리는 소설가들이다.
1 주어 I는 1인칭 단수이므로 알맞은 be동사의 과거형은 was이다.
   해석 나는 2014년에 도쿄에 있었다.

2 주어 She는 단수이므로 알맞은 be동사의 현재형은 is이다.
   해석 그녀는 캐나다 출신이다.

3 주어인 Noah and Logan은 복수이므로 알맞은 be동사의 과거형은 were이다.
   해석 노아와 로건은 어제 아팠다.

4 주어인 many buses는 복수이므로 알맞은 be동사의 현재형은 are이다.
   해석 거리에 많은 버스들이 있다.

5 주어인 a chocolate cake는 단수이므로 알맞은 be동사의 현재형은 is이다.
   해석 진열장에 초콜릿 케이크 하나가 있다.

C **해석** 그녀는 두 시간 전에 전철을 타고 있었다.
1 현재 시점을 나타내는 부사 now가 있고 주어 We는 복수이므로 알맞은 be동사는 are이다.
   해석 우리는 지금 무척 배가 고프다.

2 과거 시점을 나타내는 in 2013이 있고 주어 She는 3인칭 단수이므로 알맞은 be동사는 was이다.
   해석 그녀는 2013년에 나의 선생님이었다.

3 현재 습관을 나타내는 부사 always가 있고 주어 Naomi는 3인칭 단수이므로 알맞은 be동사는 is이다.
   해석 나오미는 나에게 항상 친절하다.

4 과거 시점을 나타내는 last night가 있고 주어 an accident는 3인칭 단수이므로 알맞은 be동사는 was이다.
   해석 어젯밤 사고가 있었다.

5 과거 시점을 나타내는 last Saturday가 있고 주어인 Asher and I는 복수이므로 알맞은 be동사는 were이다.
   해석 어셔와 나는 지난 토요일에 카페에 있었다.

6 현재 시점을 나타내는 At present가 있고 주어 I는 1인칭이므로 알맞은 be동사는 am이다.
   해석 현재, 나는 내 고양이들과 함께 런던에 있다.

Level Up
p.86

A 1 The books 2 We 3 a boy
  4 Marshall and Ted 5 famous stores
B 1 is, was 2 are, were 3 is, was
C 1 was really happy yesterday
  2 are birds on the roof
  3 were at the beach last weekend
  4 were 100,000 tigers in Asia

A **해석** 그녀는 좋은 사람이다.
1 괄호 뒤의 are는 복수형이므로 주어로는 복수명사인 The books가 적절하다.
   해석 그 책들은 흥미진진하고 재미있다.

2 괄호 뒤의 were는 복수형이므로 주어로는 복수명사인 We가 적절하다.

해석 우리는 작년에 같은 반이었다.

3 괄호 앞의 is는 단수형이므로 주어로는 단수명사인 a boy가 적절하다.

해석 수영장에 한 소년이 있다.

4 괄호 뒤의 are는 복수형이므로 주어로는 복수명사 Marshall and Ted가 적절하다.

해석 마셜과 테드는 음악가이다.

5 괄호 앞의 were는 복수형이므로 주어로는 복수명사인 famous stores가 적절하다.

해석 5번 가에는 유명한 가게들이 있었다.

B **해석** 나는 지금은 괜찮아. 나는 어젯밤에는 피곤했었어.

1 첫 번째 빈칸에는 현재 시점을 나타내는 now가 있고 주어 The window는 단수이므로 is가 적절하다. 두 번째 빈칸에는 과거 시점을 나타내는 yesterday가 있고 주어 It은 단수이므로 was가 적절하다.

해석 창문은 이제 깨끗하다. 그것은 어제는 더러웠다.

2 첫 번째 빈칸에는 현재 시점을 나타내는 now가 있고 주어인 Kuhn and I는 복수이므로 are가 적절하다. 두 번째 빈칸에는 과거 시점을 나타내는 in 2013이 있고 주어 We는 복수이므로 were가 적절하다.

해석 쿤과 나는 이제 가장 친한 친구이다. 우리는 2013년에 모르는 사람들이었다.

3 첫 번째 빈칸에는 현재 시점을 나타내는 now가 있고 주어 She는 단수이므로 is가 적절하다. 두 번째 빈칸에는 과거 시점을 나타내는 two hours ago가 있고 주어 She는 단수이므로 was가 적절하다.

해석 그녀는 지금 체육관에 있다. 그녀는 두 시간 전에 공원에 있었다.

C 1 과거 시점을 나타내는 yesterday가 있으므로 주어 I에 맞는 be동사는 was이다. 나머지를 그대로 써서 I was really happy yesterday이다.

2 '~가 있다'는 현재시제이므로 주어 birds에 맞는 be동사는 are이다. 나머지는 그대로 써서 There are birds on the roof이다.

3 '~있었다'는 과거시제이며, 과거 시점을 나타내는 last weekend가 있으므로 주어 We에 맞는 be동사는 were이다. 나머지는 그대로 써서 We were at the beach last weekend이다.

4 '~있었다'는 과거시제이며, 과거 시점을 나타내는 About 100 years ago가 있으므로 주어 100,000 tigers에 맞는 be동사는 were이다.

Unit 16

Check Up

A 1 ⓑ 2 ⓐ 3 ⓑ 4 ⓐ
B 1 may 2 can make 3 had better 4 take
C 1 has to prepare 2 are able to understand
　　3 can use 4 must stay

A **해석** 나는 2년 전에 중국어를 배웠다. 나는 중국어를 할 수 있다.

1 조동사 can은 능력, 허락, 가능성 등의 의미를 나타내는데, '집에

남는 방이 있으니 주말에 머물러도 된다'는 허락의 의미이므로 '~해도 된다'가 정답이다.

해석 너는 주말 동안 머물러도 돼. 2층에 남는 방이 있어.

2 must는 의무, 조언, 추측 등의 의미를 나타내는데, '더 큰 집으로 이사하기로 계획했으므로 돈을 모아야 한다'는 의무의 의미이므로 '~해야 한다'가 맞다.

해석 우리는 더 큰 집으로 이사하기로 계획했다. 그러므로 돈을 모아야 한다.

3 must는 의무, 조언, 추측 등의 의미를 나타내는데, '그가 창백해 보여서 아픈 것이 틀림없다'는 추측의 의미이므로 '~임이 틀림없다'가 정답이다.

해석 그는 무척 창백해 보인다. 그는 매우 아픈 것임이 틀림없다.

4 may는 허락, 허가, 추측 등의 의미를 나타내는데, '전에 그녀와 만나서 내 얼굴을 알아볼지도 모른다'는 추측의 의미이므로 '~할지도 모른다'가 정답이다.

해석 그녀와 나는 전에 파티에서 만났다. 그녀는 내 얼굴을 알아볼지도 모른다.

B **해석** 그는 행복할 것이다.

1 조동사는 주어의 인칭이나 수에 따라 변하지 않는다. 그러므로 주어가 3인칭 단수라도 조동사에 -s가 붙지 않는다.

해석 그는 서울에 곧 도착할지도 모른다.

2 조동사는 동사 앞에 쓰이므로 can make가 정답이다.

해석 환자들은 그 치과의사와 진료 예약을 할 수 있다.

3 '~하는 게 낫다'라는 의미의 조동사는 had better이다.

해석 너는 당장 병원에 가보는 게 좋겠다.

4 조동사 뒤에는 반드시 동사원형이 와야 하므로 take가 정답이다.

해석 너는 그 방에 들어가려면 신발을 벗어야 한다.

C **해석** 존은 차를 운전할 수 있다.

1 must는 have to로 바꿔 쓸 수 있는데, 주어가 3인칭 단수이므로 have를 has로 바꿔 쓴다.

해석 그녀는 그 시험을 준비해야 한다.

2 can은 be able to로 바꿔 쓸 수 있는데, 주어가 2인칭이므로 be 동사를 are로 바꿔 쓴다.

해석 당신은 이 문제를 이해할 수 있다.

3 may는 허락, 허가의 의미일 때 can으로 바꿔 쓸 수 있다.

해석 너는 한 시간 동안 이 컴퓨터를 사용해도 된다.

4 has to는 must로 바꿔 쓸 수 있다. must는 조동사이므로 주어의 인칭이나 수에 따라 변하지 않는다.

해석 애나는 나와 같이 있어야 한다.

Level Up

A 1 a 2 a 3 b 4 b
B 1 He must be a kind person.
　　2 You had better be quiet.
　　3 You should keep the promise.
　　4 Corrie may take my umbrella.
C 1 have to 2 will 3 are

A 1 '~임이 틀림없다'라는 거의 100% 확신하는 강한 추측이므로 must가 정답이다.

2 '~해야 한다'는 의무를 나타내므로 must가 정답이다.

20 정답 및 해설

3 '~하곤 했다'라는 과거의 습관을 나타내므로 used to가 정답이다.

4 '~할 필요가 없다'라는 불필요를 나타내므로 doesn't have to가 정답이다. 주어가 3인칭 단수인 He이므로 doesn't have to를 쓴다.

B 1 주어인 He 뒤에 '~임이 틀림없다'라는 거의 100% 확신하는 추측을 나타내는 조동사 must를 쓰고, 뒤에 동사원형 be와 나머지를 쓴다.

2 주어인 You 뒤에 '~하는 게 좋다'라는 충고를 나타내는 조동사 had better를 쓰고, 뒤에 동사원형 be와 나머지를 쓴다.

3 주어인 You 뒤에 '~해야 한다'라는 의무를 나타내는 조동사 should를 쓰고, 뒤에 동사원형 keep과 나머지를 쓴다.

4 주어인 Corrie 뒤에 '~해도 된다'라는 허가를 나타내는 조동사 may를 쓰고, 뒤에 동사원형 take와 나머지를 쓴다.

C **해석** 방문객들은 박물관에서 조용히 해야 한다.

1 주어가 2인칭이므로 has를 have로 고쳐야 한다.
해석 당신은 파티를 위해 케이크 하나를 사야 한다.

2 밑줄 뒤에 동사원형인 swim이 있으므로 be를 삭제한다.
해석 나는 이 강에서 수영할 것이다.

3 밑줄 뒤에 able to가 있으므로 can이 아니라 be동사가 들어가야 한다. 주어가 We이므로 are가 적절하다.
해석 우리는 이 메시지를 읽을 수 있다.

Unit 17

Check Up
p.93

> **A 1** coming **2** lying **3** sitting **4** making
>   **5** eating **6** running **7** saying **8** living
> **B 1** be **2** are **3** to study **4** lead
> **C 1** is writing **2** was taking
>   **3** are riding **4** were playing

A 1 come은 -e로 끝나므로 e를 빼고 -ing를 붙인다.

2 lie는 -ie로 끝나므로 ie를 y로 고치고 -ing를 붙인다.

3 sit은 '모음 1개+자음 1개'로 끝나므로 자음을 한 번 더 쓰고 -ing를 붙인다.

4 make는 -e로 끝나므로 e를 빼고 -ing를 붙인다.

5 eat은 -ing만 붙인다.

6 run은 '모음 1개+자음 1개'로 끝나므로 자음을 한 번 더 쓰고 -ing를 붙인다.

7 say는 -ing만 붙인다.

8 live는 -e로 끝나므로 e를 빼고 -ing를 붙인다.

B **해석** 그는 다음 무대에서 그 노래를 연주할 예정이다.

1 앞으로 일어날 일에 대한 예측이나 의지를 나타내는 조동사 will 뒤에는 동사원형이 와야 하므로 be가 정답이다.
해석 나는 올해 18살이 될 것이다.

2 주어가 복수이므로 그에 맞는 be동사 are가 정답이다.
해석 우리는 내일 파티를 할 것이다.

3 예정된 계획을 나타내는 be going to 뒤에는 동사원형이 와야 하므로 to study가 정답이다.
해석 그 학생들은 시험을 위해 열심히 공부할 예정이다.

4 앞으로 일어날 일에 대한 예측이나 의지를 나타내는 조동사 will 뒤에는 동사원형이 와야 하므로 lead가 정답이다.
해석 데이브와 크리스는 합창단을 이끌 것이다.

C **해석** 나는 이탈리아 음식을 요리하고 있다.

1 현재 시점을 나타내는 now가 있으므로 was가 아닌 is가 알맞다.
해석 그녀는 지금 수필을 쓰고 있다.

2 과거 시점을 나타내는 then이 있으므로 is가 아닌 was가 알맞다.
해석 메리는 그때 사진을 찍고 있었다.

3 this Saturday라는 미래를 나타내는 표현이 있으므로 미래시제를 표현할 수 있는 현재진행형 'be+동사원형-ing'이 알맞다.
해석 우리는 이번 주 토요일에 자전거를 탈 예정이다.

4 진행형은 be동사와 함께 쓰이므로 were playing이 알맞다.
해석 아이들은 운동장에서 축구를 하고 있었다.

Level Up
p.94

> **A 1** am going **2** was cutting
>   **3** are lying **4** was driving
> **B 1** am going to make **2** will turn on
>   **3** is going to rain **4** will arrive
> **C 1** send **2** were studying **3** is making **4** are

A **해석** 그렉은 지금 파티에서 춤추고 있다.

1 미래를 나타내는 this weekend가 있고 주어가 1인칭이므로 현재진행형인 am going이 들어간다.
해석 나는 이번 주말에 여행을 갈 것이다.

2 과거 시점을 나타내는 yesterday가 있고 주어가 3인칭 단수이므로 was cutting이 들어간다.
해석 미나는 어제 잔디를 깎고 있었다.

3 현재 시점을 나타내는 Now가 있고 주어가 복수이므로 are lying이 들어간다.
해석 지금, 우리는 모래사장에 누워서 바닷새를 보고 있다.

4 과거 시점을 나타내는 at that time이 있고 주어가 3인칭 단수이므로 was driving이 들어간다.
해석 그는 그때 고속도로에서 차를 운전하고 있었다.

B **해석** 수업은 오후 5시에 끝난다. 나는 수업 후에 집에 곧바로 갈 것이다.

1 be going to에서 be동사를 주어 I에 맞게 am으로 바꾸고 to 뒤에 동사원형 make를 쓴다.
해석 내일은 아빠 생신이다. 나는 케이크를 만들 예정이다.

2 조동사 will 뒤에는 동사원형 turn on을 쓴다.
해석 너무 덥다. 그녀는 에어컨을 틀 것이다.

3 be going to에서 be동사를 주어 it에 맞게 is로 바꾸고 to 뒤에 동사원형 rain을 쓴다.
해석 하늘이 흐리다. 비가 올 것이다.

4 조동사 will 뒤에는 동사원형 arrive를 쓴다.
해석 그들은 한 시간 전에 기차를 탔다. 그들은 곧 도착할 것이다.

C 1 조동사 will 뒤에는 동사원형이 와야 하므로 sending을 send로 고친다.

2 진행형 be going에서 be가 빠져 있다. 주어가 복수이고 과거를 나타내는 yesterday가 있으므로 studying 앞에 were를 넣는다.

3 부사 now가 있으므로 현재진행형이 알맞다. makes를 is making

으로 고친다.
4 주어가 Tony and I로 복수이므로 be동사를 are로 고친다.

Unit 18

Check Up
p.97

> **A** 1 I was not[wasn't] in the library yesterday.
> 2 She cannot[can't] take my book.
> 3 They may not help us.
> 4 It does not[doesn't] smell good.
> 5 We did not[didn't] eat a pizza last Friday.
> **B** 1 Did he meet the girl in the coffee shop?
> 2 Is she busy these days?
> 3 Does Dan live far from here?
> 4 Are my clothes in the drawer?
> 5 Can you make a difference?
> 6 Will it rain this weekend?
> **C** 1 Why is she tired?
> 2 Where did he buy the computer?
> 3 Why do you keep smiling?
> 4 How does he know your name?

A **해석** 그 영화는 무섭다(→ 무섭지 않다).
1 be동사 was 뒤에 not을 넣는다.
해석 나는 어제 도서관에 있었다(→ 없었다).
2 조동사 can 뒤에 not을 넣는다.
해석 그녀는 내 책을 가져갈 수 있다(→ 가져갈 수 없다).
3 조동사 may 뒤에 not을 넣는다.
해석 그들은 우리를 도와줄지도 모른다(→ 도와주지 않을지도 모른다).
4 smells는 일반동사이므로 조동사 do의 도움을 받는다. 주어인 It이 3인칭 단수이므로 do를 수에 맞게 does로 바꾸고 뒤에 not을 붙인다. does not 뒤에 smells의 동사원형 smell을 쓴다.
해석 그것은 냄새가 좋다(→ 좋지 않다).
5 ate는 일반동사이므로 조동사 do의 도움을 받는다. 주어인 We가 1인칭 복수이고 시제가 과거(ate)이므로 do의 과거형인 did로 쓰고 뒤에 not을 붙인다. did not 뒤에 ate의 동사원형인 eat을 쓴다.
해석 우리는 지난 금요일에 피자를 먹었다(→ 먹지 않았다).
B **해석** 그녀는 과일을 좋아한다. → 그녀는 과일을 좋아합니까?
1 met은 일반동사이므로 의문문을 만들 때 조동사 do의 도움을 받는다. 과거시제이므로 do를 did로 바꾸고, 주어 앞으로 이동한다. 주어 뒤에는 동사원형 meet을 쓴다.
해석 그는 커피숍에서 그 소녀를 만났다.
그는 커피숍에서 그 소녀를 만났니?
2 be동사 is가 주어 She 앞으로 이동한다.
해석 그녀는 요즘 바쁘다.
그녀는 요즘 바쁘니?
3 lives는 일반동사이므로 의문문을 만들 때 조동사 do의 도움을 받

는다. 주어가 3인칭 단수 Dan이므로 do를 does로 바꾸고, 주어 뒤에 동사원형 live를 쓴다.
해석 댄은 여기서 먼 곳에 산다.
댄은 여기서 먼 곳에 사니?
4 be동사 are가 주어 My clothes 앞으로 이동한다.
해석 내 옷은 서랍에 있다.
내 옷은 서랍에 있나요?
5 조동사 can이 주어 You 앞으로 이동한다.
해석 당신은 차이를 만들 수 있다.
당신은 차이를 만들 수 있나요?
6 조동사 will이 주어 It 앞으로 이동한다.
해석 이번 주말에 비가 올 것입니다.
이번 주말에 비가 오나요?
C **해석** 너는 나에게 전화했다. → 너는 언제 나에게 전화했니?
1 의문사 why가 맨 앞에 나오고 주어 she와 be동사 is의 순서를 바꾼다.
해석 그녀는 피곤하다.
왜 그녀는 피곤하니?
2 의문사 where가 가장 앞에 나오고 bought가 일반동사이므로 조동사 do의 도움을 받는다. 과거시제이므로 조동사 do를 조동사 did로 바꿔 주어 앞으로 이동시킨다. 주어 뒤에는 동사원형 buy를 쓴다.
해석 그는 컴퓨터를 샀다.
어디서 그는 컴퓨터를 샀니?
3 의문사 why가 가장 앞에 나오고 keep은 일반동사이므로 조동사 do의 도움을 받는다. 현재시제이며 주어가 you이므로 조동사 do가 알맞다. 조동사를 주어 앞으로 이동시키고 주어 뒤에는 동사원형 keep을 쓴다.
해석 당신은 계속 웃고 있다.
왜 당신은 계속 웃고 있나요?
4 의문사 how가 가장 앞에 나오고 knows는 일반동사이므로 조동사 do의 도움을 받는다. 현재시제이며 주어가 3인칭 단수 he이므로 〈의문사 How+조동사 does+주어+동사원형 know〉 순으로 쓴다.
해석 그는 네 이름을 알고 있다.
어떻게 그는 네 이름을 알고 있니?

Level Up
p.98

> **A** 1 was not 2 Was 3 Were
> **B** 1 we go 2 be 3 eat
> **C** 1 does not like 2 wear 3 did not talk
> **D** 1 are you 2 eat 3 did she like

A **해석** 당신은 천사인가요?
1 be동사의 부정문은 be동사 뒤에 not을 쓴다.
해석 그녀는 그때 유명하지 않았다.
2 주어 Angela는 3인칭 단수이므로 Was가 알맞다.
해석 안젤라는 어젯밤에 아팠니?
3 과거를 나타내는 yesterday가 있으므로 과거형 Were가 알맞다.
해석 어제 공원에 당신의 개들이 있었습니까?
B **해석** 그녀는 파티에 오지 않을 것이다.

1 조동사 의문문은 〈조동사+주어+동사원형〉의 어순이므로 we go 가 알맞다.
해석 우리가 안으로 들어가도 되나요?

2 괄호 앞에 조동사 may가 있으므로 동사원형 be가 알맞다.
해석 딜런은 17살이 아닐지도 모른다.

3 조동사 will이 주어 앞에 나온 의문문이므로 동사원형 eat이 알맞다.
해석 그녀는 오늘 점심을 먹어요?

C **해석** 그는 작년에 그 게임을 좋아했니?

1 일반동사의 부정문에서 not은 조동사 does 뒤에 나오므로 does not like가 알맞다.
해석 그녀는 딸기를 좋아하지 않는다.

2 일반동사의 의문문을 만들 때 돕는 조동사 does가 있으므로 주어 Clair가 3인칭 단수이더라도 동사원형을 써야 한다.
해석 클레어는 안경을 쓰니?

3 조동사 did 뒤에는 동사원형이 와야 하므로 did not talk가 알맞다.
해석 우리는 케빈에 관해 이야기하지 않았다.

D **해석** 그는 요즘 무엇을 입니?

1 의문문이므로 〈be동사+주어〉 순서로 써야 한다. 따라서 are를 주어 you 앞으로 이동시킨다.
해석 너는 지금 무엇을 먹고 있니?

2 조동사 did 뒤에는 동사원형이 나와야 하므로 ate를 eat으로 고친다.
해석 너는 언제 내 푸딩을 먹은 거니?

3 like는 일반동사이므로 조동사 do의 도움을 받아야 한다. 조동사 did 다음에 주어가 오며 그 뒤에 동사원형을 쓴다. 따라서 liked she를 did she like로 고친다.
해석 왜 그녀는 그때 그 배우를 좋아했니?

Wrap Up
p.99~100

A 1 ① 2 ④ 3 ② 4 ① 5 ①
B ④
C ②
D ④
E ③
F ②
G 1 was barking 2 wake up 3 did not lie
　4 may not like 5 Can we live
　6 When does he eat

A **1** 주어 She가 3인칭 단수이므로 ②, ③은 오답이다. 또한, 빈칸 뒤에 동사원형이 아닌 형용사 보어가 있으므로 조동사 does가 들어간 ④도 오답이다.
해석 그녀는 춤을 잘 추지 못한다.

2 빈칸 뒤 is는 단수형이므로 단수명사 ④가 정답이다. 나머지는 모두 복수이므로 오답이다.
해석 내 친구는 매우 똑똑하다.

3 보기의 주어가 모두 복수인 We이므로 is가 쓰인 ①, ③은 오답이

다. 또한, be동사 뒤에 not을 붙여야 하므로 ④도 오답이다.
해석 우리는 같은 반에 있지 않다.

4 주어가 3인칭 단수이므로 are가 쓰인 ②는 오답이다. ③은 is 다음에 동사원형이 있고, ④은 조동사 does 다음에 동사원형이 아닌 going이 있으므로 오답이다.
해석 그는 월요일에 학교에 갈 것이다.

5 빈칸 뒤에 일반동사가 없으므로 조동사 do가 들어간 ③과 ④는 오답이다. ②는 3인칭 복수 대명사에 단수형 동사가 쓰였으므로 오답이다.
해석 그녀는 선생님입니까?

B make는 일반동사이므로 부정문을 만들 때 조동사의 도움을 받는다. 과거 시점을 나타내는 yesterday가 있으므로 조동사 do를 did로 바꾸고 그 뒤에 not과 동사원형을 써야 한다.

C 조동사 can이 있는 의문문이다. 조동사가 가장 먼저 나와야 하고 그 뒤에 〈주어+동사원형〉의 순서로 써야 한다.
해석 당신은 이 케이크를 만들 수 있나요?

D 의문사가 있는 의문문은 의문사가 가장 먼저 나오며, 일반동사 come이 있으므로 조동사 do가 필요하다. 언제 돌아왔는지 묻고 있으므로 do를 과거형 did로 바꾸고 〈조동사+주어+동사원형〉의 순서로 써야 하므로 ④가 정답이다.
해석 그는 언제 인도에서 돌아왔습니까?

E ① are 뒤에 not이 있으므로 알맞다.
② 주어 he는 3인칭 단수이므로 does로 맞게 썼으며 그 뒤에 not과 동사원형이 있으므로 알맞다.
③ 조동사 did 뒤에 동사원형이 와야 하므로 과거형 made를 동사원형 make로 고쳐야 한다.
④ is 뒤에 not이 있으므로 알맞다.
해석 ① 그들은 내 사촌들이다. → 그들은 내 사촌들이 아니다.
② 그는 사과를 좋아한다. → 그는 사과를 좋아하지 않는다.
③ 우리는 약속을 잡았다. → 우리는 약속을 잡지 않았다.
④ 그녀는 사서이다. → 그녀는 사서가 아니다.

F ① 일반동사의 의문문이며, 주어 she는 3인칭 단수이므로 조동사 does가 들어간다.
② 주어가 you이므로 do가 들어간다.
③ 주어 my brother는 3인칭 단수이므로 조동사 does가 들어간다.
④ 주어 your father는 3인칭 단수이므로 조동사 does가 들어간다.
해석 ① 그녀는 커피를 좋아하니?
② 너는 학교에 어떻게 가니?
③ 나의 형은 수영하는 것을 즐기지 않는다.
④ 너의 아버지는 요리를 잘하시니?

G **1** '짖고 있었다'이므로 과거진행형으로 표현한다. 주어가 단수이므로 was가 들어가고 bark에 -ing를 붙인다.

2 '매일 아침 7시에 일어난다'는 일상적인 행동(현재의 습관)을 나타내므로 현재시제로 표현한다. 주어가 1인칭 단수이므로 주어진 wake up을 그대로 쓴다.

3 '하지 않았다'이므로 과거시제와 부정문으로 표현한다. 조동사 do를 did로 바꾸고 뒤에 not과 동사원형 lie를 쓴다.

4 조동사 may가 들어가는 부정문이다. 조동사 may 뒤에 not과 동사원형 like를 쓴다.

5 조동사 can이 들어가는 의문문이다. 그러므로 조동사 can을 가장 먼저 쓰고 뒤에 주어와 동사원형을 쓴다.

6 의문사가 들어가는 의문문이므로 의문사 when을 가장 앞에 쓰고 eat이 일반동사이므로 의문사 뒤에 조동사가 들어가야 한다. 주어

가 3인칭 단수(he)이므로 does로 바꾸고 뒤에 주어와 동사원형을 쓴다.

Chapter 05 동사 심화

Unit 19

Check Up
P.105

A 1 has known   2 has learned   3 have gone
  4 has bought   5 has studied
B 1 has taught English
  2 has forgotten her name
  3 have lived
C 1 did   2 has not eaten   3 finished   4 said

A 해석 엘리는 10년 동안 소설을 써왔다.
1 주어가 3인칭 단수이므로 has를 쓰고 know의 과거분사 known을 쓴다.
  해석 그녀는 몇 년 동안 세레나를 알고 지내왔다.
2 주어가 3인칭 단수이므로 has를 쓰고 learn의 과거분사 learned를 쓴다.
  해석 그는 어린 시절 이후로 영어를 배워왔다.
3 주어가 복수이므로 have를 쓰고 go의 과거분사 gone을 쓴다.
  해석 그들은 뉴욕으로 가버렸다.
4 주어가 3인칭 단수이므로 has를 쓰고 buy의 과거분사 bought를 쓴다.
  해석 조는 인터넷에서 식료품을 구매해왔다.
5 주어가 3인칭 단수이므로 has를 쓰고 study의 과거분사 studied를 쓴다.
  해석 피터는 2005년 이후로 한국어를 공부해왔다.

B 해석 나는 내 휴대전화를 잃어버렸다.
1 2010년에 영어를 가르치기 시작했고, 아직도 가르치고 있다는 의미이므로 두 시점을 연결하는 현재완료로 표현한다. 주어가 3인칭 단수이므로 has를 쓰고 teach의 과거분사 taught를 쓴다. '2010년부터 지금까지'는 '2010년 이후로(since 2010)'로 표현할 수 있다.
  해석 그녀는 2010년 이후로 영어를 가르쳐왔다.
2 그녀의 이름을 과거에 잊어버렸고, 아직도 기억나지 않는다는 의미이므로 두 시점을 연결하는 현재완료로 표현한다. 주어가 3인칭 단수이므로 has를 쓰고 forget의 과거분사 forgotten을 쓴다.
  해석 그는 그녀의 이름을 잊어버렸다.
3 3년 전에 부산으로 이사했고, 아직 그곳에 살고 있다는 의미이므로 두 시점을 연결하는 현재완료로 표현한다. 주어가 복수이므로 have를 쓰고 live의 과거분사 lived를 쓴다. '3년 전부터 지금까

지'는 '3년 동안(for three years)'으로 표현할 수 있다.
  해석 우리는 3년 동안 부산에서 살았다.
C 해석 내 남동생은 어제 여행에서 돌아왔다.
1 과거 시점을 나타내는 last summer가 있으므로 과거형 조동사 did가 알맞다.
  해석 지난여름에 너는 어디서 그녀를 봤니?
2 since this morning은 '아침부터 지금까지'라는 뜻으로 현재완료와 어울린다. 그러므로 has not eaten이 알맞다.
  해석 로빈은 오늘 아침부터 아무것도 먹지 않았다.
3 과거 시점 two hours ago가 있으므로 과거형 finished가 알맞다.
  해석 그는 2시간 전에 숙제를 끝냈다.
4 과거 시점 at that time이 있으므로 과거형 said가 알맞다.
  해석 나는 그때 네가 말했던 것을 잊어버렸다.

Level Up
p.106

A 1 Has, learned   2 did not[didn't] go
  3 has worked   4 watched
B 1 Has he seen her before?
  2 I have never felt an earthquake before.
C 1 X, has done   2 O   3 X, has already seen
  4 X, visited

A 1 다나가 과거부터 지금까지 스페인어를 배워본 적이 있는지를 묻고 있으므로 현재완료 의문문이다. 주어가 3인칭 단수이므로 Has가 앞에 나오고 뒤에는 과거분사 learned를 쓴다.
2 일반동사의 부정문이며, 과거 시점을 나타내는 yesterday가 있으므로 조동사 do를 did로 바꾸고 not과 동사원형을 쓴다.
3 2013년부터 계속 일한 것이므로 현재완료로 쓴다. 주어가 3인칭 단수이므로 has를 쓰고 work의 과거분사 worked를 쓴다.
4 과거 시점을 나타내는 last year가 있으므로 과거형 watched를 쓴다.
B 1 현재완료 의문문은 has가 주어 he보다 앞에 나오고, 과거분사 seen, 목적어 her, 부사 before 순서로 쓴다.
2 현재완료 부정문은 have와 과거분사 사이에 not이나 never를 넣는다. 그러므로 주어 I 뒤에 have, never, 동사의 과거분사 felt 순서로 쓴다. 그리고 목적어 뒤에 부사 before를 붙이면 된다.
C 해석 어제 우리는 반장을 정했다.
1 주어 she가 3인칭 단수이므로 have를 has로 고친다.

해석 최근에 그녀는 많은 운동을 했다.

2 과거 시점을 나타내는 in 2011이 있으므로 buy의 과거형 bought가 적절하다.

해석 나는 이 지갑을 2011년에 샀다.

3 현재완료는 조동사 have 뒤에 과거분사가 와야 한다. 과거형 saw를 과거분사 seen으로 고친다.

해석 그녀는 이미 이 영화를 봤다.

4 과거 시점을 나타내는 last year가 있으므로 현재완료 have visited를 과거형 visited로 고친다.

해석 나탈리와 나는 작년에 런던을 방문했다.

Unit 20

Check Up
p.109

> **A** 1 완료 2 경험 3 계속 4 결과
> **B** 1 had lived, met 2 said, had, been
>   3 knew, had visited
> **C** 1 had lost 2 has been 3 returned 4 proposed

A **해석** 나는 아일랜드에 가본 적이 없다.

1 부사 already와 쓰였으므로 과거에 시작된 동작이 현재에 완료된 것을 나타내는 완료 용법이다.

해석 그는 이미 자신의 가족을 위한 요리를 끝냈다.

2 부사 ever와 before가 쓰였으므로 과거부터 지금까지의 경험을 나타내는 경험 용법이다.

해석 당신은 전에 제인을 만난 적이 있습니까?

3 since와 쓰였으므로 과거에 시작된 일이 현재까지 계속되는 것을 나타내는 계속 용법이다.

해석 우리는 1월부터 이 집에서 살고 있다.

4 have gone은 '~가버렸다'로 해석되므로 현재의 결과를 나타내는 결과 용법이다.

해석 아담은 런던으로 가버렸다. 그는 지금 여기 없다.

B **1** '그녀가 10년 동안 살고 있었던 것'이 '그녀를 만난 것'보다 더 과거이므로 과거완료 had lived로 표현하고 '그녀를 만난 것'은 과거형 met으로 쓴다.

2 '유럽에 가본 적이 없는 것'이 '말한 것'보다 더 과거이므로 과거완료 had been으로 표현하고 '말한 것'은 과거형 said로 쓴다.

3 '몬트리올을 방문한 것'이 '도시에 대해 아는 것'보다 더 과거이므로 과거완료 had visited로 표현하고 '아는 것'은 과거형 knew로 쓴다.

C **해석** 나는 캐나다에 도착했지만 그를 만날 수 없었다. 그는 이미 캐나다를 떠났었다.

1 '여동생이 가방을 사야 했던 것'은 과거이고 그것보다 '가방을 잃어버린 일'이 더 과거이므로 과거완료 had lost가 알맞다.

해석 내 여동생은 가방을 잃어버렸었다. 그래서 그녀는 새것을 사야 했다.

2 3년 동안 관광 안내원으로 현재까지 일하고 있다는 것이므로 현재완료 has been이 정답이다.

해석 에밀리는 관광 안내원으로 일한다. 그녀는 3년 동안 이 회사에서 일하고 있다.

3 과거 시점을 나타내는 yesterday가 있으므로 과거형 returned가 알맞다.

해석 그는 어제 그 책들을 도서관에 반납했다. 그는 그 책들을 다 읽었다.

4 '필이 청혼한 것'이 '클레어가 대답을 하는 것'보다 더 과거이다. '대답한 것'이 과거형 said이므로 '청혼한 것'은 과거완료 had proposed나 과거형 proposed가 적절하다.

해석 필은 클레어에게 청혼했다. 그리고 나서 클레어는 그에게 yes라고 대답했다.

Level Up
p.110

> **A** 1 당신은 전에 그리스 음식을 먹어본 적이 있나요? – 경험
>   2 그들은 이미 모든 물품을 판매했다. – 완료
>   3 리사와 밥은 미국으로 갔다. – 결과
>   4 나는 5년 동안 그의 사인을 보관해왔다. – 계속
> **B** 1 had bought 2 had slept 3 has broken
> **C** 1 X, began 2 X, has been 3 X, lost
>   4 X, saw 5 O

A **1** 전에(before) 그리스 음식을 먹어본 적이 있는지 경험을 묻고 있다.

2 이미(already) 모든 물품을 판매했다는 완료의 용법이다.

3 미국으로 가서 현재는 없다는 결과의 용법이다.

4 5년 동안(for five years) 계속 가지고 있다는 계속의 용법이다.

B **해석** 그는 2년 전에 퀘벡으로 유학을 갔다. 그리고 지금 그는 여기 없다. → 그는 퀘벡으로 유학을 갔다.

1 '책을 판 것'보다 더 이전에 '사준 것'이므로 과거완료가 알맞다.

해석 내 여동생은 책을 팔았다. 나는 작년에 그 책을 그녀에게 사줬다. → 내 여동생은 내가 작년에 그녀에게 사줬던 책을 팔았다.

2 일어난 시점이 과거이고 더 이전부터 계속 잤다는 것이므로 과거완료가 알맞다.

해석 우리는 6시간 전에 잠이 들었다. 그 이후에 우리는 일어났다. → 우리는 6시간 동안 잠을 잤다.

3 지난달에 다리가 부러졌고 현재 잘 걸을 수 없으므로 과거의 일이 현재까지 영향을 미치는 현재완료가 알맞다.

해석 그는 지난달에 다리가 부러졌고, 그래서 지금 잘 걸을 수 없다. → 그는 다리가 부러져 있다.

C **해석** 나는 지난 17년 동안 한국에서 살았다.

1 과거 시점을 나타내는 in 1939가 있으므로 과거완료 had begun을 과거형 began으로 고쳐야 한다.

해석 2차 세계 대전은 1939년에 시작됐다.

2 since last week가 있으므로 과거형 was를 현재완료 has been으로 고쳐야 한다.

해석 그는 지난주부터 바빴다.

3 과거 시점을 나타내는 yesterday가 있으므로 현재완료 has lost를 과거형 lost로 고쳐야 한다.

해석 내 여동생은 어제 표를 잃어버렸다.

4 과거 시점을 나타내는 a week ago가 있으므로 과거완료 had seen을 과거형 saw로 고쳐야 한다.

해석 살럿은 일주일 전에 그를 봤다.

5 과거부터 지금까지의 경험을 묻는 것으로 현재완료가 알맞게 쓰였다.

해석 당신은 유럽에 몇 번이나 다녀왔습니까?

Unit 21

Check Up
p.113

A 1 sent   2 was delivered   3 delivered
　 4 happened   5 resembles
B 1 will be discussed   2 were painted
　 3 was designed   4 will be updated
　 5 must be washed
C 1 is not provided   2 Was   3 were not broken

A **해석** 그 편지는 마크에 의해 보내졌다.
1 주어인 마크가 편지를 보낸 것이므로 능동태 sent가 알맞다.
해석 마크는 그 편지를 보냈다.
2 피자는 배달된 대상이므로 수동태 was delivered가 알맞다.
해석 그 피자는 늦게 배달되었다.
3 주어인 그가 피자를 배달한 것이므로 능동태 delivered가 알맞다.
해석 그는 우리 집에 피자를 배달했다.
4 happen은 목적어가 없는 자동사이므로 수동태로 쓰일 수 없다. 따라서 happened가 알맞다.
해석 그 사건이 발생했다.
5 resemble은 동작이 아닌 상태를 나타내는 동사이므로 수동태로 표현하지 않는다. 따라서 resembles가 알맞다.
해석 아멜리아는 언니를 닮았다.

B **해석** 이 이야기는 작년에 그에 의해 쓰였다.
1 주어 This problem은 동사 discuss의 대상이므로 수동태로 쓰여야 하며, 미래 시점 next Monday가 있으므로 will be discussed로 써야 한다.
해석 이 문제는 다음 주 월요일 수업에서 논의될 것이다.
2 주어 These pictures는 동사 paint의 대상이므로 수동태가 알맞다. 과거 시점을 나타내는 a long time ago가 있으며 주어가 복수이므로 were painted로 써야 한다.
해석 이 그림들은 한국에서 오래전에 그려졌다.
3 주어 The bridge는 동사 design의 대상이므로 수동태가 알맞다. 과거 시점을 나타내는 in 2014가 있으며 주어가 단수이므로 was designed로 써야 한다.
해석 그 다리는 외국 건축가에 의해 2014년에 설계되었다.
4 주어 Some programs는 동사 update의 대상이므로 수동태가 알맞다. 미래 시점을 나타내는 tomorrow가 있으므로 will be updated로 써야 한다.
해석 이 컴퓨터의 일부 프로그램은 내일 업데이트될 것이다.
5 주어 These clothes는 동사 wash의 대상이므로 수동태가 알맞다. 괄호 안에 조동사 must가 있으므로 뒤에는 동사원형이 온다. 따라서 must be washed로 써야 한다.
해석 이 옷들은 따로따로 세탁되어야 한다.

C **해석** 이 꽃들은 루시에 의해 꽃꽂이가 되었나요?
1 This service는 provide의 대상이므로 수동태가 알맞다. not은 be동사와 과거분사 사이에 와야 한다.
해석 이 서비스는 무료로 제공되지 않습니다.
2 the cheesecake는 동사 make의 대상이므로 수동태가 알맞다. 의문문이므로 be동사 was가 주어보다 앞에 온다.
해석 그 치즈케이크는 너의 엄마가 만드신 거니?

3 break의 과거형은 broke, 과거분사는 broken이다. 수동태는 'be+과거분사'이므로 were not broken이 알맞다.
해석 그 안경은 어제 부러지지 않았다.

Level Up
p.114

A 1 X, is used   2 X, by her   3 O
　 4 X, resemble   5 O   6 X, has been loved
B 1 Stella will present the latest theory.
　 2 Car Expo 2014 displayed the car.
　 3 Your new idea will be loved by everyone.
　 4 Leo did not[didn't] water the plant last week.
C 1 Are they taught by the teacher?
　 2 The novel was not[wasn't] made into a movie.
　 3 He did not[didn't] answer the question.

A **해석** 그 책은 다음 달에 출판될 것이다.
1 주어 My camera는 동사 use의 대상이므로, 수동태로 써야 한다. 카메라는 단수이고 현재 시점 now가 있으므로 is를 넣어 수동태로 만든다.
해석 내 카메라는 지금 내 여동생에 의해 사용된다.
2 수동태에서 동작의 행위자는 'by+목적격'으로 나타낸다. 그러므로 she를 목적격인 her로 고쳐야 한다.
해석 그 노래는 그녀에 의해 작곡되었다.
3 주어 경복궁은 동사 build의 대상이므로 수동태가 적절하며 역사적 사실이므로 과거시제로 알맞게 쓰였다.
해석 경복궁은 조선 시대 동안에 지어졌다.
4 resemble은 동작이 아닌 상태를 나타내는 동사이므로 수동태로 표현하지 않는다. 능동태인 resemble로 고친다.
해석 쌍둥이들은 서로 닮았다.
5 주어인 English는 동사 speak의 대상이므로 수동태로 알맞게 쓰였다.
해석 영어는 전 세계 여러 다른 나라들에서 사용된다.
6 주어인 The song이 동사 love의 대상이므로 수동태가 적절하다. 완료형 수동태는 〈has been+과거분사〉로 나타내므로 has been loved로 고쳐야 한다.
해석 그 노래는 오랫동안 사랑받아왔다.

B **해석** 나는 어제 주방을 청소했다. → 주방은 어제 나에 의해 청소되었다.
1 수동태이므로 능동태로 바꾼다. 행위자인 by Stella에서 Stella가 주어 자리로, The latest theory는 동사 present의 대상이므로 목적어 자리로 가고 will be presented는 능동태 will present로 바꾼다.
해석 최신 이론이 스텔라에 의해 발표될 것이다. → 스텔라는 최신 이론을 발표할 것이다.
2 수동태이므로 능동태로 바꾼다. 전시를 주최하는 Car Expo 2014가 주어 자리로, The car는 동사 display의 대상이므로 목적어 자리로 가고 was displayed는 능동태 displayed로 바꾼다.
해석 그 차는 Car Expo 2014에서 전시되었다. → Car Expo 2014는 그 차를 전시했다.
3 능동태이므로 수동태로 바꾼다. 동사 love의 대상인 your new

idea가 주어 자리로 가고 will love를 수동태 will be loved로 바꾼다. love의 행위 주체인 everyone은 by 뒤에 써준다.
해석 모든 사람이 당신의 새 아이디어를 좋아할 것이다. → 당신의 새 아이디어는 모든 사람에 의해 사랑받을 것이다.

4 수동태이므로 능동태로 바꾼다. 행위자인 Leo가 주어 자리로, The plant는 동사 water의 대상이므로 목적어 자리로 가고 was not watered를 능동태 did not water로 바꾼다.
해석 그 식물은 지난주에 레오에 의해 물을 공급받지 못했다. → 레오는 지난주에 그 식물에 물을 주지 않았다.

C **해석** 그는 내 차를 고치지 않았다. → 내 차는 그에 의해 고쳐지지 않았다.

1 수동태 의문문은 be동사 are와 주어 they의 순서를 바꾸면 된다.
해석 그들은 그 선생님에게 배웠다. → 그들은 그 선생님에게 배웠습니까?

2 수동태 부정문은 be동사와 과거분사 사이에 not이 들어간다. 그러므로 was와 made 사이 not을 넣으면 된다.
해석 그 소설은 영화로 만들어졌다. → 그 소설은 영화로 만들어지지 않았다.

3 by 뒤에 있는 him이 주어 자리로 가야 하므로 주격 He로 써야 한다. was not answered는 능동태 did not answer로 바꾸고, answer의 대상인 the question은 목적어 자리로 간다.
해석 그 질문은 그에 의해 대답 되지 않았다. → 그는 그 질문에 대답하지 않았다.

Unit 22

Check Up
p.117

A 1 will tell, 조건   2 would, 가정
3 had, 가정   4 hurries, 조건
B 1 were   2 would tell   3 could visit   4 lived
C 1 had taken   2 had been
3 would have gone   4 could have seen

A **해석** 네가 뉴욕에 방문하면, 너를 내 친구들에게 소개해 줄게.
1 If절 동사가 현재형(find)이므로 주절에는 will tell이 알맞다. 일어날 가능성이 있는 조건문이다.
해석 만약 내가 당신의 가방을 발견하면, 당신에게 말할 것이다.
2 If절 동사가 과거형(knew)이므로 주절에는 would가 알맞다. 현재 상황과 반대로 가정하는 가정법 과거이다.
해석 만약 그가 그 이야기를 알면, 그는 행복할 텐데.
3 주절에 조동사 과거형 could가 있으므로, if절에는 과거형 had가 알맞다. 현재 상황과 반대로 가정하는 가정법 과거이다.
해석 만약 그녀가 열쇠를 가지고 있다면, 문을 열 수 있을 텐데.
4 주절에 조동사 can이 있으므로 if절에는 현재형 hurries가 알맞다. 일어날 가능성이 있는 조건문이다.
해석 만약 해리엇이 서두른다면, 그녀는 기차를 잡을 수 있다.

B **해석** 만약 그가 그 여자아이를 좋아한다면, 그는 그녀의 전화번호를 물어볼 텐데.
1 가정법 과거의 If절에서 동사는 과거형으로 써야 한다. be동사의 과거형은 주어의 인칭과 수에 상관없이 were를 써야 한다.

해석 만약 우리가 부자라면, 우리는 그 집을 살 수 있을 텐데.
2 가정법 과거의 주절은 〈주어+조동사 과거형+동사원형〉이다. 그러므로 조동사 과거형 would와 동사원형 tell이 들어간다.
해석 만약 그녀가 정직하다면, 그녀는 당신에게 그 이야기를 할 텐데.
3 가정법 과거의 주절은 〈주어+조동사 과거형+동사원형〉이다. 그러므로 조동사 과거형 could와 동사원형 visit이 들어간다.
해석 만약 어서가 충분한 시간이 있다면, 그는 자기 조부모님을 방문할 수 있을 텐데.
4 가정법 과거의 If절에서 동사는 과거형으로 써야 한다. live를 lived로 바꿔서 넣는다.
해석 만약 내가 너의 집 근처에 산다면, 나는 너를 더 자주 만날 수 있을 텐데.

C **해석** 만약 내가 전에 당신을 알았다면, 당신을 도와줬을 것이다.
1 가정법 과거완료의 if절에서 과거완료를 써야 하므로 had taken이 알맞다.
해석 만약 그녀가 내 충고를 받아들였더라면, 그녀는 대회에서 이겼을 것이다.
2 가정법 과거완료의 if절에서 과거완료를 써야 하므로 had been이 알맞다.
해석 만약 새 노트북이 덜 비쌌더라면, 그는 하나 살 수 있었을 텐데.
3 가정법 과거완료의 주절은 〈주어+조동사 과거형+have p.p.〉이다. 그러므로 빈칸에는 조동사 과거형 would가 들어가고 go는 have gone으로 바꾼다.
해석 만약 날씨가 좋았다면, 우리는 소풍을 갔을 것이다.
4 가정법 과거완료의 주절은 〈주어+조동사 과거형+have p.p.〉이다. 그러므로 빈칸에는 조동사 과거형 could가 들어가고 see는 have seen으로 바꾼다.
해석 만약 당신이 내 파티에 더 일찍 왔더라면, 당신은 어제 그녀를 볼 수 있었을 것이다.

Level Up
p.118

A 1 trust   2 had called   3 had   4 were
B 1 만약 그녀가 충분한 돈이 있었다면, 그녀는 그 옷을 샀을 텐데.
2 만약 네가 더 일찍 온다면, 너는 친구들과 더 많은 시간을 보낼 수 있을 텐데.
3 만약 내가 기타 연주를 잘한다면, 당신의 밴드에 합류할 수 있을 텐데.
4 만약 에단이 10년 전에 줄리를 만났더라면, 그들은 더 많이 행복했을 텐데.
C 1 X, had not[hadn't] snowed
2 X, would have prepared   3 O   4 X, could buy

A **해석** 만약 화창했더라면, 그들은 해변에 갈 수 있었을 것이다.
1 If절 동사가 과거형(told)이므로 가정법 과거이다. 그러므로 주절에는 조동사 could 뒤에 동사원형 trust가 알맞다.
해석 만약 그가 진실을 말하면, 나는 그를 믿을 텐데.
2 주절이 〈조동사 과거형+have p.p.(would have gone)〉이므로 가정법 과거완료이다. 그러므로 If절에는 과거완료형 had called가 알맞다.

해석 만약 네가 나에게 전화했더라면, 나는 너와 함께 거기에 갔을 텐데.

3 주절이 〈조동사 과거형+have p.p.(would have played)〉이므로 가정법 과거완료이다. 그러므로 If절에서 동사가 과거완료여야 하므로 과거완료 had had가 알맞다.
해석 만약 그녀가 충분한 시간이 있었다면, 그녀는 더 오래 놀았을 텐데.

4 주절이 〈조동사 과거형+동사원형(would be)〉이므로 가정법 과거이다. 그러므로 If절에는 과거형 were가 알맞다.
해석 만약 당신의 조부모님이 아직 살아계신다면, 그들은 당신을 자랑스러워할 텐데.

B 1 if절이 과거완료형이고, 주절이 〈조동사 과거형+have p.p.〉이므로 가정법 과거완료이다. 과거의 상황과 반대로 가정하는 것으로 해석해야 한다.

2 If절 동사가 과거형이고, 주절이 〈조동사 과거형+동사원형〉이므로 가정법 과거이다. 현재 상황과 반대로 가정하는 것으로 해석해야 한다.

3 If절 동사가 과거형이고, 주절이 〈조동사 과거형+동사원형〉이므로 가정법 과거이다. 현재 상황과 반대로 가정하는 것으로 해석해야 한다.

4 If절이 과거완료형이고, 주절이 〈조동사 과거형+have p.p.〉이므로 가정법 과거완료이다. 과거 상황과 반대로 가정하는 것으로 해석해야 한다.

C 해석 만약 저 바지가 더 저렴하다면, 나는 그것을 살 텐데.

1 주절에 〈조동사 과거형+have p.p.(could have gone)〉이 있으므로 가정법 과거완료이다. 그러므로 If절에는 동사의 과거완료형이 들어가야 하므로 had not snowed로 고쳐야 한다.
해석 만약 눈이 오지 않았다면, 우리는 스키 타러 갈 수 있었을 텐데.

2 If절에 동사의 과거완료형(had told)이 있으므로 가정법 과거완료이다. 따라서 주절의 would prepare를 〈조동사 과거형+have p.p.〉인 would have prepared로 바꿔야 한다.
해석 만약 네가 나에게 시간을 말해줬다면, 나는 미리 준비했을 텐데.

3 If절에 동사의 과거완료형(had kept)이 있으므로 가정법 과거완료이다. 주절에서 〈조동사 과거형+have p.p.〉가 가정법 과거완료로 알맞게 쓰였다.
해석 만약 그녀가 열쇠를 가지고 있었다면, 성에 들어올 수 있었을 텐데.

4 If절에 동사의 과거형(earned)이 있으므로 가정법 과거이다. 그러므로 주절의 can을 조동사 과거형 could로 바꿔야 한다.
해석 만약 내가 충분한 돈을 번다면, 당신에게 가방을 사줄 텐데.

Wrap Up
p.119~120

A 1 ② 2 ③ 3 ③ 4 ② 5 ②
B ④
C ③
D ②
E ③
F ④
G ⓐ occurred ⓑ have been found ⓒ caused ⓓ had been

A 1 과거 시점을 나타내는 yesterday가 있으므로 과거형 bought가 들어가야 한다.
해석 어제, 나는 그녀를 위한 선물을 샀다.

2 since yesterday가 있으므로 현재완료 has been이 들어가야 한다.
해석 그녀는 어제부터 아팠다.

3 'by+행위자'가 있고 주어인 꽃병이 break의 대상이므로 수동태 was broken이 들어가야 한다.
해석 그 꽃병은 아이에 의해 깨졌다.

4 주절이 〈조동사 과거형+동사원형(could see)〉이므로 가정법 과거이다. 그러므로 if절에는 과거형 were가 들어가야 한다.
해석 우리가 런던에 있다면, 그 뮤지컬을 볼 텐데.

5 if절 동사가 과거완료형이므로 가정법 과거완료이다. 주절은 〈조동사 과거형+have p.p.〉이므로 would have been이 들어가야 한다.
해석 만약 그녀가 거짓말을 했다면, 나는 화가 났을 텐데.

B 보기의 has been은 before(이전에)와 함께 쓰여 경험의 의미를 나타낸다.
① 'for+기간(~동안)'이 있으므로 계속의 의미를 나타낸다.
② just(방금)가 있으므로 완료의 의미를 나타낸다.
③ since(~이후로)가 있으므로 계속의 의미를 나타낸다.
④ never(한 번도 ~않은)가 있으므로 경험을 나타낸다. 그러므로 ④가 보기와 같은 용법이다.
해석 그녀는 전에 파리에 간 적이 있다.
① 나는 5년 동안 중국어를 가르쳐왔다.
② 엄마는 오븐을 방금 고치셨다.
③ 그는 작년 이후로 그녀에게 연락하지 않았다.
④ 우리는 그렇게 큰 소음을 들어본 적이 없다.

C 능동태에서 동사의 대상(목적어)인 the new notebooks가 주어 자리로 간다. 동사 released를 수동태(be동사+과거분사)로 바꿀 때 주어가 복수이고 과거시제이므로 were released가 알맞다. 따라서 보기 ③이 정답이다.
해석 그 회사는 지난 금요일에 새 노트북을 공개했다.
해석 새 노트북이 지난 금요일에 그 회사에 의해 공개됐다.

D 수영하러 가고 싶지만 갈 수 없는 현재 상황을 반대로 가정하는 가정법 과거가 적절하다. 가정법 과거는 if절의 동사가 과거형이고, 주절은 〈조동사 과거형+동사원형〉이므로 알맞은 것은 ②뿐이다.
해석 내가 아프지 않다면, 내 친구들과 함께 수영하러 갈 수 있을 텐데.

E since 2010이 쓰여 과거부터 현재까지 '~을 해왔다'라는 의미로 현재완료의 계속 용법이다. 2010년부터 가르치기 시작했다는 과거의 상황과 여전히 가르치고 있는 현재의 상황을 표현한 ③이 적절하다. ②는 before가 있어서 2010년 전부터 가르쳤다는 의미이므로 오답이다.
해석 피터는 2010년부터 영문학을 가르쳐왔다.
해석 피터는 2010년에 영문학 가르치는 것을 시작했다. 그는 아직도 영문학을 가르치고 있다.

F 주어진 문장은 '그녀는 그 그림을 그리지 않았다'라는 부정문이다. 보기 모두 동사 paint의 대상인 the picture가 주어 자리에 온 수동태이다. 수동태는 'be동사+과거분사'이므로 ①과 ②는 오답이다. ③은 이미 was가 있는데 부사 not 뒤에 be동사를 한 번 더 썼으므로 틀린 문장이다. 그러므로 ④가 정답이다.

해석 그녀는 그 그림을 그리지 않았다.
그 그림은 그녀에 의해 그려지지 않았다.

G ⓐ는 특정 과거 시점을 나타내는 'last Friday(지난주 금요일)'가 있으므로 현재완료 has occurred를 과거형 occurred로 고쳐야 한다.

ⓑ는 주어인 생존자들이 find(발견하다)의 대상이 되므로 수동태로 나타내야 한다. 완료형 수동태는 have been p.p.이므로 과거분사 found 앞에 been을 써야 한다.

ⓒ는 사고가 조종사의 부주의에 의해 '초래된' 것이므로 수동태

'be동사+p.p.'로 나타내야 한다. 따라서 causing을 caused로 고친다.

ⓓ는 주절에 〈조동사 과거형+have p.p.(would have occurred)〉가 있는 가정법 과거완료이다. 따라서 if절의 동사는 과거완료형인 had been이 되어야 한다.

해석 지난주 금요일 비행기 추락 사고가 발생했다. 불행하게도, 지금까지 어떤 생존자도 발견되지 않았다. 그 사고는 조종사의 부주의에 의해 초래된 것으로 밝혀졌다. 만약 그 조종사가 좀 더 주의를 기울였다면, 그러한 참사는 절대로 일어나지 않았을 것이다.

Chapter 06 준동사

Unit 23

Check Up
P.125

> **A** 1 동사 2 명사 3 형용사 4 부사
> 5 주어 6 목적어 7 부사(구)
> **B** 1 playing 2 repaired 3 To study
> 4 to meet 5 living
> **C** 1 has, 과거분사형, books, 형용사
> 2 took, to get, 부사

A 준동사는 동사에서 나왔지만, 동사가 아니므로 서술어 자리에 올 수 없다. 준동사는 세 가지 역할을 하는데 각각 명사 역할, 형용사 역할, 그리고 부사 역할이다. 준동사는 동사에서 나온 것이어서 의미상 주어가 있고, 목적어 또는 보어를 가질 수 있다. 또한, 부사(구)의 수식도 받을 수 있다.

B 해석 나는 친구들과 동물원에 가고 싶다.
1 술어동사 like가 앞에 있다. playing은 play의 현재분사형으로 준동사이다.
해석 나는 축구를 하는 것을 좋아한다.
2 술어동사 saw가 앞에 있다. repaired는 repair의 과거분사형으로 준동사이다.
해석 나는 수리된 차를 보았다.
3 술어동사 is가 뒤에 있다. to study는 study 앞에 to가 있는 준동사이다.
해석 수학을 공부하기는 쉽지 않다.
4 술어동사 came이 앞에 있다. to meet은 meet 앞에 to가 있는 준동사이다.
해석 그는 그녀를 만나러 런던에 왔다.
5 술어동사 have가 앞에 있다. living은 live의 현재분사형으로 준동사이다.
해석 나는 중국에 사는 친구가 하나 있다.

C 해석 나는 음악을 듣는 것을 즐겼다.
1 술어동사 has가 있으므로 written은 write의 과거분사형인 준동사이며, 명사 books를 꾸며주는 형용사 역할을 한다.

해석 우리 선생님은 영어로 쓰인 책을 많이 갖고 계신다.
2 술어동사 took가 앞에 있고 took의 목적어인 a taxi까지 문장이 완전하다. to get은 get 앞에 to가 있는 준동사이며, 제시간에 도착하려고 탔다는 목적의 뜻으로 동사를 꾸며주고 있는 부사 역할을 한다.
해석 그녀는 제시간에 그곳에 도착하려고 택시를 탔다.

Level Up
p.126

> **A** 1 그 2 그녀 3 나 4 우리
> **B** 1 to get, ⓐ 2 sitting, ⓒ 3 to leave, ⓐ
> 4 singing, ⓒ 5 to become, ⓑ
> **C** 1 X, to clean 2 O
> 3 X, drinking / to drink 4 O

A 해석 나는 유명한 가수가 되고 싶다.
1 술어동사 likes 뒤의 helping은 help에 -ing를 붙인 준동사이다. helping의 의미상 주어는 likes의 주어인 He와 일치하므로 'He(그)'이다.
해석 그는 다른 사람들을 돕는 것을 좋아한다.
2 술어동사 was 뒤의 to practice는 practice에 to를 붙인 준동사이다. to practice의 의미상 주어는 to부정사 앞에 있는 for her의 '그녀'이다.
해석 그녀가 골프를 연습하는 것은 어려웠다.
3 술어동사 hated 뒤의 changing은 change에 -ing를 붙인 준동사이다. changing의 의미상 주어는 hated의 주어인 I와 일치하므로 'I(나)'이다.
해석 나는 그 요리법을 바꾸는 것이 싫었다.
4 술어동사 will be 뒤의 to follow는 follow에 to를 붙인 준동사이다. to follow의 의미상 주어는 to부정사 앞에 있는 for us의 '우리'이다.
해석 우리가 수업을 따라가는 것은 쉬울 것이다.

B 해석 나는 매일 아침 채소를 먹는 것을 즐긴다.
1 술어동사 is 뒤의 to get은 get에 to를 붙여 만든 준동사이다. 동사 get처럼 목적어를 지니는 성질을 그대로 갖는다. 그 뒤의 명사

구 a good score는 준동사 to get의 목적어이다.
해석 그녀의 꿈은 좋은 점수를 받는 것이다.

2 술어동사 mind 뒤의 sitting은 sit에 -ing를 붙여 만든 준동사이다. 부사의 수식을 받는 동사의 성질을 그대로 지니고 있다. 뒤에 오는 부사 here는 준동사 sitting을 수식하는 부사이다.
해석 여기에 앉아 주시겠어요?

3 술어동사 forgot 뒤의 to leave는 leave에 to를 붙여 만든 준동사이다. 동사 leave처럼 목적어를 가지는 성질을 그대로 갖는다. 그 뒤의 명사 a message는 준동사 to leave의 목적어이다.
해석 나는 그에게 메시지를 남기는 것을 잊어버렸다.

4 술어동사 is 앞의 singing은 동사 sing에 -ing를 붙여 만든 준동사이다. 부사의 수식을 받는 동사의 성질을 그대로 지니고 있다. 그 뒤의 부사 beautifully는 준동사 singing을 수식하는 부사이다.
해석 무대에서 아름답게 노래하는 소년은 내 아들이다.

5 술어동사 is 뒤의 to become은 동사 become에 to를 붙여 만든 준동사이다. 동사 become처럼 보어를 가지는 성질을 그대로 지니고 있다. 그 뒤의 명사 a dentist는 준동사 to become의 보어이다.
해석 그레이스의 목표는 치과 의사가 되는 것이다.

C **해석** 내 취미는 피아노를 치는 것이다.

1 술어동사 want가 있으므로, 준동사가 필요하다. want의 목적어로 준동사를 쓸 때 to 다음에 동사원형을 쓰고, -ing 형태는 쓰지 않는다. 따라서 to cleaning을 to clean으로 고친다.
해석 나는 내 방을 치우기를 원한다.

2 술어동사 went가 있으므로, 준동사가 필요하다. 우유를 사러 나갔다는 문맥에서, 동사를 꾸며주는 부사 역할을 하는 준동사로 바르게 쓰였다.
해석 그녀는 우유를 좀 사러 나갔다.

3 술어동사 is가 앞에 있으므로, 준동사가 필요하다. 나의 습관이 물을 마시는 것이라고 설명하는 문맥으로 보어 역할을 한다. 따라서 동사원형을 준동사인 drinking이나 to drink로 고친다.
해석 나의 습관은 매일 다섯 잔의 물을 마시는 것이다.

4 술어동사 likes가 앞에 있으므로, 준동사가 필요하다. 아침에 달리는 것을 좋아한다는 문맥으로, '좋아하다'의 목적어 자리이다. 동사에 -ing를 붙여 명사 역할을 하는 준동사로 바르게 쓰였다.
해석 그는 아침에 달리는 것을 좋아한다.

해석 우리의 규칙은 어떤 소음도 내지 않는 것이다.

3 술어동사 went가 앞에 있으므로 준동사가 필요하다. 문맥상 '~하기 위해서'라는 의미로 동사 went의 목적을 나타내는 to부정사 자리이다. 동사원형 앞에 to가 붙은 to borrow가 정답이다.
해석 우리는 책을 좀 빌리기 위해 도서관에 갔다.

B **해석** 나는 더 많은 물을 마실 필요가 있다.

1 밑줄 친 to부정사는 명사 time을 수식하여 '인사를 할 시간'으로 해석된다. to부정사의 형용사 역할로 '~할, ~하는'이 적절하다.
해석 작별 인사를 할 시간이다.

2 밑줄 친 to부정사는 동사 is saving을 수식하여 '카메라를 사기 위해 돈을 모으고 있다'로 해석된다. to부정사의 부사 역할로 '~하기 위해'가 적절하다.
해석 그는 새 카메라를 사기 위해 돈을 모으고 있다.

3 밑줄 친 to부정사는 명사 work를 수식하여 '할 일'로 해석된다. to부정사의 형용사 역할로 '~할, ~하는'이 적절하다.
해석 그들은 요즘 할 일이 많이 있다.

4 밑줄 친 to부정사는 동사 loves의 목적어 자리에 와서 '산책하는 것을 좋아한다'고 해석된다. to부정사의 명사 역할로 '~하는 것, ~하기'가 적절하다.
해석 엄마는 강아지와 산책하는 것을 정말 좋아하신다.

5 밑줄 친 to부정사는 동사 are going을 수식해서 '보기 위해 가고 있다'로 해석된다. to부정사의 부사 역할로 '~하기 위해'가 적절하다.
해석 우리는 그림들을 보기 위해 박물관에 가고 있다.

C **해석** 부인에게 자리를 양보하다니 너는 무척 친절하다.

1 to learn English의 의미상 주어인 Spaniards를 '전치사+목적격'으로 나타낸다. 이때 앞의 형용사 easy는 사람의 성격을 나타내는 것이 아니므로 전치사 for가 알맞다.
해석 스페인 사람들이 영어를 배우기는 쉽다.

2 to say that의 의미상 주어인 him을 '전치사+목적격'으로 나타낸다. 이때 앞의 형용사 careful(신중한)은 사람의 성격을 나타내므로 전치사 of가 알맞다.
해석 그가 그렇게 말한 것은 신중했다.

3 to climb the mountain의 의미상 주어는 '전치사+목적격'으로 나타낸다. 목적격인 us가 적절하며 we는 주격이므로 오답이다.
해석 우리가 그 산에 오르는 것은 위험하다.

4 to solve the question의 의미상 주어는 '전치사+목적격'으로 나타낸다. 목적격 you가 적절하며 your는 소유격이므로 오답이다.
해석 그 문제를 풀다니 너는 똑똑했다.

Unit 24

Check Up
p.129

A 1 to eat 2 not to make 3 to borrow
B 1 ~할, ~하는 2 ~하기 위해 3 ~할, ~하는
　 4 ~하는 것, ~하기 5 ~하기 위해
C 1 for 2 of 3 us 4 you

A **해석** 규칙적으로 자는 것은 중요하다.
1 to부정사는 to 뒤에 동사원형이 와야 하므로 to eat이 알맞다. ate는 과거형이라서 올 수 없다.
해석 나는 채소를 먹는 것을 좋아한다.
2 to부정사의 부정형은 to 앞에 not을 쓴다.

Level Up
p.130

A 1 a room to stay 2 decided to exercise
　 3 the key to open 4 fun to meet
B 1 나는 앉을 의자를 하나 샀다.
　 2 우리는 휴식할 시간이 많다.
　 3 그들은 영화를 보러 가는 것을 기대했다.
C 1 X, to answer 2 X, to buy 3 X, to live in
　 4 X, for me 5 O

A 1 '지낼 방'은 a room을 꾸며주는 to부정사의 형용사 역할이 쓰였다. to부정사가 명사 뒤에서 꾸며주므로 a room to stay로 쓴다.

2 '운동을 매일 하기'는 '결심했다'의 목적어에 해당하므로 동사인 decided 뒤에 to exercise를 쓴다.

3 '열 열쇠'는 명사 the key를 꾸며주는 to부정사의 형용사 역할이 쓰였다. to부정사가 명사 뒤에서 꾸며주므로 the key to open으로 쓴다.

4 '새로운 사람들을 만나는 것은'은 주어에 해당하는데, 주어 자리에 가주어 It이 있으므로 to부정사를 진주어로 나타낸다. is의 보어로 형용사 fun을 쓰고 그 뒤에 to meet를 쓴다.

B **1** to sit on은 명사 a chair를 꾸며주는 형용사 역할을 한다. 따라서 '앉을' 의자라고 해석되며, 명사 a chair는 동사 bought의 목적어이므로 '앉을 의자를 샀다'는 뜻이 된다.

2 to rest는 명사 time을 꾸며주는 형용사 역할을 한다. 따라서 '휴식할' 시간이라고 해석되며, 명사 time은 동사 have의 목적어이므로 '휴식할 시간이 있다'는 뜻이 된다.

3 to go는 동사 expected의 목적어 자리에서 명사 역할을 한다. 따라서 '영화 보러 가는 것을' 기대했다는 뜻이 된다.

C **해석** 나의 취미는 체육관에서 운동하는 것이다.

1 to부정사가 명사 역할로 문장의 주어가 되었을 때, 가주어 It으로 대신할 수 있다. 문장의 answer는 앞에 to를 붙여 to부정사로 고친다.
해석 그 질문에 대답하기는 쉽다.

2 '빵을 사는' 빵집이라고 수식하는 것이 아니라, '빵을 사기 위해' 빵집에 갔다는 문맥이 자연스러우므로, to부정사의 부사 역할로 목적을 표현하는 것이 적절하다. buying이 아닌 동사원형 buy에 to를 붙여 to buy로 고친다.
해석 나는 빵을 사러 빵집에 갔다.

3 '살 집'이라고 해석되므로 명사를 수식하는 to부정사의 형용사 역할이 적절하다. to부정사가 형용사 역할을 할 때는 명사를 to부정사 뒤로 보내 전치사가 필요한지 확인하는 것이 중요하다. live는 자동사여서 in이 있어야 '집에서 산다는 것(live in a house)'이 가능하다. 따라서 to live 뒤에 전치사 in을 넣는다.
해석 그들은 살 집을 찾았다.

4 to부정사의 의미상 주어는 '전치사+목적격'으로 나타내는데, 보어로 쓰이는 형용사가 성격의 뜻일 경우에만 of를 쓴다. difficult(어려운)는 사람의 성격을 나타내는 형용사가 아니므로 전치사 for가 적절하다.
해석 내가 수학을 공부하는 것은 어렵다.

5 to부정사가 동사 뒤에 있고, 동사 plan의 목적어로 '가는 것을'이라고 해석된다. to부정사가 명사 역할을 하여 동사의 목적어로 바르게 쓰였다.
해석 우리는 로마로 가는 것을 계획했다.

Unit 25

Check Up

> **A** 1 ⓒ 2 ⓐ 3 ⓑ 4 ⓓ 5 ⓒ
> **B** 1 is 2 learning 3 is 4 Getting up
> **C** 1 to tell 2 running 3 to meet / meeting
>   4 taking

A **해석** 그는 온실가스를 줄이는 것에 관해 이야기했다.

1 watching movies with my brother는 동사 love의 목적어 역할을 한다.
해석 나는 형과 함께 영화 보는 것을 좋아한다.

2 Jogging in the morning은 be동사 is 앞에서 문장의 주어 역할을 한다.
해석 아침에 조깅하는 것은 우리 건강에 좋다.

3 becoming an international lawyer는 be동사 is 뒤에서 보어 역할을 한다.
해석 그의 꿈은 국제 변호사가 되는 것이다.

4 teaching students는 전치사 at의 목적어 역할을 한다.
해석 그녀는 학생들을 가르치는 것에 매우 능숙하다.

5 practicing yoga는 동사 began의 목적어 역할을 한다.
해석 그들은 지난 주말에 요가 연습을 시작했다.

B **해석** 채소를 직접 기르는 것은 건강한 삶을 위해 좋다.

1 동명사 주어는 단수 취급하므로 is를 쓴다. dishes를 보고 are를 쓰지 않도록 수일치에 주의하자.
해석 그릇을 수집하는 것은 엄마의 취미이다.

2 전치사 in의 목적어 자리이므로 명사 역할을 할 수 있는 동명사 learning이 적절하다.
해석 나는 새로운 문화를 배우는 데 관심이 있다.

3 동명사 주어는 단수 취급하므로 is를 쓴다.
해석 스포츠를 하는 것은 정말로 재미있다.

4 문장의 동사 is와 호응하는 주어가 필요하므로 명사 역할을 할 수 있는 동명사 Getting up이 정답이다.
해석 일찍 일어나는 것은 나에게 매우 어렵다.

C **해석** 그들은 점심시간에 운동을 시작했다.

1 want는 to부정사만 목적어로 취하는 동사이다.
해석 그는 거짓말하고 싶지 않았다.

2 keep은 동명사만 목적어로 취하는 동사이다.
해석 그 어린 남자아이들은 공원 주변을 계속 뛰어다녔다.

3 love는 동명사와 to부정사 둘 다 목적어로 취하는 동사이다.
해석 나는 방과 후에 너를 만나는 것을 좋아한다.

4 enjoy는 동명사만 목적어로 취하는 동사이다.
해석 우리는 사진 찍는 것을 즐겼다.

Level Up

> **A** 1 Climbing, 등산은 아이들에게 위험하다.
>   2 cooking, 우리는 방금 스파게티 요리를 끝냈다.
>   3 watching, 그의 취미는 공포 영화를 보는 것이다.
> **B** 1 buying 2 to meet 3 to eat 4 to submit
> **C** 1 X, singing 2 X, is 3 X, making / to make
>   4 O 5 X, discussing

A **1** 동사 climb에 -ing를 붙여 만든 동명사 climbing은 문장 내에서 명사로 쓰이고, be동사 is 앞에서 주어 역할을 한다.

2 동사 cook에 -ing를 붙여 만든 동명사 cooking은 문장 내에서 명사로 쓰이고, 동사 finished 뒤에서 목적어 역할을 한다.

3 동사 watch에 -ing를 붙여 만든 동명사 watching은 문장 내에서 명사로 쓰이고, be동사 is 뒤에서 보어 역할을 한다.

B **해석** 그들은 걷는 것을 멈췄다. 그들은 피곤하고 목이 말랐다.

1 remember 뒤에 동명사가 오면 '~한 것을 기억하다'이고, to부정사가 오면 '~할 것을 기억하다'이다. 지난 주말에 산 것을 기억한다는 문맥이므로 동명사가 정답이다.
해석 너는 지난 주말에 우산 샀던 것을 기억하니?

2 try 뒤에 동명사가 오면 '(시험 삼아 한번) 해 보다'이고, to부정사가 오면 '~하려고 노력하다'이다. 그를 만나려고 했으나 만나지 못했다는 문맥이므로 to부정사가 정답이다.
해석 우리는 그를 만나려고 했다. 그러나 그는 집에 없었다.

3 stop 뒤에 동명사가 오면 '~하던 것을 멈추다'이고, to부정사가 오면 '~하기 위해 멈추다'이다. 피자집에서 나는 냄새가 아주 좋아서 피자를 먹으려고 멈췄다는 문맥이므로 to부정사가 정답이다.
해석 피자집에서 나오는 냄새가 대단했다. 그는 피자를 먹으려고 멈췄다.

4 remember 뒤에 동명사가 오면 '~한 것을 기억하다'이고, to부정사가 오면 '~할 것을 기억하다'이다. 내일 밤까지 제출할 것을 기억한다는 문맥이므로 to부정사가 정답이다.
해석 내일 밤까지 보고서를 제출하는 것을 기억하세요.

C **해석** 우리는 밤에 간식을 먹는 것을 피해야 한다.

1 enjoy는 동명사만 목적어로 취하는 동사이다. 그러므로 동사원형 sing을 동명사 singing으로 고쳐야 한다.
해석 그는 빗속에서 노래하는 것을 즐겼다.

2 동명사 주어는 단수 취급하므로 is를 쓴다. 그러므로 are를 is로 고쳐야 한다.
해석 신문을 읽는 것은 내 취미이다.

3 begin은 동명사와 to부정사 둘 다를 목적어로 취하는 동사이다. 그러므로 make를 making 또는 to make로 고쳐야 한다.
해석 엘리는 그녀의 여동생과 함께 눈사람을 만들기 시작했다.

4 전치사 by의 목적어인 동명사 telling a lie의 의미상 주어는 문장의 주어인 She와 다른 he이므로 소유격인 his로 의미상 주어를 따로 써야 한다.
해석 그녀는 그가 거짓말을 해서 실망했다.

5 전치사 in 뒤에는 전치사의 목적어인 동명사가 와야 한다. 그러므로 to discuss를 discussing으로 고쳐야 한다.
해석 우리는 책에 관해 토론하는 것에 관심이 있다.

Unit 26

Check Up

A 1 invited 2 sleeping 3 broken 4 interested
B 1 boring, plot 2 excited, boys
3 used, books 4 surprising, news
C 1 scared 2 waving 3 read 4 standing

A **해석** 그 단편 소설은 나에게 충격적이었다.
1 주어인 그녀가 송별회에 '초대받은' 것이므로 수동의 의미인 과거분사가 정답이다.
해석 그녀는 송별회에 초대받았다.
2 '자고 있는' 고양이라는 진행의 의미이므로 현재분사가 정답이다.
해석 나는 자고 있는 고양이를 천천히 껴안았다.
3 '깨진' 창문이라는 수동의 의미이므로 과거분사가 정답이다.

해석 우리는 깨진 창문을 청소했다.
4 주어인 내 친구가 '흥미를 느끼게 된' 것이므로 수동의 의미인 과거분사가 정답이다.
해석 내 친구는 그 영화에 흥미를 느낀다.

B **해석** 어제 수리된 컴퓨터가 지금 작동 중이다.
1 '지루한 구성'이라는 의미로 뒤의 plot을 수식하고 있으며, 책 구성이 지루하게 하는 것이므로 현재분사를 써야 한다.
해석 그 책은 정말 지루한 구성을 가지고 있다.
2 '신이 난 소년들'이라는 의미로 뒤의 boys를 수식하고 있으며, 주어인 소년들이 감정을 느끼는 것이므로 과거분사를 써야 한다.
해석 몇몇 신이 난 소년들은 소리를 지르고 있었다.
3 사용된 책, 즉 중고 책이란 의미로 뒤의 books를 수식하고 있으며, 책이 사용된 것이므로 과거분사를 써야 한다.
해석 나는 중고 책을 많이 샀다.
4 놀라게 하는 소식, 즉 놀라운 소식이란 의미로 뒤의 news를 수식하고 있으며, 뉴스가 놀라게 하는 것이므로 현재분사를 써야 한다.
해석 이 놀라운 소식은 진짜다.

C **해석** 아담은 서비스에 만족한 것처럼 보였다.
1 그 아이(The child)가 무서운 감정을 느낀 것이므로 과거분사를 써야 한다.
해석 그 아이는 큰 곰을 보고 겁을 먹고는 울기 시작했다.
2 그(He)가 자신의 손을 흔들고 있었다는 의미이므로 능동이 적절하다.
해석 그는 공항에서 손을 흔들어 인사하고 있었다.
3 그 책들(The books)은 전 세계에서 '읽힌다'는 수동의 의미이므로 과거분사가 적절하다.
해석 그 책들은 전 세계에서 널리 읽힌다.
4 그 소녀(the girl)가 서 있다는 진행의 의미이므로 현재분사가 적절하다.
해석 벤은 벤치 근처에 서 있는 그 소녀와 이야기하고 있다.

Level Up

A 1 현재분사, 엄마는 떨리는 내 손을 잡았다.
2 동명사, 대기실에 많은 사람들이 있었다.
3 현재분사, 나는 길에서 울고 있는 아이를 봤다.
B 1 satisfied 2 amazing 3 touched 4 shocking
C 1 X, surprised 2 O 3 X, interesting
4 O 5 X, choosing

A 1 뒤의 명사 hands를 꾸며서 '떨리는 손'이란 의미로 형용사 역할을 하므로 현재분사이다.
2 '기다리는 방'이 아니라 '기다리는 데 필요한 방'이라는 의미, 목적/용도를 나타내는 동명사이다.
3 뒤의 명사 child를 꾸며서 '울고 있는 아이'란 의미로 형용사 역할을 하므로 현재분사이다.

B **해석** 그 이야기는 나를 혼란스럽게 했다. → 그 이야기는 혼란스러웠다. / 나는 그 이야기로 인해 혼란스러웠다.
1 맛있는 케이크에 만족한 감정을 느낀 것이므로 수동을 나타내는 과거분사가 정답이다.
해석 그 맛있는 케이크는 나를 만족시켰다. → 나는 그 맛있는 케이크에 만족했다.

2 그녀의 문제가 놀라게 한 것이므로 능동을 나타내는 현재분사가 정답이다.
해석 그녀의 문제는 많은 독자를 놀라게 했다. → 그녀의 문제는 놀라웠다.

3 관객들이 영화에 감동한 것이므로 수동을 나타내는 과거분사가 정답이다.
해석 그 영화는 관객들을 감동시켰다. → 관객들은 그 영화에 의해 감동했다.

4 그의 수학 성적이 충격을 준 것이므로 능동을 나타내는 현재분사가 정답이다.
해석 그의 수학 성적이 부모님에게 충격을 줬다. → 그의 수학 성적은 충격적이었다.

C **해석** 나는 그 수업이 지루하다고 생각한다.

1 주어인 그녀가 그 소식에 놀랐다는 수동의 의미이므로 과거분사로 고쳐야 한다.
해석 그녀는 그 소식에 정말 놀랐다.

2 주어인 캔디스가 지금 달리고 있다는 진행, 능동의 의미이므로 현재분사가 바르게 쓰였다.
해석 캔디스는 지금 공원에서 달리고 있다.

3 그의 제안이 흥미를 끄는 것이므로 능동의 의미인 현재분사로 고쳐야 한다.
해석 나는 그의 흥미로운 제안을 수락했다.

4 사용된 차, 즉 중고차라는 의미로 뒤의 명사 car를 수식하는 과거분사가 바르게 쓰였다.
해석 우리는 작년에 중고차를 샀다.

5 뒤에 술어동사 might be가 있으므로 주어 The boy를 수식하는 분사 자리이다. 주어인 소년이 책을 고르는 것이므로 수동이 아닌 능동의 의미인 현재분사로 고쳐야 한다.
해석 그 책을 고르는 소년은 내 영혼의 짝이 될지도 모른다.

Unit 27

Check Up
p.141

> **A** 1 clean 2 to wash 3 standing
>   4 to lend 5 talking
> **B** 1 so strong, he can lift
>   2 so late, I couldn't take
> **C** 1 doing 2 excited 3 remembering

A **해석** 너는 나를 웃게 만들었어.
1 〈사역동사 let+목적어+목적격 보어〉 구조이므로 목적격 보어 자리에 동사원형 clean이 온다.
해석 엄마는 내가 내 방을 청소하게 하셨다.

2 〈help+목적어+목적격 보어〉 구조로 help의 목적격 보어 자리에는 to부정사 또는 동사원형이 올 수 있으므로 to wash가 적절하다.
해석 나는 엄마가 세차하는 것을 도와드렸다.

3 〈지각동사 see+목적어+목적격 보어〉 구조이므로 목적격 보어 자리에 동사원형 또는 현재분사가 올 수 있다. 따라서 standing이 적절하다.

해석 나는 그녀가 문에 서 있는 것을 보았다.

4 〈want+목적어+목적격 보어〉 구조로 want의 목적격 보어 자리에는 to부정사 to lend가 와야 한다.
해석 케이트는 내가 그녀에게 내 책을 빌려주기를 원했다.

5 〈지각동사 hear+목적어+목적격 보어〉 구조이므로 목적격 보어 자리에 동사원형 또는 현재분사가 올 수 있다. 따라서 talking이 적절하다.
해석 나는 그가 전화로 이야기하는 것을 들었다.

B **해석** 그는 너무 아파서 학교에 갈 수 없었다.

1 〈~ enough+to부정사〉는 '…하기에 충분히 ~하다'라는 뜻으로, 〈so+형용사[부사]+that+주어+can[could]+동사원형〉으로 바꿔 쓸 수 있다. 동사가 현재형 is이므로 조동사는 can을 쓴다.
해석 그는 저 상자들을 들어 올리기에 충분히 힘이 세다.

2 〈too ~ to부정사〉는 '너무 ~해서 …할 수 없다'라는 뜻으로, 〈so+형용사[부사]+주어+cannot[couldn't]+동사원형〉으로 바꿔 쓸 수 있다. 동사가 과거형 woke up이므로 조동사는 couldn't를 쓴다.
해석 나는 너무 늦게 일어나서 기차를 탈 수 없었다.

C **1** '~하느라 바쁘다'라는 의미의 동명사 관용 표현은 〈be busy -ing〉 형태로 쓴다.

2 〈make+목적어+목적격 보어〉 구조로, 목적어인 '우리'가 신이 나는 감정을 '느낀' 것이므로 목적어와 목적격 보어는 수동 관계이다. 따라서 과거분사인 excited가 와야 한다.

3 '~하는 데 어려움을 겪다'라는 의미의 동명사 관용 표현은 〈have difficulty (in) -ing〉의 형태로 쓴다.

Level Up
p.142

> **A** 1 fast enough 2 to travel 3 find 4 take
> **B** 1 She was too busy to have lunch.
>   2 Lily is wise enough to make a good decision.
>   3 Jake was too shy to ask for help.
> **C** 1 X, move / moving 2 X, to seeing
>   3 O 4 X, changed

A **해석** 나는 그에게 문을 열어달라고 부탁했다.
1 문맥상 '…하기에 충분히 ~하다'라는 의미의 〈부사+enough+to부정사〉가 오는 것이 적절하다.
해석 그는 경주에서 이길 정도로 충분히 빨리 달린다.

2 〈allow+목적어+목적격 보어〉 구조로 동사 allow의 목적격 보어 자리에는 to부정사가 온다.
해석 부모님은 내가 친구들과 함께 여행하도록 허락하셨다.

3 〈help+목적어+목적격 보어〉 구조로 help의 목적격 보어 자리에는 to부정사 또는 동사원형이 올 수 있으므로 동사원형 find가 적절하다.
해석 가게 직원은 내가 화장실을 찾게 도와주었다.

4 〈사역동사 have+목적어+목적격 보어〉 구조이므로 목적격 보어 자리에 동사원형 take가 온다.
해석 엄마는 내가 쓰레기를 내다 버리게 하셨다.

B **1** '너무 ~해서 …할 수 없다'는 〈too+형용사[부사]+to부정사〉의 어순으로 쓴다.

2 '…하기에 충분히 ~하다'는 〈형용사[부사]+enough+to부정사〉의

어순으로 쓴다.

3 '너무 ~해서 …할 수 없다'는 〈too+형용사[부사]+to부정사〉의 어순으로 쓴다.

C 해석 나는 내 남동생이 공원에서 달리는 것을 보았다.

1 〈지각동사 feel+목적어+목적격 보어〉 구조에서 목적어인 '땅'이 '움직이는' 것이므로 능동 관계이다. 따라서 목적격 보어 자리에는 동사원형 또는 현재분사가 와야 한다.
해석 그녀는 그녀 아래에서 땅이 움직이는 것을 느꼈다.

2 '~하기를 기대하다'라는 의미의 동명사 관용 표현은 〈look forward to -ing〉의 형태로 쓴다. 여기서 to는 전치사이므로 뒤에 동사원형이 아닌 동명사 seeing이 와야 한다.
해석 우리는 당신을 다시 보기를 기대하고 있습니다.

3 〈order+목적어+목적격 보어〉 구조로, 동사 order는 목적격 보어 자리에 to부정사를 취하므로 바르게 쓰였다.
해석 경찰은 그 차가 멈추도록 명령했다.

4 〈사역동사 have+목적어+목적격 보어〉 구조에서 목적어인 '내 머리 스타일'이 '바뀌는' 것이므로 수동 관계이다. 따라서 목적격 보어 자리에는 과거분사 changed가 와야 한다.
해석 나는 내 머리 스타일이 바뀌도록 했다. (나는 내 머리 스타일을 바꿨다.)

Wrap Up
p.143~144

A 1 ④ 2 ④ 3 ③ 4 ② 5 ②
B ④
C ③
D ②
E ④
F ②
G ⓐ reaching ⓑ grew up
ⓒ To travel in time / Traveling in time
ⓓ for ⓔ surprised

A 1 to부정사의 의미상 주어는 'for+목적격'이다. 그러므로 보기 ④ them이 들어가야 한다.
해석 그들이 친구를 사귀는 것은 중요하다.

2 to부정사의 의미상 주어가 'for+목적격'이므로 사람의 성격을 나타내는 형용사와 함께 쓰이지 않는다. '그녀가 정답을 고르는 것은 어렵다'가 자연스러우므로 difficult가 들어가야 한다.
해석 그녀가 정답을 고르는 것은 어려웠다.

3 술어동사 is와 호응하는 주어가 필요하다. 따라서 '오래된 우표 수집을 하는 것'이라는 주어 역할을 할 수 있는 동명사 Collecting이 들어가야 한다.
해석 오래된 우표를 수집하는 것은 그녀의 취미이다.

4 〈사역동사 make+목적어+목적격 보어〉 구조이므로 목적격 보어 자리에는 동사원형 feel이 적절하다.
해석 음악은 확실히 우리가 행복을 느끼게 한다.

5 술어동사 is가 앞에 있으므로 명사 a boy를 뒤에서 수식하는 준동사 자리이다. 따라서 강아지와 함께 '놀고 있는'이라는 진행의 의미를 나타내는 현재분사인 playing이 적절하다.

해석 강아지와 놀고 있는 소년이 있다.

B 밑줄은 to부정사로 something을 꾸며주는 형용사 역할을 한다. ①은 동사 want의 목적어로 명사 역할을 하며, ②는 목적을 나타내는 부사 역할을 한다. ③은 가짜주어 It을 앞에 둔 진짜주어로 명사 역할을 하며, ④는 friends를 꾸며주는 형용사 역할을 한다. 그러므로 ④가 정답이다.
해석 마실 것 좀 있습니까?
① 당신은 중국 음식을 먹기를 원합니까?
② 그들은 빵을 사기 위해 나갔다.
③ 6시에 일어나는 것은 힘들다.
④ 나는 이야기를 나눌 진정한 친구가 있다.

C ① remember는 뒤에 to부정사가 오면 '~할 것을 기억하다'라는 의미이고, 동명사가 오면 '~한 것을 기억하다'라는 의미이다. 문맥상 어제 경기에 진 것을 기억한 것이므로 to부정사를 동명사로 고쳐야 한다.
② mind는 동명사만 목적어로 취하는 동사이다. 그러므로 to부정사를 동명사로 고쳐야 한다.
③ ask는 목적격 보어로 to부정사를 취하는 동사이므로 바르게 쓰였다.
④ stop 뒤에 동명사가 오면 '~하는 것을 멈추다'이고, to부정사가 오면 '~하기 위해 멈추다'이다. 작년에 커피 마시는 것을 그만뒀다는 문맥이 자연스러우므로 동명사로 고쳐야 한다.
해석 ① 그녀는 어제 경기에 진 것을 기억한다.
② 좀 더 기다려 주시겠습니까?
③ 그들은 내가 소풍을 가주기를 부탁했다.
④ 그는 작년에 커피 마시는 것을 그만뒀다.

D ① 뒤의 명사 story를 수식하는 현재분사이다.
② 동사 makes의 앞에서 주어 역할을 하는 동명사이다.
③ be동사 is 뒤에서 '진행'의 의미를 갖는 현재분사이다.
④ be동사 is 뒤에서 '진행'의 의미를 갖는 현재분사이다.
해석 ① 이 책은 당신에게 아주 놀라운 이야기를 해줄 것이다.
② 다른 이들에게 주는 것은 당신을 행복하게 만든다.
③ 내 상태는 오후에 더 좋아지고 있다.
④ 엄마는 친구들과 함께 점심을 드시고 있다.

E 내가 노래를 부르고 있는 소년을 본 것이다. 그러므로 현재분사를 사용해서 진행의 의미를 나타내면 되는데, 분사구(singing for his mom)가 두 단어 이상이므로 명사 boy 뒤에서 수식하는 ④가 정답이다.
해석 나는 한 소년을 보았다. 그는 엄마를 위해 노래를 부르고 있었다. → 나는 엄마를 위해 노래를 부르고 있는 소년을 보았다.

F ① 뒤의 명사 bag의 용도를 설명하는 동명사이다.
② be동사 is 뒤에서 동명사 보어로 사용된 것이다. 그런데 해석이 현재분사로 되어 있으므로 오답이다.
③ 전치사의 목적어인 동명사로 바르게 해석되었다.
④ 가짜주어를 앞에 두고 진짜주어로 쓰인 to부정사이며 명사 역할로 바르게 해석되었다.
⑤ 뒤의 명사 criminal을 수식하는 과거분사이며 수동의 의미로 바르게 해석되었다.
해석 ① 그 야영객은 자신의 침낭에서 지냈다.
② 우리의 문제는 그 프로젝트에 대한 시간이 없다는 것이다.
③ 그는 도서관을 짓는 것에 관심이 있었다.

④ 당신이 그렇게 말하는 것은 매우 예의 바르다.

⑤ 체포된 범죄자는 용서받기를 원했다.

G ⓐ 술어동사 is가 있으므로 reach는 앞의 명사 a girl을 수식하는 준동사여야 한다. 소녀가 사춘기에 이르는 것은 능동이므로 현재분사 reaching으로 고친다.

ⓑ 앞의 명사 she가 주어이므로 동사가 필요하다. 준동사인 growing up을 과거시제에 맞춰 동사 grew up으로 고쳐야 한다.

ⓒ 밑줄 뒤에 동사 is가 있으므로 주어 자리이다. To traveling을 To travel로 고쳐 to부정사의 명사 역할로 쓰거나, to를 없애고 Traveling으로 써서 동명사가 주어 역할을 할 수 있다.

ⓓ to부정사의 의미상의 주어는 to부정사 앞에 'for+목적격'의 형태로 나타낸다. of는 성격을 나타내는 형용사와 쓰이므로 of를 for로 고쳐야 한다.

ⓔ 주어인 먼로가 놀란 감정을 느끼게 된 것이므로 과거분사로 고쳐야 한다.

해석 앨리스 먼로는 캐나다 작가이다. 그녀의 책은 사춘기에 이르는 한 소녀에 관한 것이다. 작가는 그녀가 자란 마을을 묘사한다. 시간 여행을 하는 것이 그녀의 작품의 주된 주제이다. 그래서 독자들이 이야기의 순서를 따라가는 것이 어렵다. 먼로는 2013년 노벨 문학상을 받아서 놀랐다.

Chapter 07 문장의 확장

Unit 28

Check Up

P.149

A 1 and, ⓐ   2 but, ⓑ   3 and, ⓓ
4 but, ⓔ   5 and, ⓒ
B 1 easily   2 enjoys
C 1 Not only, but also   2 either, or
3 as well as   4 neither, nor   5 both, and

A **해석** 이 케이크는 크고 맛있다.

1 등위접속사 and의 앞뒤로 명사구 some meat와 fruit가 병렬구조로 연결되어 있다.
해석 나는 시장에서 약간의 고기와 과일을 샀다.

2 등위접속사 but의 앞뒤로 형용사 tired와 happy가 병렬구조로 연결되어 있다.
해석 우리는 하루가 끝날 무렵 피곤했지만 행복했다.

3 등위접속사 and의 앞뒤로 동사 decided의 목적어인 to부정사구 to get up early 와 to do exercise가 병렬구조로 연결되어 있다.
해석 그는 일찍 일어나고 운동하기로 결정했다.

4 등위접속사 but의 앞뒤로 절 She ran fast와 she was late for school이 병렬구조로 연결되어 있다.
해석 그녀는 빨리 달렸지만, 학교에 늦었다.

5 등위접속사 and의 앞뒤로 동사 like의 목적어인 동명사구 reading novels와 watching movies가 병렬구조로 연결되어 있다.
해석 나는 소설을 읽는 것과 영화 보는 것을 좋아한다.

B **해석** 내 친구와 나는 오늘 만나서 놀기로 계획했다.

1 등위접속사 and 앞뒤로 동사 can change를 수식하는 부사 quickly와 병렬구조로 연결되므로 부사 easily가 적절하다.
해석 너는 네 비밀번호를 빠르고 쉽게 바꿀 수 있다.

2 등위접속사 and 앞뒤로 동사구 likes to paint와 병렬구조로 연결되므로 동사 enjoys가 적절하다.
해석 그녀는 그림 그리는 것을 좋아하고 쿠키 굽는 것을 즐긴다.

C 1 'A뿐만 아니라 B도'라는 의미의 상관접속사 〈not only A but also B〉가 정답이다.
해석 글로리아뿐만 아니라 그녀의 친구들도 사진을 찍는 것에 관심이 있다.

2 'A와 B 둘 중 하나'라는 의미의 상관접속사 〈either A or B〉가 정답이다.
해석 당신은 내일 우리를 찾아오거나 이메일을 보낼 수 있습니다.

3 'A뿐만 아니라 B도'라는 의미의 접속사가 필요한데, 빈칸이 a trophy 뒤에 있으므로 〈B as well as A〉가 정답이다.
해석 로빈은 1,000달러의 상금뿐만 아니라 트로피도 받았다.

4 'A와 B 둘 다 아닌'이라는 의미의 상관접속사 〈neither A nor B〉가 정답이다.
해석 그들의 집은 크지도 작지도 않다.

5 'A와 B 둘 다'라는 의미의 상관접속사 〈both A and B〉가 정답이다.
해석 내 여동생은 바이올린과 피아노 둘 다 연주할 수 있다.

Level Up

p.150

A 1 ④   2 ③   3 ③   4 ⑤
B 1 are   2 nor   3 but   4 have   5 is
C 1 O   2 X, or   3 X, I   4 X, (to) learn

A **해석** 나는 소파에서 TV를 보면서 그대로 있기를 원한다.

1 셋 이상의 단어가 나열될 때는 쉼표로 연결하고 마지막 단어 앞에 등위접속사를 쓴다. 그러므로 ④가 정답이다.
해석 우리는 동물원에서 호랑이, 말, 그리고 코끼리를 보았다.

2 The boxes were heavy라는 절과 the girl moved them alone이라는 절을 연결하는 것이므로 ③이 정답이다.
해석 그 상자들은 무거웠지만, 그 소녀는 혼자 그것들을 옮겼다.

3 either는 등위접속사 or와 함께 상관접속사 〈either A or B〉를 이룬다. 문장에서 or 앞으로 명사 boys와 girls가 있으므로 boys 앞에 either를 넣는다. 따라서 ③이 정답이다.
해석 치어리더는 남학생도 될 수 있고 여학생도 될 수 있다.

4 by subway와 by bus라는 전치사구를 연결하는 것이므로 ⑤가 정답이다.

　　해석 거기에 지하철이나 버스로 갈 수 있나요?

B　**해석** 당신이나 내가 집에 있어야 한다.

1 상관접속사 〈both A and B〉가 있다. 이때 주어는 복수 취급하므로 복수동사가 와야 한다. 그러므로 are가 정답이다.

　　해석 마커스와 휴 둘 다 그 사건에 대한 책임이 있다.

2 앞에 neither가 있으므로 괄호에서는 nor가 함께 쓰이면 상관접속사인 〈neither A nor B〉가 된다.

　　해석 에이미는 버섯을 먹지 않았고 토마토 주스를 마시지도 않았다.

3 앞에 not only가 있고 뒤에 also가 보이므로 but이 정답임을 알수 있다. 상관접속사 〈not only A but also B〉는 'A뿐만 아니라 B도'라고 해석된다.

　　해석 그에게 수프뿐만 아니라 샐러드도 주세요.

4 상관접속사 〈neither A nor B〉는 B를 보고 동사의 단수/복수를 고른다. his sons가 복수이므로 have가 정답이다.

　　해석 그와 그의 아들들은 운전면허가 없다.

5 상관접속사 〈B as well as A〉는 B에 수일치한다. Ryan이 3인칭 단수이므로 is가 정답이다.

　　해석 라이언의 친구들뿐만 아니라 라이언도 점심을 먹으러 올 것이다.

C　**해석** 그는 샤워하고 잘 것이다.

1 등위접속사 but의 앞뒤로 현재분사인 sleeping과 dreaming이 병렬구조로 알맞게 쓰였다.

　　해석 그녀는 자고 있었지만 꿈을 꾸지 않았다.

2 등위접속사 앞뒤에 모두 to부정사가 있는 병렬구조이다. 하지만 문맥상 여기서 먹을 건지 아니면 가지고 나갈 것인지를 묻고 있으므로 and가 아닌 or로 고쳐야 한다.

　　해석 여기서 먹을 건가요, 아니면 음식을 가지고 갈 건가요?

3 등위접속사 and로 연결되었으며 주어 자리이다. 그러므로 목적격인 me를 주격인 I로 고쳐야 한다.

　　해석 소피아와 나는 고등학교에서 가장 친한 친구였다.

4 등위접속사 and 앞뒤로 병렬구조를 이루어야 하는데, 문맥상 to study와 연결되는 것이 자연스러우므로 (to) learn으로 고친다. 이때 and 뒤에 오는 to부정사의 to는 생략할 수 있다.

　　해석 댄은 한국어를 공부하고 한국 문화에 대해 배우기를 원한다.

Unit 29

Check Up
p.153

> **A** 1 whether I have to buy it or not, 목적어
> 　2 that my teacher had a traffic accident yesterday, 목적어
> 　3 that I need your help right away, 보어
> 　4 if she met him after then, 목적어
> 　5 Whether it will rain or snow, 주어
> **B** 1 그의 고양이가 갑자기 사라진 것은 충격적이다.
> 　2 그녀는 나에게 갈 준비가 되었는지 물어보았다.
> 　3 그 이야기가 사실인지 아닌지는 확실하지 않다.

> **C** 1 Can you tell me what your phone number is?
> 　2 I don't know if[whether] Irene wants to join us.
> 　3 Do you know who made this cake?

A　**해석** 그의 답이 틀렸다는 것은 확실하다.

1 명사절 접속사 whether가 이끄는 절이 동사 consider 뒤에서 목적어로 쓰였다.

　　해석 나는 그것을 사야 할지 말지를 고려하고 있다.

2 명사절 접속사 that이 이끄는 절이 동사 heard 뒤에서 목적어로 쓰였다.

　　해석 나는 선생님이 어제 교통사고를 당하셨다는 것을 들었다.

3 명사절 접속사 that이 이끄는 절이 be동사 뒤에서 보어로 쓰였다.

　　해석 내 요점은 내가 지금 바로 너의 도움이 필요하다는 것이다.

4 명사절 접속사 if가 이끄는 절이 동사 know 뒤에서 목적어로 쓰였다.

　　해석 우리는 그녀가 그때 이후로 그를 만났는지 모른다.

5 명사절 접속사 whether가 이끄는 절이 동사 does not matter 앞에서 주어로 쓰였다.

　　해석 비가 올지 눈이 내릴지는 중요하지 않다.

B **1** 가주어 It을 앞에 두고, 진짜 주어인 that이 이끄는 명사절이 뒤로 간 것이다. 그러므로 '그의 고양이가 갑자기 사라진 것은 ~이다'라고 해석한다.

2 if가 이끄는 명사절이 동사 asked의 직접목적어로 쓰였다. 그러므로 '내가 갈 준비가 되었는지를'이라고 해석한다.

3 whether가 이끄는 절이 be동사 is 앞에서 주어로 쓰였다. 그러므로 '그 이야기가 사실인지 아닌지는'이라고 해석한다.

C **1** 의문사가 있는 의문문의 간접의문문 어순은 〈의문사(what)+주어(your phone number)+동사(is)〉이다.

　　해석 네 전화번호가 무엇인지 내게 말해줄 수 있니?

2 의문사가 없는 의문문의 간접의문문은 〈if[whether]+주어(Irene)+동사(wants) ~〉의 어순으로 쓴다. 주어가 3인칭 단수이므로 동사를 wants로 쓰는 것에 주의한다.

　　해석 나는 아이린이 우리와 함께하길 원하는지 모르겠어.

3 의문사가 있는 의문문의 간접의문문 어순은 〈의문사+주어+동사〉이지만, who가 의문사이자 주어(누가) 역할을 하므로 〈의문사(who)+동사(made) ~〉의 어순으로 쓴다.

　　해석 너는 누가 이 케이크를 만들었는지 아니?

Level Up
p.154

> **A** 1 Whether　2 that　3 that
> **B** 1 that I accomplished the goal
> 　2 if he will like my present
> 　3 why he was angry yesterday
> **C** 1 do you do → you do
> 　2 did she lie → she lied
> 　3 whether → that
> 　4 that whether → whether

A **1** whether와 if 모두 '~인지 아닌지'로 해석되는데, if는 주어 자리에 쓰일 수 없으므로 whether가 정답이다.

2 whether는 '~인지 아닌지', that은 '~하는 것'으로 해석되므로 that이 정답이다.

3 문장의 주어 It이 '그것'으로 해석되지 않는 가주어이므로 진주어절을 이끌 수 있는 접속사가 필요하다. if가 이끄는 명사절은 주로 목적어로만 쓰이고 주어 역할은 할 수 없으므로 접속사 that이 와야 한다.

B 1 명사절 접속사 that이 이끄는 명사절이 be동사 is 뒤에서 보어로 쓰이는 문장이다. that 뒤에 주어 I, 동사 accomplished, 목적어 the goal 순으로 쓴다.

2 의문사가 없는 간접의문문의 어순은 〈if+주어(he)+동사(will like)〉 순으로 쓴다.

3 의문부사 why가 이끄는 의문사절이 동사 don't know의 목적어로 쓰이는 문장이다. why 뒤에 주어 he, 동사 was, 보어 angry 순으로 쓴다.

C **해석** 조슈아는 다음으로 무엇을 해야 하는지 모른다.

1 의문사가 있는 간접의문문의 어순은 〈의문사(what)+주어(you)+동사(do)〉의 어순으로 써야 한다.
해석 당신이 이곳에서 무슨 일을 하는지 설명해주실 수 있나요?

2 의문사가 있는 간접의문문의 어순은 〈의문사(why)+주어(she)+동사(lied)〉의 어순으로 써야 한다.
해석 엠버는 내게 왜 거짓말을 했는지 말해주지 않았다.

3 문맥상 줄리가 방과 후에 공부할 거라고 말했다는 의미이므로 '~인지 아닌지'라는 의미의 접속사 whether는 적절하지 않다. 따라서 '~라는 사실', '~라는 것'을 의미하는 that으로 고친다.
해석 줄리는 방과 후에 그와 함께 공부할 거라고 말했다.

4 접속사 that, whether 두 개가 나란히 있으므로 하나를 없애야 한다. 문맥상 그가 올 건지 아닌지를 궁금해한다는 의미이므로 whether가 적절하다.
해석 나는 그가 내 졸업파티에 올 것인지 궁금하다.

Unit 30

Check Up

A 1 It **2** it **3** His
B 1 who, 주격 **2** whose, 소유격 **3** which, 주격
  4 which, 목적격 **5** whom, 목적격
C 1 where **2** when **3** why **4** how / the way

A **해석** 나는 친구가 한 명 있다. 그녀는 교사가 되기를 원한다.
1 뒤 문장에서 The snake와 공통된 의미를 갖는 것은 It이다.
해석 그 뱀은 죽었다. 그것은 뒷마당에서 발견되었다.

2 뒤 문장에서 The medicine과 공통된 의미를 갖는 것은 it이다.
해석 그 약은 그녀의 복통을 위한 것이었다. 그녀는 지난밤 그것을 먹었다.

3 뒤 문장에서 a boy와 공통된 의미를 갖는 것은 His이다.
해석 나는 한 소년을 찾고 있다. 그의 이름은 가브리엘이다.

B **해석** 딸기는 빨갛고 달콤한 과일이다.
1 선행사 The girl이 사람이고 뒤에 동사 is wearing이 있으므로 주격인 who가 정답이다.
해석 분홍색 드레스를 입고 있는 그 여자아이는 내 친구이다.

2 선행사 the woman이 사람이고 관계대명사가 이끄는 절에서 소유격 역할을 하므로 whose가 정답이다.
해석 그녀가 지갑을 도난당한 여자이다.

3 선행사 the mountain이 사물이고 뒤에 동사 looks가 있으므로 주격인 which가 정답이다.
해석 하얀 코끼리처럼 보이는 산을 보세요.

4 선행사 the restaurant이 사물이므로 whom은 적절하지 않다. which가 정답이며, 뒤에 타동사가 있으므로 목적격이다.
해석 나는 네가 말한 음식점에 갔다.

5 선행사 an actor가 사람이고 관계대명사가 이끄는 절에서 목적어 역할이므로 whom이 정답이다.
해석 그는 모든 사람이 알아보는 배우이다.

C 1 선행사가 장소를 나타내는 the house이므로 관계부사 where가 정답이다.

2 선행사가 시간을 나타내는 the day이므로 관계부사 when이 정답이다.

3 선행사가 원인을 나타내는 the reason이므로 관계부사 why가 정답이다.

4 방법을 나타내는 선행사 the way는 관계부사 how와 같이 쓸 수 없으므로 the way 또는 how로 나타낸다. 하지만 the way how는 적절하지 않다.

Level Up

A 1 who looked just like my friend
  2 which my mom made in the morning
  3 whose house was destroyed by the flood
B 1 where I lived ten years ago
  2 why I couldn't call you
C 1 has → have **2** who → whose
  3 they → 삭제 **4** who → which / that

A **해석** 그 그림들은 아주 오래되었다. 그 그림들은 거실에 걸려 있다. → 거실에 걸려 있는 그 그림들은 아주 오래되었다.
1 두 문장에서 girl이 공통으로 들어가 있고, 뒤 문장에서 주어 역할을 한다. 따라서 두 문장을 who로 연결해서 선행사 a girl을 꾸민다.
해석 나는 한 여자아이를 보았다. 그 여자아이는 꼭 내 친구처럼 생겼다. → 나는 꼭 내 친구처럼 생긴 한 여자아이를 봤다.

2 앞 문장의 The sandwich와 뒤 문장의 it이 공통된 의미를 갖는다. 뒤 문장에서 it은 목적어 역할을 하므로 which로 연결해서 선행사 The sandwich를 꾸민다.
해석 그 샌드위치는 맛있었다. 엄마가 아침에 그것을 만드셨다. → 엄마가 아침에 만든 샌드위치는 맛있었다.

3 앞 문장의 The man과 뒤 문장의 His가 공통된 의미를 갖는다. His는 소유격이므로 whose로 연결해서 선행사 The man을 꾸민다.
해석 그 남자는 충격을 받았다. 그의 집은 홍수로 인해 무너졌다. → 홍수로 인해 집이 무너진 그 남자는 충격을 받았다.

B **해석** 나는 아직 그날을 기억한다. 나는 그날 내 여동생을 처음 보았다. → 나는 내 여동생을 처음 본 그날을 아직 기억한다.
1 앞 문장의 the town과 뒤 문장의 here가 공통된 의미를 갖고 장소를 나타내므로 where로 연결해서 선행사 the town을 꾸며준다.

해석 이곳은 동네이다. 나는 여기서 10년 전에 살았다. → 이곳은 내가 10년 전에 살았던 동네이다.

2 두 문장에서 some reasons가 공통된 의미를 갖는다. 선행사가 원인일 경우 관계부사 why로 연결한다.
해석 몇 가지 이유가 있었다. 나는 몇 가지 이유로 당신에게 전화할 수 없었다. → 당신에게 전화할 수 없었던 몇 가지 이유가 있었다.

C **해석** 그는 내가 설명한 것을 이해하지 못했다.

1 선행사 movies가 복수이고 관계대명사 which로 연결되는 절에서 주어 역할을 하므로 has를 have로 고쳐야 한다.
해석 미나는 행복한 결말을 갖는 영화를 보는 것을 좋아한다.

2 선행사 the chef가 관계대명사 뒤에 오는 명사 recipes와 '요리사의 요리법'을 뜻하여 소유격으로 연결되므로 whose로 고쳐야 한다.
해석 그녀는 요리법이 그녀의 고객들을 만족시킨 그 요리사를 고용했다.

3 선행사 the children을 주격 관계대명사 who가 이끄는 절이 꾸며주고 있다. 따라서 they의 역할이 중복되므로 없애야 한다.
해석 나는 저기서 놀고 있는 아이들을 안다.

4 선행사 the book은 사물이고 관계대명사 뒤가 동사이므로 사람 선행사에 맞는 who를 which 또는 that으로 고쳐야 한다.
해석 오브리는 정말 흥미진진한 책을 읽고 있었다.

Unit 31

Check Up
p.161

A 1 though 2 After 3 If 4 because
5 when 6 Unless
B 1 The restaurant is already popular in town though it recently opened.
2 You should look over the paper before you send it to Alice.
C 1 Turning right 2 feeling sick

A 1 '비록 ∼이지만'이라는 양보를 나타내는 접속사 though가 정답이다.
2 '∼한 후에'라는 시간을 나타내는 접속사 after가 정답이다.
3 '∼라면'이라는 조건을 나타내는 접속사 if가 정답이다.
4 '∼때문에'라는 이유를 나타내는 접속사 because가 정답이다.
5 '∼할 때'라는 시간을 나타내는 접속사 when이 정답이다.
6 '∼이 아니라면'이라는 조건을 나타내는 접속사 unless가 정답이다.

B **해석** 에린은 오늘 아침에 일정을 잊어버려서 제시간에 도착할 수 없었다.
1 '그 식당은 최근에 문을 열었지만 이미 인기 있다'라고 연결하는 것이 자연스럽다. 그러므로 양보에 해당하는 뒤에 오는 문장 앞에 접속사 though를 붙인다.
해석 비록 그 식당은 최근에 문을 열었지만, 이미 도시에서 인기 있다.
2 '서류를 보내기 전에 검토해야 한다'라고 연결하는 것이 자연스럽다. 그러므로 앞 문장은 그대로 두고 시간상 나중에 해당하는 뒤에

오는 문장 앞에 접속사 before를 붙인다.
해석 당신은 앨리스에게 보내기 전에 그 서류를 검토해야 한다.

C **해석** 그녀는 손을 씻은 후에, 점심을 먹었다.
1 접속사 When을 생략하고, 부사절과 주절의 주어가 같으므로 she를 생략한다. 앞뒤 절의 시제가 같으므로 동사에 -ing를 붙여 Turning으로 바꿔 분사구문을 만든다.
해석 우회전했을 때, 그녀는 학교를 찾았다.
2 접속사 Because를 생략하고, 부사절과 주절의 주어가 같으므로 he를 생략한다. 앞뒤 절의 시제가 같으므로 동사에 -ing를 붙여 feeling으로 바꿔 분사구문을 만든다.
해석 아파서, 그는 수업을 취소했다.

Level Up
p.162

A 1 As soon as 2 since 3 Though 4 because
5 after 6 while
B 1 Because / As 2 Though / Although 3 unless
C 1 is released 2 Looking 3 Though / Although

A **해석** 그녀는 서두르지 않으면 기차를 놓칠 것이다.
1 자러 가자마자 잠들었다는 문맥이 자연스러우므로 '∼ 하자마자'라는 의미의 시간 접속사 as soon as가 정답이다.
해석 그는 자러 가자마자 잠들었다.
2 날씨가 추웠기 때문에 소풍이 취소되었다는 맥락이므로 '∼때문에'라는 이유를 나타내는 접속사 since가 정답이다.
해석 날씨가 너무 추워서 소풍이 취소되었다.
3 아팠지만 학교에 갔다는 맥락이 자연스러우므로 '비록 ∼이지만'이라는 양보를 나타내는 접속사 Though가 정답이다.
해석 비록 그녀는 아팠지만 학교에 갔다.
4 친절해서 그를 좋아한다는 맥락이므로 '∼때문에'라는 이유를 나타내는 접속사 because가 정답이다.
해석 그가 친절한 사람이라서 나는 그를 좋아한다.
5 숙제를 끝내고 쇼핑몰에 가는 맥락이므로 '∼후에'라는 의미의 시간을 나타내는 접속사 after가 정답이다.
해석 네가 숙제를 끝낸 후에 쇼핑몰에 가자.
6 산책하는 동안 이상한 소리를 들었다는 맥락이므로 '∼동안에'라는 의미의 시간을 나타내는 접속사 while이 정답이다.
해석 그녀는 산책하는 동안 이상한 소리를 들었다.

B **해석** 나는 수영하러 가기 전에 일을 끝냈다. = 나는 일을 끝낸 후에 수영하러 갔다.
1 '∼때문에'라는 의미의 이유를 나타내는 접속사 since와 같은 의미로 쓰이는 접속사를 넣는다. 그러므로 because와 as 둘 다 정답이 될 수 있다.
해석 그녀는 바쁘지 않아서, 휴식을 취할 수 있다.
2 눈이 많이 왔지만 산을 올랐다는 의미이므로 '비록 ∼이지만'이라는 양보를 나타내는 접속사 though나 although를 넣는다.
해석 눈이 많이 왔지만, 그들은 산을 올랐다. = 비록 눈이 많이 왔지만, 그들은 산을 올랐다.
3 비밀을 지킨다고 약속하지 않는다면 비밀을 말할 수 없다는 조건을 나타내는 접속사 if가 쓰였다. 따라서 if ∼ not과 같은 뜻의 접속사 unless를 넣는다.
해석 당신이 나에게 비밀을 지킨다는 약속을 하지 않는다면 비밀

을 말할 수 없다.

C **해석** 브룩은 기타 연주하는 것을 좋아하기 때문에 밴드에 가입하기로 했다.

1 시간, 조건의 부사절에서는 미래를 나타내더라도, 미래시제를 쓰지 않는다. 따라서 will be released를 현재시제인 is released로 고쳐야 한다.
   해석 한국에서 그 영화가 개봉한다면, 많은 사람이 그 영화를 보러 갈 것이다.

2 절이 두 개인데, 접속사가 없으므로 분사구문이라는 것을 알 수 있다. 따라서 동사원형인 Look을 현재분사인 Looking으로 고쳐야 한다.
   해석 주변을 둘러보다가, 그녀는 언덕에서 하얀 토끼를 봤다.

3 아팠지만 공부하려고 밤을 새웠다는 의미이므로 '~때문에'라는 접속사 as가 아닌 '비록 ~이지만'이라는 의미의 접속사인 Though 또는 Although로 고쳐야 한다.
   해석 비록 나는 아팠지만, 공부하기 위해 밤을 새웠다.

Wrap Up   p.163~164

A 1 ②   2 ③   3 ②   4 ②   5 ③
B ②
C ③
D ②, ④
E ③
F ④
G ⓐ When   ⓑ who   ⓒ smelling   ⓓ but (also)
       ⓔ the way / how

A 1 문맥상 '영화를 좋아하지만 요즘에는 극장에 가지 않는다'는 의미가 자연스럽다. 그러므로 but이 정답이다.
   해석 나는 영화를 좋아하지만 요즘에는 극장에 가지 않는다.

2 등위접속사 and 앞에 형용사가 병렬구조로 연결되어 있다. A, B, and C는 모두 형용사여야 하므로 형용사인 curious가 정답이다.
   해석 레이철은 친절하고 똑똑하며 호기심이 많다.

3 동사 don't know의 목적어 역할을 하는 명사절을 이끌 수 있는 접속사 that이나 whether가 가능하다. that은 '~라는 것'으로 해석되고, whether는 '~인지 아닌지'라는 불확실한 내용을 나타내는데, 문장에 don't know(모른다)라는 의문의 내용이 있으므로 whether가 적절하다.
   해석 나는 그 답이 맞는지 아닌지 모르겠다.

4 사람 선행사 The boy를 수식하는 관계사절을 이끄는 관계대명사의 격을 선택해야 한다. 빈칸 뒤에 동사가 있으며 주어 역할이 필요하므로 주격 관계대명사 who가 정답이다.
   해석 나를 기다려준 그 남자아이는 테드였다.

5 빈칸 앞에는 결과, 빈칸 뒤에는 잠을 자지 못한 이유에 대해 나오므로 이유를 나타내는 접속사 because가 정답이다.
   해석 나는 침대가 너무 불편해서 잠을 잘 수 없었다.

B that 이하의 절이 문장의 진짜 주어 역할을 하는 명사절이다. 따라서 명사절 접속사 that이 쓰인 문장을 찾는다. ①은 사물 선행사 a purse를 수식하는 목적격 관계대명사로 쓰였다. ②는 that 이하

가 동사 believe의 목적어 역할을 하는 명사절 접속사로 쓰인 것이므로 정답이다. ③은 뒤에 be동사가 바로 나왔으므로 주격 관계대명사이고, ④ 또한 뒤에 동사 speaks가 바로 나왔으므로 주격 관계대명사로 쓰인 것이다.
해석 지난봄에 그녀의 다리가 부러진 것은 사실이다.
① 그녀는 어제 산 지갑을 잃어버렸다.
② 나는 테드가 자신의 문제를 해결할 것이라고 믿는다.
③ 우리는 정말 흥미로운 뮤지컬을 보았다.
④ 당신은 독일어를 매우 잘하는 사람을 알고 있나요?

C ① 선행사가 사람이고 관계대명사 뒤에 동사 are가 있으므로 주격 관계대명사 자리이다. 소유격 관계대명사 whose를 who로 고쳐야 한다.
② 선행사 a dish는 사물이다. 그러므로 사람일 때 쓰는 주격 관계대명사 who를 which로 고쳐야 한다.
③ 선행사 the earrings는 사물이며, 뒤에 had bought의 목적어가 빠진 불완전한 구조가 오므로 목적격 관계대명사 which가 알맞게 쓰였다.
④ 선행사 the house의 지붕이라는 의미로 소유격이 적절하다. 그러므로 which를 whose로 고쳐야 한다.
해석 ① 그는 항상 울어대는 두 아기의 아버지이다.
② 정말 깨지지 않는 접시가 있습니까?
③ 나는 지난 주말에 산 귀걸이를 잃어버렸다.
④ 앤은 지붕이 녹색으로 칠해진 집에 산다.

D 보기의 문장에서 관계부사 when이 시간을 나타내는 선행사(the day)를 수식하는 형용사절을 이끌고 있다.
① 선행사가 시간(The time)이고 이를 수식하는 형용사절을 이끄는 관계부사 when이 쓰였다.
② 동사 don't know의 목적어로 명사절을 이끄는 의문부사 when이 쓰였다.
③ 선행사가 시간(the month)이고 이를 수식하는 형용사절을 이끄는 관계부사 when이 쓰였다.
④ 시간을 나타내는 부사절을 이끄는 접속사 when이 쓰였다.
해석 나는 우리가 동물원에 갔던 그 날을 기억한다.
① 그녀가 나에게 연락했던 시간은 너무 늦었다.
② 우리는 그녀가 언제 돌아올지 모른다.
③ 12월은 겨울방학이 시작하는 달이다.
④ 눈이 내릴 때, 나는 집에 있고 싶다.

E 우리는 과학과 수학 둘 다 관심이 있다는 의미이므로, 등위접속사 and, 상관접속사 〈both A and B(A와 B 둘 다)〉, 〈not only A but also B(A뿐만 아니라 B도)〉가 들어갈 수 있다. ③ 〈either A or B〉는 'A와 B 둘 중 하나'라는 의미이므로 오답이다.
해석 우리는 과학에 관심이 있다. 그리고 수학에도 관심이 있다.
① 우리는 과학과 수학에 관심이 있다.
② 우리는 과학과 수학 둘 다 관심이 있다.
③ 우리는 과학과 수학 둘 중 하나에 관심이 있다.
④ 우리는 과학뿐만 아니라 수학에도 관심이 있다.

F ① 접속사 since는 '~때문에'라는 이유를 나타내므로 적절하다.
② 접속사 unless는 '~이 아니라면'이라는 조건을 나타내므로 적절하다.
③ 접속사 though는 '비록 ~이지만'이라는 양보를 나타내므로 적절하다.

④ 접속사 until은 '~할 때까지'라는 뜻이므로 우리말과 맞지 않는다. '~함에 따라'라는 의미를 가진 접속사 as로 바꿔야 한다.

G ⓐ 문맥상 '~할 때'라는 의미의 시간을 나타내는 접속사 when이 더 적합하다. then은 부사로 '그때, 그다음에, 그러면'이라는 의미이므로 맞지 않는다.

ⓑ 선행사를 수식하는 형용사절에서 뒤에 동사가 있으므로 주격 관계대명사 자리임을 알 수 있다. 그러므로 who로 고친다.

ⓒ 밑줄이 포함된 문장은 '당신이 냄새를 맡았을 때'라는 의미의 부사절에서 접속사와 주어가 생략된 분사구문이다. 그러므로 과거분사인 smelled를 현재분사인 smelling으로 고쳐야 한다.

ⓓ 앞에 not only가 있으므로 nor를 but also로 고친다. 이때 also는 생략할 수 있다.

ⓔ 관계부사 how는 선행사 the way와 함께 쓰일 수 없으므로 둘 중 하나만 쓰도록 고친다.

해석 향기와 기억에 대한 유명한 말이 있다. "내가 마들렌 향을 맡았을 때, 오래된 기억이 떠올랐다." 향을 맡은 사람들은 오래된 기억들을 떠올릴 수 있다. 예를 들어, 당신이 핫케이크 냄새를 맡을 때 어린 시절을 떠올릴 수 있다. 그 현상은 코뿐만 아니라 뇌에도 관련이 있다. 연구진들은 아직도 어떻게 향기와 기억이 연결되어있는지를 알지 못한다.

1센치

영문법